NORWEGEN
DAS FJORDLAND

Claudia Banck

NORWEGEN
DAS FJORDLAND

Inhalt

LAND & LEUTE

Zwischen Meer und Schneegebirge

Kultur und Leben

UNTERWEGS
IM FJORDLAND

Inhalt

Hordaland – Im Herzen des Fjordlands

Sogn og Fjordane – Am Fuße des Gletschers

Inhalt

LAND & LEUTE

»Heute Nacht ist das Gras grün geworden. Ein Vogel versucht zu singen, der Nebel erhebt sich, und die Sonne kommt durch das Schneegebirge. Von längst vergangenen Morgen schlägt die Freude weich auf ihr Kupferschild.«

Olav H. Hauge

Zwischen Meer und Schneegebirge

Am Sørfjord

WESTNORWEGEN - IM LAND DER FJORDE

An wenigen Orten der Welt findet man solche Naturschönheiten wie in Norwegens Fjordland. Es zeigt alle jene Eigenschaften, die man von einer typisch norwegischen Landschaft erwartet: Fjorde erstrecken sich vom Meer zum Hochgebirge, das hier *fjell* heißt, unzählige Wasserfälle *(foss)* stürzen in tiefe Täler, Obstbäume blühen am Fuße mächtiger Gletscher, rot gestrichene Fischerhütten schmücken die karge Schärenküste, kleine Bauernhöfe säumen die Ufer der Fjorde. Manche Fjorde sind schmal, unzugänglich und schroff mit steil abfallenden Felswänden zu beiden Seiten. Hier mussten die Bergbauern ihre Kinder und ihr Vieh mit Tauen sichern, damit sie nicht in den Fjord stürzten. Es gibt auch weite, freundliche Fjorde mit mildem Klima und fruchtbaren Böden für Obstanbau.

Atemberaubende Serpentinenstraßen verbinden die Fjorde, folgen dem Verlauf des Ufers, steigen vom Fjordende über verschneite Pässe hinauf ins Hochgebirge. Ein rascher Wechsel zwischen Sommer- und Winterstimmung, zwischen frischem Grün und glitzerndem Schnee ist im Fjordland auch im Hochsommer möglich.

Das Fjordland gilt als die Wiege des norwegischen Tourismus. Hardanger-, Sogne- und Geirangerfjord zählen zu den meistbesuchten Attraktionen des Landes. Seit 2005 stehen der Geiranger- und der Næerøyfjord auf der Welterbeliste der UNESCO. Mitte des 19. Jh. waren es vor allem reiche Engländer, die zum Bergsteigen, Lachsangeln und Jagen nach Norwegen fuhren. Sie bauten sich aus Holz verspielte Schlösser, die noch heute vielfach als Hotels dienen. Ende des Jahrhunderts wurde Norwegen auch in Deutschland durch die jährlichen Nordlandreisen von Kaiser Wilhelm II. populär. Die Touristen kamen mit Kreuzfahrtschiffen und ließen sich in Kutschen zu Wasserfällen, mächtigen Gletscherzungen und mittelalterlichen Stabkirchen chauffieren.

Nach dem Zweiten Weltkrieg hat Norwegen den Anschluss an das Zeitalter des Massentourismus verpasst und konnte daher bis heute den Ruf wahren, ein Reiseland für naturliebende Individualisten, für Angler, Camper, Skifahrer und Wanderer zu sein. Die meisten Urlauber sind auf der Suche nach Ruhe, heiler Natur und alter Kultur. Dass Norwegen auch ein hochmoderner Industriestaat ist – weltweit führend u. a. in der Offshore-Technik, im Schiffs- und Straßenbau – wird selten wahrgenommen, ebenso wenig dass die meisten Norweger in Ballungszentren wohnen.

Viel Altes ist erhalten geblieben: Über Jahrhunderte überlieferte Bootsbautraditionen und mit Drachenköpfen geschmückte Stabkirchen erinnern an die Wikinger. Alte Küstenkultur findet man in den großen Städten am Meer: im Hansekontor auf Bryggen in Bergen, in Ålesund, der Stadt des Jugendstils, in Kristiansund, der Stadt des Klippfisches, und entlang der Küste verlassene Fischerinseln und Handelsniederlassungen, einsame Leuchttürme.

STECKBRIEF VESTLANDET/FJORDLAND

Lage: Zum Vestland, einem von fünf norwegischen Landesteilen, gehören die Provinzen *(fylke)* Rogaland, Hordaland, Sogn og Fjordane und Møre og Romsdal: zwischen Stavanger im Süden und Kristiansund im Norden, zwischen der Atlantikküste im Westen und den zum Teil vergletscherten Gebirgsrücken der Langfjellene, die das Fjordland im Osten gegen das ›kontinentale‹ Norwegen abgrenzen. Die Fremdenverkehrsämter vermarkten die Region unter dem Namen Fjordnorwegen. Die Süd-Nord-Ausdehnung beträgt ca. 500 km, die West-Ost-Achse misst 100–150 km.

Fläche und Bevölkerung: Norwegen insgesamt ca. 323 800 km^2 (ohne Spitzbergen; Jan Mayen), 4,6 Mio Einw. Fjordnorwegen: 58 471 km^2, 1 158 600 Einw. (Rogaland: 9378 km^2, 389 000 Einw.; Hordaland: ca. 15 460 km^2, 445 000 Einw.; Sogn og Fjordane: ca. 18 600 km^2, 107 200 Einw.; Møre og Romsdal: ca. 15 100 km^2, 244 600 Einw.)

Die größten Städte: Stavanger (ca. 112 400 Einw.), Bergen (ca. 237 400 Einw.), Ålesund (ca. 40 000 Einw.), Haugesund (ca. 31 300 Einw.), Molde (ca. 24 000 Einw.), Kristiansund (ca. 17 000 Einw.), Flora (Stadtgemeinde ca. 11 300 Einw.).

Staat und Politik: Norwegen ist konstitutionelle Erbmonarchie, auf parlamentarisch-demokratischer Basis regiert. Die Königsfamilie nimmt in erster Linie repräsentative Aufgaben wahr. Die politische Macht liegt beim Parlament, dem Storting, das alle vier Jahre gewählt wird. Aus den Wahlen im September 2005 ging die Arbeiterpartei als Sieger hervor. Es regiert eine rot-grüne Koalition aus Arbeiterpartei (32,7 %), Sozialistischer Linkspartei (8,8 %) und Zentrumspartei (6,5 %).

Religion: Etwa 88 % der Norweger gehören der evangelisch-lutherischen Staatskirche an, deren formelles Oberhaupt der König ist.

Wirtschaft: Norwegen ist eine der höchstentwickelten Industrienationen der Welt und gehört mit einem Pro-Kopf-Einkommen von umgerechnet über 30 000 € bei null Staatsverschuldung und einem jährlichen Haushaltsüberschuss in Milliardenhöhe zu den reichsten Ländern der Welt. Seinen Wohlstand verdankt es der Förderung von Erdöl und Erdgas in der Nordsee – Norwegen ist die siebtgrößte ölproduzierende Nation der Welt und der drittgößte Rohölexporteur. Außerdem ist es Europas wichtigste Erdgasquelle. Fast der gesamte Energiebedarf wird durch Wasserkraft gedeckt. Norwegen hat keine Atomkraftwerke. Im Primärsektor – Land- und Forstwirtschaft sowie Fischerei – sind heute nur noch 4,5 % der Norweger beschäftigt, über 75 % im Dienstleistungssektor. Ungefähr jeder 10. Arbeitsplatz lässt sich dem Tourismus zurechnen, dem nach dem Ölgeschäft profitabelsten Wirtschaftszweig.

LANDSCHAFTEN UND NATURRAUM

Schärenküste

Keine Küste der Welt ist so stark gegliedert wie die norwegische. Bezieht man die Fjorde ein, erreicht die 2650 km lange Küstenlinie von Nord nach Süd stattliche 21 347 km. Unzählige Schären, bewohnte und unbewohnte kleine Inseln, ragen aus dem Meer. Sie sind Teil der dem Gebirge vorgelagerten Küstenplattform, der so genannten *Strandplate*. Dieser durch die Schären vom offenen Meer geschützte Küstenbereich ist ein viel befahrener Seefahrtsweg. Kreuzfahrtschiffe, Expressboote, Frachter, aber auch das Postschiff und viele Freizeitkapitäne nutzen den Schutz der Schären.

Fjorde

In der äußerst verwirrenden, während der Eiszeiten gestalteten Küstentopografie lassen sich neben vielen kleineren fünf große Fjordsysteme unterscheiden. In den breiten, mit unzähligen Inseln durchsetzten **Boknafjord** im Südwesten münden im weiten Umland von Stavanger zahlreiche Fjordarme, u. a. der schluchtartige Lysefjord mit dem berühmten Felsmassiv Preikestolen. Der weiter nördlich gelegene **Hardangerfjord** (179 km lang), der sich bis an den Fuß der Hardangervidda, des größten Hochgebirgsplateaus Europas, verzweigt, fasziniert durch die Kontraste zwischen blühenden Fjordufern und den verschneiten Höhen des Folgefon-

na, Norwegens drittgrößtem Gletscher. Superlative bietet der **Sognefjord,** mit 204 km der längste und mit 1308 m auch der tiefste aller norwegischen Fjorde. Seine Arme erstrecken sich bis zum Massiv des Jostedalsbreen, an dessen nördliche Gletscherzungen auch die Ausläufer des 106 km langen **Nordfjords** heranreichen. Einer der berühmtesten Fjorde ist der schmale Geirangerfjord, ein Seitenarm des weit verzweigten **Storfjords,** südlich von Ålesund. Weniger berühmt, doch sehr reizvoll präsentieren sich **Molde- und Romsdalsfjord** vor der grandiosen Kulisse der Sunnmøre-Alpen.

Entstehung der Fjorde

›Fjord‹ bedeutet ebenso wie Förde oder das englische *firth* nichts anderes als Fahrwasser. Fjorde haben sich überall dort gebildet, wo Gletscher vom Gebirge hinunterdrängten und in den Gezeitenbereich des Meeres gerieten, so auch in Chile, Neuseeland und Alaska. In Grönland ist das heute noch der Fall.

Die Eismasse, die Norwegen und seine Gebirgszüge während der Eiszeit bedeckte, drängte – den Gesetzen der Schwerkraft folgend – dorthin, wo Platz war. Die von den Bergen hinabführenden v-förmigen Flusstäler boten sich als Eisstraßen an und wurden durch die mitgeführten Kiese und Gerölle zu breiten Trogtälern ausgehobelt. Als dann vor etwa 10 000 Jahren die letzte Eiszeit zu Ende ging und die gewaltigen Eismassen schmolzen, stieg der Meeresspie-

Typisch Fjordland: über steile Felsen zu Tal stürzende Wasserfälle

gel. Die überfluteten Trogtäler wurden zu Meeresarmen. Sie reichen dort am weitesten ins Land, wo die Gebirge des Hinterlandes am höchsten sind.

Fjell und Foss

Charakteristisch für die westnorwegische Fjordlandschaft ist das Fjell (*fjell* = Gebirge) mit einigen der höchsten Gipfel und größten Gletscher Norwegens. Etwa 70 % des Fjordlands liegen mehr als 300 m über dem Meeresspiegel. Vom Hochgebirge stürzen gewaltige Wasserfälle *(foss)* in tiefe Täler.

Das südlichste Hochgebirge Westnorwegens ist die baumlose **Hardangervidda** (*vidde* = Weite, Hochebene), die zwischen 1100 und 1400 m hoch liegt und mit einer Fläche von 9000 km²

als größte Hochebene Europas gilt. Rund 3400 km² davon wurden 1981 zum Nationalpark erklärt. Im Nordwesten der Hardangervidda dominiert der 1862 m hohe Gletscher **Hardangerjøkulen** die karge, bis in den Sommer schneebedeckte Gebirgslandschaft.

Am Westufer des nahen Sørfjords, einem Arm des Hardangerfjords, erhebt sich die ebenfalls gletscherbedeckte Halbinsel **Folgefonn.** Die imponierendste Bergkette des Fjordlands zieht sich halbkreisförmig um die inneren Arme des Sognefjords herum und besteht aus **Breheimen,** der ›Heim der Gletscher‹, und **Jotunheimen,** dem ›Heim der Riesen‹, das mit seinen über 2200 m hohen Gipfeln zu den gewaltigsten Gebirgslandschaften Skandinaviens zählt. Zwischen dem Sognefjord im Süden und dem Nordfjord im Norden erstreckt sich der **Jostedalsbreen,** mit ca. 480 km^2 der größte Plateaugletscher des europäischen Festlandes, dessen zahlreiche Gletscherzungen sich bis weit in die fruchtbaren Täler ziehen. Die wilden **Romsdals-Alpen,** die direkt vom gleichnamigen Fjord steil aufsteigen, bilden mit der bis zu 1800 m hohen Bergkette Trolltindane und dem Romsdalshorn (1550 m) Norwegens Bergsteiger- und Kletterzentrum.

Flora

Norwegens Fjordland liegt auf den gleichen Breitengraden wie Süd- und Mittelgrönland, wo ohne den wärmenden Einfluss des Golfstroms ungleich unwirtlichere Lebensbedingungen vorherrschen. Obwohl sich das Vestland in Nord-Süd-Richtung über fünf Breitengrade erstreckt, verblasst der Nord-Süd-Gegensatz gegenüber den gravierenderen Ost-West-Unterschieden. Vom Meer im Westen bis zum Hochgebirge im Osten finden sich weit größere landschaftliche und klimatische Unterschiede als im Bereich der viermal so langen Süd-Nord-Ausdehnung. Daher ist es üblich, bei der Schilderung des Fjordlandes von einer äußeren, einer mittleren und einer inneren Zone auszugehen.

Vegetationsstufen

Viele Pflanzen, die im Fjordland wachsen, erreichen hier die nördlichste Grenze ihrer Verbreitung. Direkt an der felsigen Küste, auf den Schären im Meer, verhindern Wind und Mangel an Erdboden den Wuchs größerer Pflanzen und einer geschlossenen Vegetationsdecke. Die Baumgrenze, die im äußersten Schärenbereich bei unter 100 m liegt, steigt auf dem Weg ins Landesinnere bis auf 800 m an. Am waldreichsten ist die niederschlagsreiche, mittlere Zone, in der die feuchtigkeitsliebende Fichte gedeiht, daneben vor allem Birken und Kiefern. Den Nadelwäldern vorgelagert sind Laubwälder mit Birken, Erlen, Ulmen, Eschen oder Vogelbeerbäumen. An fruchtbaren, sonnigen Hängen blühen Meere von Eisenhut und Weidenröschen, wachsen verschwenderisch wilde Himbeeren.

Im Innern der windgeschützten Fjorde finden sich regelrechte Klimaoasen mit ca. 170 Wachstumstagen (etwa so viel wie in Norddeutschland), in denen neben dem Anbau von Apfel- und Kirschbäumen auch die Aufzucht von Aprikosen und Pfirsichen möglich ist.

Oberhalb der bewaldeten Fjordhänge breitet sich das waldlose Hochfjell aus. Buschartige Zwergbirken und Polarweiden, Flechten und Rentiermoos bestimmen die tundraartige Landschaft, in der auch diverse aus den Alpen bekannte Blumen wachsen. In feuchteren Gebieten dominieren Wollgrasarten und Torfmoos. Hier gedeiht auch die Moltebeere, deren Frucht wie eine orangefarbene Brombeere aussieht; ihr hoher Vitamin-C-Gehalt macht sie besonders wertvoll als Winternahrung, und sie wurde bereits in der Wikingerzeit geschätzt. An vor Wind geschützten Bergkämmen wachsen Heidekrautgewächse wie Krähen-, Preisel- und Blaubeere, die die Winterkälte unter einer dicken Schneedecke überdauern.

UNGEZÄHMT – RENTIERE AUF DER HARDANGERVIDDA

Das weite Hochplateau der Hardangervidda ist das Sehnsuchtsziel vieler Wanderer. Dass es auch im Sommer bisweilen stürmt, graupelt und schneit, man auf dem Weg von Hütte zu Hütte abwechselnd durch Schneematsch, sumpfigen Boden und reißende Wildbäche stapft, nimmt man hin – in der Hoffnung auf klare Tage. Was für ein unvergleichlicher Genuss, was für ein Freiheitsgefühl, bei Sonnenschein durch diese fast unbesiedelte Wildnis zu wandern, die an polare Tundra erinnert. 500 Arten von Blütenpflanzen und 120 Vogelarten, darunter Schneeeule und Kranich, der in den Mooren brütet, hat man hier gezählt. Auch Polarfüchse und Lemminge sind hier zu Hause. Und durch die einsamen, von Gletschern gekrönten Fjellheiden und Moore streifen Herden wilder Rentiere, einer Hirschart mit dunkel- bis graubraunem Fell, bei der sowohl die männlichen wie auch die weiblichen Tiere ein Geweih tragen. Auf der Suche nach Nahrung – Flechten, Moose, Knospen und Gräser – unternehmen sie weite Wanderungen.

Die ersten Jäger gelangten vor ungefähr 7000 Jahren auf die Hardangervidda. Rentiere waren ihre bevorzugte Beute, da sie nicht nur Fleisch und Fell, sondern auch Geweih und Knochen für die Herstellung von Werkzeugen und Waffen lieferten. Neben den Resten von etwa 250 steinzeitlichen Lagerstätten hat man unzählige Waffen und Reste von Fanganlagen entdeckt. Mit Hilfe trichterförmig angelegter Steinmauern trieb man die Rentiere in tiefe Gruben und schlachtete sie dort ab. Im 18. Jh. wurde die Fallgrubenjagd auf Rentiere offiziell verboten, da das Wildren in Südnorwegen kurz vor dem Aussterben stand. Statt dessen versuchte man sich an der Rentierzucht, wie die Samen sie bereits seit dem 17. Jh. in Nordnorwegen betrieben. Mitte des 19. Jh. kam es jedoch immer öfter zu Streitigkeiten zwischen den Rentierbesitzern und Almbewirtschaftern. Die Rentiere mussten fortan aus den Almgebieten ferngehalten werden, und in den 1950er Jahren wurde schließlich der letzte große Rentierbestand aufgelöst.

Mit der Aufgabe der Rentierzucht boten sich dem Wildren optimale Vermehrungsbedingungen, zumal seine natürlichen Feinde wie Wolf, Luchs und Vielfraß ihrer Ausrottung entgegensahen. Hatte es 1930 nur etwa 1500 wilde Rentiere auf der Hardangervidda gegeben, so zählte sie Mitte der 1960er Jahre über 30 000 Tiere. Um die im Dovrefjell beobachtete Überweidung der Flechten-Heide durch Rentiere auf der Vidda zu vermeiden, wurde der Rentierbestand durch intensive Bejagung reduziert. Zählungen per Flugzeug haben ergeben, dass die Bestandsgröße in der Hardangervidda heute zwischen 5500 und 6500 Tieren liegt. Die Rene sind sehr scheu und meist nur aus weiter Ferne am Rande größerer Schneefelder zu entdecken. Man muss schon genau hinsehen, denn vor den grauen Felsen heben sie sich kaum von der Landschaft ab.

DER WILDE LACHS – NEUES LEBEN DURCH KALKUNG

Das Leben des Lachses, dieses kampflustigen und äußerst delikaten Speisefisches, spielt sich zwischen den aus den Bergen kommenden Flüssen und dem Meer ab. Nachdem die Junglachse aus dem Ei geschlüpft sind, verbringen sie die ersten zwei bis fünf Lebensjahre im Süßwasser, um dann ins nährstoffreichere Meer weiterzuziehen. Die rote Färbung des Lachsfleisches entsteht durch ihr bevorzugtes Futter: die Meereskrebse. Einem inneren Wandertrieb folgend, streben die ausgewachsenen Laichfische im Herbst, nach zwei bis drei Jahren im Meer, erneut ihrem Heimatfluss zu, den sie (wie auch bestimmte Fjordübergänge) am Geruch wiedererkennen. Ihre Wanderleistungen variieren zwischen 40 und 100 km pro Tag. Im Fjord halten sie sich so lange auf, bis sie sich vom Salz- auf das Süßwasser umgestellt haben. Um in ihre Brutreviere zu gelangen, müssen die Lachse allerlei Hindernisse wie Stromschnellen und bis zu 2 m hohe Wasserfälle überwinden, die sie mit ebenso eleganten wie kraftvollen Sprüngen meistern. Nach der gefahrvollen und mehrwöchigen Wanderung geben sich die Lachse Revierkämpfen und dem Brutgeschäft hin. Die weiblichen Tiere legen 10 000–20 000 Eier in Vertiefungen im kiesigen Grund, wo sie besamt werden. Erst im April oder Mai des Folgejahres schlüpfen die Jungfische. Nach dem Laichen gehen die meisten Elterntiere zugrunde, nur wenige wandern ins Meer zurück.

Bereits gegen Ende des 18. Jh. kamen die ersten englischen Adligen mitsamt Frauen und Dienerschaft nach Norwegen, um Lachse zu angeln. Diese Zeiten sind lange vorbei: Seit einem Jahrhundert fällt saurer Regen – aus gelösten Abgasen der westeuropäischen Industrienationen – auf Norwegen. In vielen Lachsflüssen starb der silberne Edelfisch durch Übersäuerung aus, mit ihm verschwanden die lukrativen Angelgäste. Kalk war die Rettung. Kalk ist in der Lage, die Leben tötende Säure in den Gewässern zu neutralisieren. In den 1980er Jahren begann man mit der Kalkung der sauer gewordenen Flüsse. Kalkmühlen leiten den Kalk vollautomatisch ins Gewässer. Die notwendigen Mengen werden vom Computer berechnet. Ein Großteil der enormen Kosten trägt der Staat. Aus den Kassen der Tourismusbranche, der Fischereirechtseigner, Kraftwerksbetreiber und anderen fließen weitere Gelder, mit denen die Wiederansiedlung von Tieren und Pflanzen gefördert wird: die Anlage von Bruthäusern entlang der Flüsse, Hindernisbeseitigungen im Fluss für den ungehinderten Aufstieg der Lachse. Die Anstrengungen haben sich gelohnt. In acht Flüsse, in denen der König der Fische schon ganz ausgestorben war, und in zwölf, in denen er vom Aussterben bedroht war, kehrten kräftige, gesunde Lachse zurück, in ihrem Gefolge die Angler. Eine Angelerlaubnis für bestimmte Zonen und Zeiten (Angelsaison ist Mitte Juni–Mitte Sept.) muss man inzwischen wieder mindestens ein Jahr im Voraus buchen.

Fauna

Die wild lebenden **Säugetiere** Norwegens gliedern sich in eine polare und eine mitteleuropäische Gruppe, wobei Erstere hauptsächlich nördlich von Trondheim, aber auch im Hochfjell Südnorwegens zu finden ist. Der größte Vertreter dieser Gruppe ist das Rentier (s. S. 17). Auch der Schneehase, der seltene Polarfuchs, der legendäre Lemming, der Hermelin und die fast ausgestorbenen Vielfraße bevorzugen das Hochgebirge. In größeren Waldgebieten ist das Rotwild zahlreich. Elche dringen nur selten einmal zur Fjordküste vor. Bären, Luchse und Wölfe, die einst im Fjordland heimisch waren, sind heute ausgerottet. Durch Schutzmaßnahmen hat sich der bedrohte Bestand der Biber, Ottern und Rotfüchse wieder etwas erholt.

Die Tierwelt im Fjord wird, je weiter man vom Fjordende in Richtung Meer gelangt, immer vielfältiger. Das Fjordende, wo sich das Süßwasser der Flüsse mit dem Salzwasser des Meeres vermischt, ist besiedlungsfeindlich. Nur wenige Arten ertragen die wechselnden Salzkonzentrationen, unter ihnen der Gemeine Seestern, die Strandkrabbe und Miesmuscheln. Am Fjordausgang findet man dagegen neben vielen Tangarten eine reiche Kleintierwelt von Schnecken, Würmern und Krebsen. Die Fische kommen mit den wechselnden Salzkonzentrationen im Fjord besser zurecht, manche wandern regelmäßig zwischen Süß- und Salzwasser: Der Aal schwimmt zum Laichen ins Meer, die Lachse machen es umgekehrt.

Auf dem größten **Vogel**felsen Westnorwegens, auf der Insel Runde südwestlich von Ålesund, brüten Papageitaucher, Basstölpel und Eissturmvogel, ziehen Seeadler ihre Kreise. In kleineren Kolonien entlang der Küste nisten hauptsächlich Dreizehenmöwen.

Die Hardangervidda und ihre nähere Umgebung ist die südlichste Verbreitungsgrenze für knapp 20 Vogelarten: Typische Tundravögel sind die Ohrenlerche und die Schneeammer, das Odinshühnchen, der für seine Zutraulichkeit berühmte Mornellregenpfeifer und die äußerst seltene, im Winter völlig weiße Schneeeule.

Papageitaucher nisten auf der Vogelinsel Runde

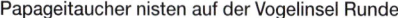

WIRTSCHAFT UND UMWELT

Landwirtschaft

Lediglich 3–4 % der Landfläche Norwegens sind landwirtschaftlich nutzbar. Etwa 15 % bedecken Nutzwälder, der Rest (fast 80 %) sind Fels und Schotter, Gebirgswald, Moore und Gletscher, im Fachjargon Öd- oder Unland. Das ebene und fruchtbare Land konzentriert sich in Westnorwegen auf die Küstenregion. **Vieh- und Milchwirtschaft** bildeten hier seit jeher die Haupteinnahmequelle. Die Höfe sind meist klein: 10–15 Milchkühe, eine kleine Schafherde, die den Sommer über in den Bergen grast, Kartoffelanbau und Heuernte für den Eigenbedarf. Viele Höfe können nur durch Zusatzerwerb in anderen Sektoren und die enorm hohen staatlichen Subventionen gehalten werden.

Berühmt ist das Fjordland für die nördlichsten **Obstpflanzungen** der Welt. Das milde Klima im Fjordinneren begünstigt den Anbau von Äpfeln, Birnen, Kirschen, Pflaumen und Beerenfrüchten. Vor allem am Hardanger- und am Sognefjord bieten die Obstplantagen im Frühjahr eine einzigartige Blütenpracht. Im Fjordland wächst die Hälfte aller norwegischen Obstbäume sowie etwa ein Viertel aller Beerenbüsche. Produziert wird jedoch nur ein Viertel des norwegischen Obstes und ein Fünftel der Beerenfrüchte, denn in so manchem Jahr fordert die nördliche Lage ihren Tribut. Gefürchtet sind Eiswinter wie Ende der 1970er Jahre, als innerhalb weniger Nächte zehntausende Obstbäume erfroren. Großen Schaden richten auch orkanartige Stürme kurz vor der Erntezeit an, die die pflückreifen Äpfel gleich tonnenweise vom Baum schütteln. Den Bauern graust mit gutem Grund vor extremen Wetterverhältnissen, die in den letzten Jahrzehnten immer häufiger auftreten.

Fischerei und Aquakultur

Norwegen ist eine bedeutende Fischereination. Nach Erdöl und Erdgas sind Fisch und Fischerzeugnisse (Fischmehl, -öl und -konserven) die wichtigsten Exportartikel des Landes. Vorwiegend gefischt werden Dorsch, Hering, Makrele, Lodde, Seelachs, Schellfisch. Ålesund ist heute einer der weltweit größten Exporthäfen für Klippfisch.

Ein wichtiger Wirtschaftszweig ist die **Aquakultur.** In geschützten Fjordabschnitten werden vor allem Lachse und Regenbogenforellen aufgezogen. Das Geschäft mit dem Lachs bietet Erwerbsmöglichkeiten in Gegenden, die sonst von Abwanderung bedroht wären. Die Aquakultur bringt allerdings auch marktpolitische und ökologische Probleme mit sich. Gewaltige Überproduktion, die zu einem rapiden Preisverfall und Absatzproblemen führte, bedeuteten im vergangenen Jahrzehnt das Aus für viele Fischfarmer. Das Betriebsrisiko ist ohnehin hoch, die Farmer rechnen im Schnitt alle fünf Jahre mit einem Totalverlust durch Seuchen und Parasiten – und das trotz üppigem Gebrauch von Antibiotika und anderen

Der Sognefjord gehört zu den wichtigsten Obstanbaugebieten in Norwegen

Medikamenten. Künftig sollen auch Seewolf, Dorsch, Heil- und Steinbutt, Seezunge und Muscheln in Aquakulturen gezogen werden.

Industrie

Die Gewinnung der preiswerten **Hydroenergie** bildete die Grundlage für die vergleichsweise späte Industrialisierung Norwegens Ende des 19. Jh. Die unter Ausnutzung des großen Gefälles der vom Gebirge herabstürzenden Wassermassen produzierte Wasserkraft deckt den gesamten Energiebedarf des Landes. Rund ein Drittel des im Fjordland erzeugten Stroms wird für die energieaufwendige Produktion der **Aluminium-, Eisen- und Chemieindustrie** genutzt. Die größten Werke des Landes liegen in der Nähe großer Wasserfälle und/oder in Gebieten mit großen Höhenunterschieden, wo man in Gebirge riesige Stauseen anlegte. Die Industriebetriebe verursachen schwere Umweltschäden – so machte der Sørfjord, ein Arm des Hardangerfjords, jahrelang betrübliche Schlagzeilen als schwermetallhaltigster Fjord der Welt.

An erster Stelle in der norwegischen Exportbilanz steht heute die **Petroindustrie** (s. S. 22f.). Vor allem in Stavanger und Bergen hat man seit den 1970er Jahren stark vom Ölboom profitiert. Die Explorations- und Förderaktivitäten verlagern sich mittlerweile immer weiter nordwärts. Dank der Ölmilliarden konnte Norwegen viel Kapital in die Erforschung und Weiterentwicklung verschiedener Industriezweige investieren. Die Palette der norwegischen Exportprodukte ist lang und beachtlich: Norwegen produziert Offshore-Technik, Ölbohrinseln und Tankerausrüstungen. Auch im Transformatoren- und im Wasserkraftwerksbau hat es sich einen führenden Platz in der Welt erworben.

Bedingt durch seine Lage am Meer spielte der **Schiffsbau** in Norwegen immer eine herausragende Rolle. Die bedeutendsten Standorte des Schiffsbaus befinden sich heute in Stavanger, Bergen und Trondheim.

DIE SPARSAMEN ÖLSCHEICHS

Ölplattform im Hafen von Stavanger

Norwegens Ölgewaltige haben eine bemerkenswerte Vorliebe für Märchen und Mythen. Die nordischen Gottheiten Thor und Frigg, Balder und Odin und sogar dessen Pferd Sleipner mussten ihre Namen hergeben für Förderfelder in der Nordsee, ein anderes heißt Askeladden nach dem männlichen (norwegischen) Aschenputtel.

Seit dem spektakulären Fund im Ekofiskfeld (300 km südwestlich von Stavanger) und dem Beginn der Förderung Anfang der 1970er Jahre schwimmt das bis dahin arme Land von Bauern und Fischern buchstäblich in Geld. Norwegen ist heute zweitgrößter Erdöllieferant der Welt, auf rund 50 Feldern wird gefördert, Konzessionen für weitere 25 Felder sind erteilt. Über ein Rohrleitungssystem gelangt das Erdgas nach West- und Südeuropa, Hauptabnehmer ist Deutschland; das Rohöl wird mit Schiffen in alle Welt transportiert. Die Rechte an all diesen unterseeischen Schätzen hat der norwegische Staat. Das Erdöl- und Energieministerium leitet und verwaltet die Suche und die Förderung der Ressourcen mit Umsicht.

Von Beginn an hat sich der norwegische Staat bemüht, nicht einem ungehemmten Ölrausch zu erliegen und als Erstes die drückenden Staatsschulden abgetragen. Mit Hilfe des Ölgeldes versuchte man, die Magnetwirkung der Ölzentren, allen voran Stavangers, zu bremsen: Angeschlagene Wirtschaftszweige wurden subventioniert, die Exportwirtschaft gestärkt, es wurde in Forschung und langfristige Arbeitsplätze investiert, das Sozial- und Gesundheitswesen ausgebaut. 1990 beschloss das norwegische Parlament die Einrichtung eines Petroleumfonds – Obligationen und Aktien für Zeiten, in denen man Rücklagen braucht, um Renten und Gesundheitsversorgung für eine ständig älter werdende Bevölkerung zu sichern. Man mag sich nicht darauf verlassen, dass in der Zukunft eine florierende Festlandsindustrie den Wohlfahrtsstaat finanzieren kann.

Die Norweger selber merken in ihrem Alltag nicht allzu viel von dem Ölsegen, (nur 0,7 % der Beschäftigten sind direkt in der Ölbranche tätig). Ihnen fehlt angesichts der Petromilliarden, die jährlich in die Staatskassen fließen, bisweilen das Verständnis für das überaus sparsame Haushalten der Politiker. Die Gemeinden klagen über riesige Haushaltslöcher, es mangelt an Geld für Kindergärten und Schulen, für die Aufnahme von Flüchtlingen aus der Dritten Welt, in den Krankenhäusern gibt es Wartelisten für Operationen. Es muss weiter gespart werden, meint die norwegische Regierung – darin unterstützt von fast allen Oppositionsparteien. »Wenn wir das gesamte Vermögen aus dem Öl- und Gasverkauf verbrauchen, machen wir die norwegische Wirtschaft und unsere Arbeitsplätze kaputt«, hört man vom Finanzausschuss des norwegischen Parlamentes. Die Zeit wird kommen, wenn die Quellen in der Nordsee versiegen. Immer wieder ist von der »Zeit nach dem Öl« die Rede – man schätzt, dass es in etwa 30 Jahren so weit sein wird.

Das Know-how bleibt: Das Meistern der extrem schwierigen Offshore-Förderbedingungen hat dazu geführt, dass norwegische Technologie und Firmen bei der Erschließung von Offshore-Lagerstätten rund um den Globus gefragt sind – so vor den Küsten Ägyptens und Chinas. Die norwegischen Bohrinseln sind die sichersten der Welt. Nichtsdestotrotz hat die Ölverschmutzung im norwegischen Teil der Nordsee laut Berichten der staatlichen norwegischen Umweltbehörde in den vergangenen Jahren zugenommen. Das Öl gelangt bei der Förderung, aber auch durch Reinigungsprozesse und Unfälle ins Meer. Als Hauptursache gilt das zunehmende Alter der Produktionsanlagen: Die ältesten sind für über 80 % der Verunreinigungen verantwortlich. Die nach dem kapitalismuskritischen Dichter Alexander Kielland benannte Bohrinsel havarierte 1978, mehr als 100 Menschen kamen ums Leben. Schuld war vermutlich eine marode Schweißnaht, die den Giganten zum Kippen brachte. Die Bohrinsel wurde im Meer versenkt, das war billiger als die Bergung.

Die Ausmaße dieser gigantischen Anlagen übersteigen jedes Vorstellungsvermögen. Die Förderplattformen bilden zusammen mit den Wohnplattformen, Arbeitsschiffen, Helikopterdeck, Lagerstätten, Verladestationen und Pipelineanschlüssen regelrechte Städte auf dem Meer. 1996 wurde im Erdöl- und Erdgasfeld ›Troll Olje‹ (70 km nordwestlich von Bergen) die größte Produktionsplattform der Welt in Betrieb genommen mit einer Tageskapazität von mehr als 150 000 Barrel Rohöl (1 Barrel = 159 l). Die erste Generation von Bohrplattformen hat bereits ausgedient. Unter enormem finanziellen Aufwand müssen sie demontiert und entsorgt werden. Teile der alten Bohrinseln – beispielsweise Ekofisk und Tommeliten (der kleine Däumling) – werden bereits als technische Kulturdenkmäler gehandelt. Tommeliten, 1988–1998 in Betrieb, wurde 2001 auseinander genommen und teilweise wiederverwertet, so wurde der Stahl in Nordnorwegen u. a. zu Nägeln verarbeitet. Das Modell des ›Däumlings‹, das in Verbindung mit dem Bau der Anlage entstand, erhielt das 2001 eröffnete Norsk Oljemuseum in Stavanger. Das Museum übernahm auch mit Kusshand die älteste Generation von Installationen auf Ekofisk – kulturhistorische Schätze aus der Pionierzeit des Offshore-Abenteuers.

GESCHICHTE IM ÜBERBLICK

Vor- und Frühgeschichte

Ab 9000 v. Chr.	Mit dem Rückzug der Gletscher nach dem Ende der letzten Eiszeit vor ca. 10 000 Jahren dringt die steinzeitliche **Fosna-Kultur** (nach dem ersten Fundort bei Kristiansund benannt) in das süd- und mittelnorwegische Küstengebiete vor. Das Binnenland ist noch von einer dicken Eisschicht bedeckt.
4000 v. Chr.	Rentierjäger gelangen bis weit ins Landesinnere. Sie hinterlassen Felszeichnungen, die vermutlich im Zusammenhang mit Kulthandlungen entstehen.
3000–1500 v. Chr.	Eine zunehmende Klimaverbesserung begünstigt die Entwicklung von Ackerbau und Viehzucht in der jüngeren Steinzeit. Vor allem Jæren sowie breite Küstenstreifen am Hardanger- und Sognefjord sind dicht besiedelt.
1500–300 v. Chr.	Felszeichnungen aus der **Bronzezeit** beweisen die Kenntnis von Rad, Wagen und Pflug und belegen die Bedeutung der Boote für Fischfang und Handel, der vermutlich bereits bis weit über den Polarkreis reicht.
Ab 500 v. Chr.	Zu Beginn der **Eisenzeit** erfolgt bereits die Verhüttung von Eisenerz. Werkzeuge aus Eisen ermöglichen eine Verbesserung im Schiffs- und Hausbau sowie die Ausweitung der Siedlungsräume durch großflächige Rodungen. Auf Grund einer mehrere Jahrhunderte anhaltenden Klimaverschlechterung, die zur europäischen Völkerwanderung führt, müssen viele Siedlungen wieder aufgegeben werden.

Aufbruch zu neuen Welten

793–1066	In der **Wikingerzeit** ziehen die Skandinavier, vor allem Westnorweger und Dänen, übers Meer; Island, die Westküste Grönlands und zeitweise auch Neufundland werden besiedelt. Ursache für den Aufbruch der Wikinger, die sich auch im heutigen England, Irland, Frankreich, auf den Färöern und Orkneys niederlassen, sind u. a. Mangel an kultivierbarem Land, aber auch Machtkämpfe der durch Plünderungs- und Handelsfahrten reich gewordenen Häuptlinge. In der Seeschlacht am Hafrsfjord um 872 vereint Harald Schönhaar (Hårfagre) erstmals die vielen norwegischen Herrschaftsgebiete zu einem Reich. Unter seinen Nachfolgern Olav Tryggvason und Olav Haraldsson wird Norwegen im 10./11. Jh. christianisiert.
13. Jh.	Unter Håkon Håkonsson (1217–1263) erlebt Norwegen eine Blütezeit, erreicht Macht und Ansehen. Der Königssitz wird von Trondheim nach Bergen verlegt. Um 1250 schließt der König einen Handelsver-

WIKINGER - VOM HEIDNISCHEN HÄUPTLING ZUM CHRISTLICHEN KÖNIG

Als gegen Ende des 9. Jh. in den meisten Ländern Europas bereits über ein Jahrhundert Könige und Kaiser mit eiserner Hand regierten, wurde Norwegen immer noch von einer Vielzahl von Kleinkönigen und Häuptlingen beherrscht. Um das Jahr 872 gelang es Harald Hårfagre (Schönhaar) nach einer blutigen Schlacht im Hafrsfjord südlich von Stavanger, Norwegen erstmals zu einem nationalen Reich zu vereinen. An der Nordseite des südlich von Stavanger gelegenen Hafrsfjords wurde in Erinnerung an diese bedeutsame Schlacht ein Denkmal errichtet. Das Kunstwerk mit dem Titel ›Sverd i Fjell‹ besteht aus drei monumentalen, aufrecht in den Himmel ragenden Schwertern.

Nach der erfolgreichen Schlacht unterwarf Harald das Land und degradierte die Bewohner von freien Bauern zu steuerpflichtigen Untertanen. Durch Enteignung und Konfiszierung weiter Ländereien schuf er eine stabile finanzielle Grundlage für seine Herrschaft. In Westnorwegen ›versorgte‹ er sich mit fünf großen Königshöfen, darunter Avaldsnes auf Karmøy (s. S. 73). Die mittelalterlichen Islandsagas berichten von vielen, die Haralds Tyrannei so unerträglich fanden, dass sie es vorzogen, über das Meer nach Westen zu ziehen. In der Färöersaga heißt es über die Zeit Harald Schönhaars: »… Da verließen viele das Land infolge der Machtgier des Königs. Ein Teil ließ sich auf den Färöern nieder und bestellte dort das Feld, aber viele zogen weiter in andere unbesiedelte Länder.« Während die einen als friedliche Bauern ein Auskommen suchten, zogen andere weiterhin auf Wiking- und/oder Handelsfahrt. Gegen Ende des 10. Jh. nahm Olav Tryggvason, ein Urenkel Harald Schönhaars, auf einer seiner zahlreichen Wikingfahrten das Christentum an. In Moster (s. S. 80f.) ließ er nach seiner Rückkehr die erste Kirche bauen. Mit roher Waffengewalt einte er Norwegen und versuchte, das Christentum einzuführen. Durch die Hand seiner Feinde fiel er im Jahre 1000 in der Seeschlacht von Svolder. Auch Olav Haraldsson, wie Olav Tryggvason ein Nachfahre Harald Schönhaars, versuchte sich nach einer langen Reihe kriegerischer Wikingerzüge an der Einigung und Christianisierung Norwegens. Er wurde aus Norwegen vertrieben, floh nach Gardarike (Russland) und wurde 1030 bei seiner Rückkehr von aufständischen Bauern und Häuptlingen in Stiklestad (Trøndelag) erschlagen.

Norwegen fiel in den Machtbereich Knuts des Großen, des Herrschers über England und Dänemark. Olav Haraldsson, an dessen Grab Blinde sehend wurden und Lahme wieder gehen konnten, erschien im Nachhinein als Märtyrer und Vorkämpfer der nationalen Freiheit und wurde heilig gesprochen. Als Knut 1035 starb, wurde Olavs Sohn Magnus zum norwegischen König gekrönt. Norwegen bildete nun ein unabhängiges, christliches Königreich, dessen Nationalheiliger Olav in ganz Europa verehrt wurde. Die Wikingerzeit gehörte endgültig der Vergangenheit an.

trag mit der Hansestadt Lübeck. Die ersten deutschen Kaufleute lassen sich in Bergen nieder. Ab Mitte des Jahrhunderts werden in Westnorwegen zahlreiche Klöster von überwiegend aus England stammenden Benediktinern, Zisterziensern und Augustinern gegründet.

Unionszeit

14. Jh.
Ein Jahrhundert des Niedergangs: Die 1319 mit Schweden und 1380 mit Dänemark geschlossene Union untergräbt langsam die politische Selbstständigkeit Norwegens. Der Schwerpunkt des politischen und wirtschaftlichen Lebens verlagert sich nach Ostnorwegen. Oslo wird neue Hauptstadt, Bergen bleibt jedoch weiterhin der wichtigste Handelsort des Landes. Zu Anfang des Jahrhunderts wird das Hanseatische Kontor gegründet; und nach der Pest, die fast die Hälfte der norwegischen Bevölkerung hinrafft, übernimmt die deutsche Hanse den gesamten norwegischen Handel. Mit der Kalmarer Union 1397 wird Skandinavien (Dänemark, Schweden, Norwegen) zu einem Reich zusammengefasst.

15./16. Jh.
Auch nach dem Zerfall der Union (1523) bleibt Norwegen mit Dänemark verbunden, gerät aber zunehmend in die Position einer machtlosen Kolonie. Im Jahre 1536 wird das Königreich Norwegen per Edikt abgeschafft: Es soll nur noch ein Teil Dänemarks sein; der Reichsrat wird aufgelöst. In der ersten Hälfte des 16. Jh. verliert die Hanse ihre Privilegien. Der Handel gelangt allmählich wieder in die Hand norwegischer Kaufleute.

17. Jh.
Ein Jahrhundert des wirtschaftlichen Aufschwungs. Die Fisch- und Holzexporte nach England und Holland nehmen zu. Auch der Binnenhandel blüht: Fisch und Salz werden von Siedlungen an den Fjordenden über die Berge nach Südostnorwegen gebracht, Getreide und Felle gehen den umgekehrten Weg.

18. Jh.
Seit der Jahrhundertmitte verfügt Norwegen mit fast 600 Schiffen über eine starke Handelsflotte, die sich bis zum Ende des Jahrhunderts noch verdoppelt. Vor allem durch die Kriege zwischen Preußen, Österreich und anderen europäischen Ländern – Dänemark-Norwegen blieb neutral – werden große Gewinne erzielt. Norwegen ist wieder zu einer Seefahrernation geworden. Der Wunsch nach Unabhängigkeit wächst.

19. Jh.
Von 1807 bis 1814 kämpft Norwegen in den Napoleonischen Kriegen mit Dänemark auf der Seite der Franzosen gegen Großbritannien. Im Frieden zu Kiel wird Dänemark 1814 gezwungen, Norwegen an Schweden abzutreten. Die Norweger weigern sich, dies anzuerkennen. In Eidsvoll (östlich von Oslo) verkündet die neu gegründete Nationalversammlung am 17. Mai des gleichen Jahres eine neue Ver-

fassung, die Norwegen zum selbstständigen Königreich mit einem Parlament *(Storting)* erklärt. Obwohl die endgültige Loslösung von Schweden erst 1905 erfolgt, feiern die Norweger den 17. Mai als Nationalfeiertag.

Aufgrund des enormen Bevölkerungswachstums verschlechtern sich die Lebensbedingungen, auf dem Land wie in der Stadt. Viele Norweger sehen in der Auswanderung nach Amerika ihre letzte Rettung. Bis zum Ersten Weltkrieg emigrieren etwa 750 000 Norweger. Heute gibt es in den USA etwa genauso viele norwegischstämmige Amerikaner wie Norweger in Norwegen.

Kongerike Norge – Das unabhängige Norwegen

1905	Endgültige Lösung von Schweden. Norwegen wird wieder ein freies, unabhängiges Königreich mit einem Parlament.
1914–1918	Im Ersten Weltkrieg bleibt Norwegen neutral.
1939–1945	Im Zweiten Weltkrieg wird Norwegen trotz Neutralitätserklärung von den Deutschen besetzt; König und Regierung fliehen nach England ins Exil. Zahlreiche Küstenstädte wie Kristiansund und Molde werden tagelang bombardiert. Im Verlauf des Krieges wird die norwegische Widerstandsbewegung stärker, aber erst das Kriegsende bringt die Befreiung Norwegens.
1949	Norwegen ist Gründungsmitglied der NATO.
Ab 1969	Erste erfolgreiche Ölbohrungen. Die reichen Öl- und Gasvorkommen und die damit verbundenen Industriezweige verhelfen Norwegen zu Wohlstand. Vor allem im Fjordland geht der Ölsegen mit einer massiven Landflucht einher. Viele zieht es in die florierenden Städte.
1972	In einer Volksabstimmung lehnen 53 % der Norweger die 1967 erstmals beantragte und bereits vereinbarte EWG-Mitgliedschaft ab. Vor allem Fischer und Bauern fürchten den Beitritt, da ihre subventionierten Produkte im geeinten Europa kaum konkurrenzfähig wären.
1992	Im Mai tritt das Abkommen über den Europäischen Wirtschaftsraum (EWR) zwischen den EFTA-Staaten und der EG in Kraft.
1994	Im November siegen erneut die Europagegner: Insgesamt 52,3 % der Wähler stimmen gegen den Beitritt Norwegens zur EU.
2003	EU-Osterweiterung, Gerüchte über einen Antrag Islands auf EU-Mitgliedschaft und der viel zu hohe Kurs der norwegischen Krone führen zum Meinungsumschwung. Laut einer neuen Umfrage sind mittlerweile 58 % der Norweger für eine EU-Mitgliedschaft, 29 % dagegen.
2005	17. Mai: Norwegens 100-jähriges Jubiläum als eigenständiges Land.
2008	Die Region Stavanger wird Europäische Kulturhauptstadt, Näheres unter: www.stavanger2008.no.

Kultur und Leben

Am Vågen in Stavanger

NORWEGISCHE LEBENSART

Hytter – ein stilles Glück

Die Norweger machen gern Urlaub im eigenen Land. Fast 70 % der Urlauber sind ›Nordmänner‹, die Deutschen sind mit 17 % auf dem zweiten Platz, gefolgt von den Schweden und Dänen. In diesen Zahlen sind die Urlauber in der eigenen Hütte noch gar nicht alle mitgezählt. *Hytter* sind Kult in Norwegen. Statistisch gesehen besitzt jede zweite norwegische Familie eine, sei es in den Bergen, am See oder am Meer. Es sind noch vielfach bescheidene einfache Holzhütten, die ältesten mit Toilette draußen im Herzhäuschen unter einer knorrigen Kiefer. Die Einrichtung besteht häufig aus schlichten Holzsesseln mit gewebten Wollstoffen als Bezug, und einem *jøtul* – ein kleiner gusseiserner Ofen –, der, angeheizt mit getrockneter Birkenrinde, die Hütte auch im Winter schnell erwärmt. An der Hüttenwand hängt die Angel. In einer Abseite lagert trockenes Holz, im Vorrats-

schrank eine Tüte Kaffee, ein bisschen Zucker, eine Tütensuppe. Es gibt auch größere und neuere mit mehreren Gästezimmern, Bad und Toilette, doch selten protzige Hütten. Allen gemeinsam ist ihre Lage in freier Natur. Man zieht die Wanderschuhe an, schnallt die Skier an, macht die Angel fertig, nimmt den Korb zum Blaubeerensammeln – das Paradies liegt direkt vor der Tür. Die Norweger sind ein Outdoor-Volk. Es heißt, sie können Ski fahren, bevor sie laufen gelernt haben. Auch das Königspaar verbringt seinen Urlaub in der Natur: zu Ostern auf Skiern, im Sommer wandert es im norwegischen Fjell. Zur Eröffnung des Natursenters der Hardangervidda in Eidfjord spendierte Königin Sonja ihre viel genutzten Wanderstiefel als Ausstellungsstück.

Ausdruck der Naturverbundenheit ist das ›Jedermannsrecht‹ *(allemannsretten)*. Es gewährt jedem Menschen (nicht nur den Norwegern) den freien Zugang zu Land und Wasser, das nicht als Privatbesitz (Umkreis von mindestens 150 m um ein Haus, Zäune oder Schilder) zu erkennen ist. Dort darf man wandern, baden, zelten, Beeren pflücken. In jedem norwegischen Haushalt findet man Schlafsäcke und Wanderstiefel – auch in der Stadt – oder zumindest bei den Eltern oder Großeltern. Fast alle Städter haben Familie auf dem Land, die trotz moderner Zeiten noch ein wenig so lebt wie früher. Mit dem Beginn der Erdöl- und Erdgasförderung Anfang der 1970er Jahre entwickelte sich der Bauern- und Fischerstaat zu einem der reichsten Länder der Erde. Doch diesen großen Umbruch hat Norwegen überraschend unspektakulär und bescheiden überstanden.

»Was mich an dieser kleinen, peripheren Gesellschaft verblüfft, ist ein unbewusstes Kunststück, das ihr in den letzten 170 Jahren immer wieder gelungen ist: Sie hinkt hinter der Zeit her und ist ihr zugleich voraus«, schrieb Hans Magnus Enzensberger. Der Staat hat das Ölgeld mit Bedacht angelegt. Norwegen ist ein vorbildlicher Sozialstaat. Für sichere Renten und hohes Einkommen ist gesorgt. Das hohe Preisniveau verhindert allerdings, dass ›Ola Nordmann‹ im Geld schwimmt. Wenn im Supermarkt ein kleines Messer neben der Gurke liegt, bedeutet das nicht: Guten Appetit, *velbekomme!*, sondern lediglich, dass derjenige, der sich keine ganze Gurke leisten kann, sich mit einem Stück begnügen mag – das sind nicht wenige.

Feste und Traditionen

Was die Feiertage und Feste angeht, hat sich über die Jahrhunderte wenig geändert. Ein Bestandteil aller Feste ist die norwegische Flagge, die in kleinen Stecknadelfähnchen auf dem Festtagskuchen *kransekake*, in Girlandenform oder als stattliche Flagge am Fahnenmast vor dem Haus die Freude der Nation am eigenen Land offenbart.

Ein Großteil der norwegischen Feiertage entspricht den üblichen in Mitteleuropa. **Weihnachten** wird in der Familie gefeiert, der Tannenbaum ist u. a.

geschmückt mit norwegischen Fahnengirlanden. Die Esstraditionen sind andere (s. S. 38f.), und statt des Weihnachtsmannes gibt es in Norwegen den ›Nisse‹, seit Urzeiten Beschützer von Haus und Hof. Als Dank stellt man ihm am Weihnachtsabend eine Schale Haferbrei hin. Auf keinen Fall will man es sich mit ihm verderben, denn fühlte er sich übergangen, könnte er viel Ärger bereiten. Während draußen der Schnee rieselt (unten am Fjord seltener, weiter oben dafür meterdick), werden die Häuser mit Weihnachtsbaum und weihnachtlichem Dekor geschmückt.

Der norwegische Winter ist lang, und doch scheint der Norweger an ihm zu hängen. Wenn zu **Ostern** *(påske)* in den Tälern bereits ein Hauch von Grün zu erahnen ist, strömen die Norweger in die Berge, um beim Skifahren und *hyttekos* (Hüttengemütlichkeit) Abschied zu nehmen vom Winter. Die Tage sind dann schon länger, und wenn die Sonne scheint, wird es auch im Hochgebirge im Windschutz einer Hüttenwand gerne mal herrlich bräunende 20 Grad. In dieser Zeit sind trotz schwindelerregender Höchstpreise alle Hütten und Unterkünfte ausgebucht. Natürlich gibt es genügend Norweger, die Ostern nicht in den Bergen verbringen. *Typisk norsk* – ist die Meinung vieler – sei es heutzutage doch eher, die freien Ostertage für eine Shoppingtour ins preislich entspanntere Nachbarland Schweden zu nutzen.

Es sind vor allem Kinder, die am **17. Mai** (gesprochen: söttende maij), dem norwegischen Nationalfeiertag, die norwegische Fahne schwenken. Ein Tag mit farbenfrohen Umzügen, an

KINDERHOCHZEIT IN DER JOHANNISNACHT

Das Kinderbrautpaar vorneweg, zieht der Hochzeitszug zum Festplatz

Am 24. Juni, einem der längsten Tage des Jahres nahe der Sommersonnwende, feiern die Kinder im Hardanger ein traditionsreiches Fest: die Kinderhochzeit. Wie alt dieser Brauch ist, weiß niemand genau. Schriftlich verbürgt ist er für das Jahr 1845. Zeitweise geriet die Tradition in Vergessenheit, heute wird sie vielerorts wieder hochgehalten. 1988 lud das Hardanger Folkemuseum zur Johannisnacht ein, 19 Kinderbrautpaare kamen, 1991 in Ullensvang sogar 44 Paare. Die Regel sind aber kleinere Hochzeiten mit einem oder zwei Brautpärchen. Üppig sind die Tafelfreuden, nicht selten biegen sich die Tische unter der Last der Speisen, aufgetischt werden Rhabarbergrütze und *rømmegrøt,* auch Schinken mit *flatbrød,* Torten und Erdbeeren mit Sahne. Das ganze Dorf nutzt die Gelegenheit für ein gemütliches Beisammensein. Abends wird dann im Schein des Johannisfeuers am Fjord getanzt. Kinder führen Tänze vor, singen und spielen. Vorher ordnet sich der Hochzeitszug, der auf einer festgelegten Route durch das Dorf zieht und von einem Spielmann, nicht selten einem Mädchen, mit schön verzierter Hardangerfiedel angeführt wird. Braut und Bräutigam folgen, hinter ihnen die Brautjungfern und die Kinder des Ortes. Die Braut trägt eine aus Goldblech gefertigte, mit Perlen, Gold und Silber reich geschmückte Krone, die über viele Generationen weitergereicht wird, und die farbenprächtige, 1870 zur Nationaltracht erklärte Hardangertracht, zu der eine weiße Schürze mit kunstvoll handgefertigter Hardangerstickerei gehört.

denen auch Tracht getragen wird, in jeder Region eine andere, eine schöner als die andere. Sie wird gefertigt aus gewebten Wollstoffen, in den reichen Bauerntälern auch verziert mit kunstvollem Silberschmuck. Zur Nationaltracht wurde die farbenfrohe Hardangertracht erkoren.

Zu **St. Hansaften,** der Johannis-Nacht vom 23. auf den 24. Juni, werden überall große Lagerfeuer angezündet und mit viel Tanz und *brennevin* gefeiert. Vielleicht möchte man auch vergessen, dass die Tage jetzt schon wieder kürzer werden. Es wird getanzt, gegrillt und getrunken, bis die Sonne wieder aufgeht.

Musik im Fjordland

Volksmusik und Klassik

Im Ausland kaum bekannt ist die traditionsreiche (west-)norwegische **Volksmusik,** deren herausragendes Instrument die meist kunstvoll verzierte Hardangerfiedel *(hardingfele)* mit vier Griff- und vier Resonanzsaiten ist. Ihr ›schräges Gegniddel‹ ist nicht jedermanns Sache. Die ältesten erhaltenen Fiedeln stammen aus dem 17. Jh. Damals wurde noch zu allen Hochzeiten und anderen Festen ein Musikant engagiert, der zum Tanz aufspielte. Die alten Volkstänze waren der Springar und der Halling, ab Mitte des 19. Jh. kamen der Walzer, der Rheinländer und die Polka dazu, die auch heute noch getanzt werden, wenn zum *gamaldans* (= alter Tanz) geladen wird, der sich auch unter den jungen Leuten großer Beliebtheit erfreut. Um 1900 übernahm das im Klang vollere Akkordeon die dominierende Rolle im Volkstanz. Doch bei vielen Festen, wie beispielsweise den Kinderhochzeiten im Hardanger (s. S. 32), ist die leisere Hardangerfiedel nach wie vor nicht wegzudenken.

Die berühmtesten Musiker Norwegens, der Komponist **Edvard Grieg** (1843–1907, s. S. 95) und der Geiger **Ole Bull** (1810–1880), waren stark von der norwegischen Volksmusik beeinflusst. Beide stammen aus dem Fjordland. Edvard Grieg gehört zu den Klassikern, die alle kennen. Wann immer norwegische Landschaft in einem Film gezeigt wird, hört man die ›Peer Gynt Suite‹ im Hintergrund. In Trollhaugen, der Villa Edvard Griegs in Bergen, finden noch immer regelmäßig Konzerte statt. Der Meistergeiger Ole Bull feierte bei seinen Konzertreisen in Europa und Amerika große Triumphe. Die letzten Sommer seines Lebens verbrachte er in einer märchenhaften Villa auf der kleinen Insel Lysøen südlich von Bergen.

Jazz

Norwegen hat sich in der zweiten Hälfte des 20. Jh. zum Jazzland von internationalem Niveau entwickelt. Ab den 1970er Jahren verhalfen Musiker wie Jan Garbarek, Jon Christensen, Aril Andersen, Terje Rypdal und Karin Krog dem norwegischen Jazz zu internationalem Ansehen. Oslo gilt als die Jazz-Hauptstadt Norwegens, doch auch im Vestland sind zahlreiche Festivals dem Jazz gewidmet: Voss Jazz Festival im März, Natt Jazz in Bergen Ende Mai, Molde Jazz Festival im Juli.

KUNST UND ARCHITEKTUR

Stabkirchen

Norwegens bedeutendster Beitrag zur europäischen Architekturgeschichte sind die Stabkirchen, von denen die meisten zwischen 1130 und 1300, also in der Frühzeit des Christentums entstanden. Es wird geschätzt, dass etwa die Hälfte der 2000 Sakralbauten, die im Mittelalter gebaut wurden, Stabkirchen waren. Heute sind nur noch 30 dieser reinen Holzbauten erhalten, über deren komplizierten Aufbau ganze Werke geschrieben worden sind. Tragendes Konstruktionselement der Stabkirchen ist das *stavverk* (*stav* = Mast, Stab) mit bis zu 9 m hohen Säulen, die sich um den rechteckigen Hauptraum der Kirche gruppieren und die in einem auf einem Steinfundament ruhenden Rahmen fest verankert sind. Auf den Säulen ruht die hoch aufragende Dachkonstruktion, die oft in mehrere Stockwerke gestaffelt und mit schindelgedeckten Pult- bzw. Satteldächern versehen ist. Um die ganze Kirche führt ein überdachter Laufgang, der so genannte *svalgang,* der nicht nur den Kern der Kirche vor den Unbilden des Wetters schützte, sondern auch als Ort diente, in dem die Waffen abgelegt, aber auch Neuigkeiten ausgetauscht und Geschäfte getätigt wurden. Im Inneren der ursprünglichen Stabkirchen war es finster, denn durch die winzigen Bullaugen hoch oben unterm Dach drang kaum Licht ein – alle größeren Fenster sind spätere Zusätze. Die heidnischen Stilelemente der Stabkirchen, die häufig in der Nähe oder direkt über früheren Kultstätten errichtet wurden, legen Zeugnis davon ab, dass über 100 Jahre nach der Einführung des Christentums der alte Glaube an gute und böse Geister noch tief verwurzelt war. Die Giebel der aufeinander getürmten Dächer schmücken oftmals Furcht einflößende Drachenköpfe. Ohne Zweifel sollten die Dämonen und Fabeltiere, die auch die Kapitelle und Portale zieren, die Mächte der Finsternis abwehren. Die Stabkirche in Borgund gilt als die schönste und ursprünglichste, die in Urnes ist die älteste erhaltene.

Malerei

Bis zum nationalen Erwachen um 1800 gab es keine nennenswerte eigenständige norwegische Kunst. In der Hansezeit waren es vor allem die Werke ausländischer Künstler, mit denen die Kirchen ausgestattet wurden. Mit dem Erstarken des norwegischen Nationalgefühls wuchs das Interesse an der eigenen Kunst, der eigenen Geschichte und der ›ursprünglichen‹ Bauernkultur. Der Fjord, ein Stück Natur, das kaum eines der anderen Länder Europas zu bieten hatte, wurde zum Inbegriff des Norwegischen. Der erste große Landschaftsmaler Norwegens war **Johan Christian Dahl** (1788–1857) aus Bergen, der von 1818 bis zu seinem Tod als Professor an der Dresdner Akademie in Deutschland lehrte und viele norwegische Künstler zum Studium

Die Stabkirche von Hopperstad

nach Dresden holte. In Norwegen selbst gab es weder eine Kunstakademie noch einen Kunstmarkt, der das Auskommen eines Künstlers hätte sichern können. Und so lernten und arbeiteten bis in die 80er Jahre des 19. Jh. so gut wie alle bedeutenden norwegischen Maler im Ausland.

Ab 1840 war die Akademie in Düsseldorf das führende Ausbildungsinstitut, auch die nächste norwegische Künstlergeneration pilgerte nach Deutschland. Künstler wie Johannes Flintoe (1786/87–1870), Adolf Tidemand (1814–1876), Hans Gude (1825–1903) und

Lars Hertevig (1830–1902) machten mit ihren Gemälden das Fjordland und das norwegische Volksleben in Europa bekannt. **Adolf Tidemand,** dessen Stärke in der Genremalerei lag, und **Hans Gude,** der sich auf Landschaften spezialisiert hatte, taten sich zusammen und malten einige der bekanntesten Fjordlandbilder. 1848 entstand ›Brautfahrt im Hardanger‹ (›Brudeferden i Hardanger‹), fünf Jahre später ›Leichenzug am Sognefjord‹ (›Likferd på Sognefjorden‹) – Gemälde, die als Höhepunkte der norwegischen Nationalromantik gelten.

TEURER UNSINN? – EIN LAND, ZWEI SPRACHEN

Seit 1885 gibt es in Norwegen zwei offiziell anerkannte Schriftsprachen, Riksmål und Landsmål wurden sie damals genannt, Bokmål und Nynorsk heißen sie heute. Außergewöhnlich an dieser Mehr-Sprachen-Situation ist, dass es sich bei beiden Sprachen um Varianten mit im Grunde minimalen Unterschieden handelt. Die beiden Sprachen sind sich so ähnlich, dass sich die norwegische Bevölkerung ohne Probleme miteinander verständigen kann. Und doch müssen alle offiziellen Dokumente, alle Schulbücher usw. zweisprachig erscheinen, das schreibt das Gesetz vor. Nicht alle Norweger sind von diesem Aufwand begeistert. So kam es denn auch zu Protesten, als die Planung für ein Nynorsk-Kulturzentrum in Angriff genommen wurde. Vergebens: Im Jahr 2000 wurde in Ørsta auf dem Hof von Ivar Aasen (dem Vater des Nynorsk, s. u.) das mit Staatsmitteln finanzierte Nynorsk-Kultursenter eröffnet. Die Kosten für den architektonisch spektakulären Neubau (aus der Feder des berühmten Architekten Sverre Fehn, der auch das Gletschermuseum in Fjærland entworfen hat) beliefen sich auf 53 Mio. Kronen.

Wozu? fragt sich mancher, wozu dieser Aufwand für zwei Sprachen, die einander so ähnlich sind? Um die norwegische Sprachsituation zu verstehen, muss man bis ins Mittelalter zurückgehen: Nach einer kulturellen und politischen Blütezeit im 13. Jh. – Familiensagas, Königssagas, Helden- und Götterlieder wurden auf Altnordisch geschrieben – begannen für Norwegen im 14. Jh. die 400 dunklen Jahre, während derer das Land seine Eigenständigkeit einbüßte und als dänische Provinz endete. Als Mitte des 14. Jh. die Pest etwa 80 % des norwegischen Adels dahinraffte, übernahmen die Dänen nach und nach alle Schlüsselpositionen in Verwaltung und Politik. Dänisch wurde Amts- und Schriftsprache, nach der Reformation im Jahre 1537 auch Kirchensprache. Als 1814 das Nationalgefühl erheblich gestärkt und die Union mit Dänemark aufgelöst wurde, hatte Norwegen keine eigene Schriftsprache.

Der Dichter Henrik Wergeland (1808–1845) war einer der ersten, der sich für eine norwegische Sprachreform engagierte. Er plädierte für eine auf der Grundlage des Dänischen gebeugte norwegische Schriftsprache. Der Sprachgelehrte P. A. Munch argumentierte dagegen. Ausgangspunkt sollte vielmehr ein norwegischer Dialekt sein, und die notwendigen Ergänzungen sollten aus dem Altnordischen entnommen werden. Seine Vorstellungen realisierte **Ivar Aasen** (1813–1896), ein Bauernsohn aus Ørsta/Sunnmøre. Vier Jahre lang reiste er kreuz und quer durch Norwegen, sammelte Worte und Redewendungen der verschiedensten Regionen. 1848 verfasste er eine norwegische Grammatik und gab zwei Jahre später ein Wörterbuch heraus: Das Landsmål (*mål* = Sprache), das heutige Nynorsk war geboren.

Auch die ›dänische Richtung‹ entwickelte sich: Angesichts der Schwierigkeiten der norwegisch sprechenden Schulkinder mit der dänischen Schriftsprache erfolgten immer wieder konkrete Anpassungen an die gesprochene Sprache – so kristallisierte sich allmählich das Riksmål, heute Bokmål genannt, heraus. Durch mehrere Rechtschreibreformen in der ersten Hälfte des 20. Jh. glichen sich die beiden Sprachvarianten einander immer mehr an. Heute sprechen etwa 17 % der Norweger Nynorsk – die meisten davon leben im Fjordland. Nynorsk gilt als die Sprache der Landkultur. Bokmål wird als die Sprache der Städter, der Industrie und Wirtschaft sowie der Presse angesehen, obwohl beide Varianten im Rundfunk und Fernsehen vertreten sind, 25 % aller Sendungen müssen in Nynorsk gesendet werden. Formulare gibt es in zweisprachigen Ausgaben, und selbst auf Briefmarken und Geldscheinen findet man neben *Norge* auch die Bezeichnung *Noreg*. Dieser Nynorsk-Variante kommt eine hohe symbolische Bedeutung zu: Bemerkenswerterweise existiert das Wort *Noreg* nur in schriftlicher Form, in keinem der Nynorsk-Dialekte wird es gesprochen.

Es gibt Norweger, die meinen, dass es teurer Unsinn sei, sich zwei einander so ähnliche Sprachen zu leisten. Ein Vertreter dieser Meinung kommentierte erbost, dass Norwegen in seiner Geschichte von zwei ernst zu nehmenden Katastrophen heimgesucht worden sei: »von der Pest und von Ivar Aasen«. Die Mehrheit der Norweger spreche Bokmål, wozu dann der per Gesetz verordnete Quatsch, dass alles in zwei Sprachen vorhanden sein muss? Die Gegner schätzen die Lage jedoch realistisch ein: Norwegen wird weiterhin zwei Sprachen haben. Das Land ist einfach reich, es kann sich zwei Sprachen leisten.

Mit der Eröffnung des **Nynorsk-Kultursenters in Ørsta,** in unmittelbarer Nachbarschaft des Hofes, auf dem Ivar Aasen seine Kindheit verbrachte, wurde ein Zeichen gesetzt. »Ein Gebäude für die ganze Nation« wird es mit Stolz genannt. Das Interesse an Nynorsk wird wieder wachsen, der Anteil an Nynorsk-Sprachigen auch, so hofft man. Ein Besuch im Museum lohnt für alle, die eine der beiden norwegischen Sprachen verstehen (überaus interessant ist u. a. ein interaktives Computerspiel zu norwegischen Dialekten).

Wer am Hof von Ivar Aasen vorbeikommt und der norwegischen Sprache nicht mächtig ist, spart den Eintritt für das Nynorsk Kultursenter und besichtigt stattdessen den frei zugänglichen **Ivar-Aasen-Tunet** (*tun* = Hof) gleich nebenan. Hier wurde Ivar Aasen 1813 geboren und hier lebte er bis zu seinem 20. Lebensjahr, hier befand sich das erste Ivar-Aasen-Museum. Die fünf Hofgebäude stammen aus verschiedenen Jahrhunderten: Ein Vorratshaus von 1810, das alte Museum von 1897, Schmiede und Galerie aus dem 20. Jh. Ein typisch norwegischer Mix von Gebäuden auf einem über lange Zeit bewohnten Hof. Nur einen Steinwurf entfernt – der neue Aasen-Tunet. Als »modernstes Gebäude des Landes« hat das Dokumentationszentrum Schlagzeilen gemacht: Es ist 79 m lang und aus viel weißem Beton und Glas erbaut. Wer meint, alles was mit Nynorsk zu tun habe, sei altbacken, der irrt.

ESSEN UND TRINKEN

Essen gehen

Lachs, Forellen, Wild (Ren, Hirsch und Elch), Wildgeflügel (Schneehuhn) und Wildbeeren bilden die Grundlage für die äußerst delikate norwegische Küche, die man allerdings eher selten zu kosten bekommt. (Gourmet-)Restaurants sind dünn gesät, die Preise Schwindel erregend. Bezahlbar sind die Mahlzeiten in den *cafeterias* – Gaststätten mit Selbstbedienung –, die norwegische Hausmannskost anbieten. Aufgetischt werden meist große Portionen zum ordentlich Sattwerden: Kartoffeln, Fleisch/braune Soße oder Fisch/weiße Soße und Gemüsebeilage heißt die Devise. Das Straßenbild beherrschen die *gatekjøkken,* Schnellimbisse mit den üblichen ›internationalen Spezialitäten‹ wie Hamburgern, Pommes und Hot Dogs *(pølser med brød)*.

Middag zum Abend

Der Tag beginnt mit einem reichhaltigen Frühstück *(frokost)*. In den Hotels findet man üppige Buffets mit verschiedenen Brot-, Käse- und Wurstsorten, Cornflakes, Müsli, Eiern, Marmelade … sowie diversen Fischspezialitäten. Mittags ist *lunsj*-Zeit, häufig nur eine kleine Mahlzeit, ein paar belegte Brote. Warm wird in der Regel am späten Nachmittag bzw. Abend gegessen. Das so genannte *middag* wird in Hotels und Cafeterias zwischen 17 und 21 Uhr serviert. *Dagens rett* oder *dagens middag* sind Tagesgerichte zu

relativ günstigen Preisen. Das kalte Abendessen wird auch *kveldsmat* genannt. Kaffee wird zu jeder Tages- und Nachtzeit getrunken, meist sehr dünn, und häufig schwarz. Ganz wichtig ist in Norwegen, dass man sich für das Essen bedankt: »Takk for maten!«

Norwegische Spezialitäten

Fisch, na klar!

Der Weg vom Kutter in die Küche ist im Fjordland kurz, und so ist Fisch in jeglicher Form auf den Speisekarten zu finden: gebraten, gedünstet, gegrillt oder geräuchert. Lachs und Forelle, auch Hering, Seelachs und Dorsch werden mit Kartoffeln und zerlassener Butter serviert. Sehr verbreitet sind diverse Fischprodukte, deren Grundlage aus gehackter Fischmasse besteht, wie *fiskepudding* (Fischteig, mit Kartoffelmehl gebunden, in einer Kastenform gekocht), *fiskeboller* (verwendet wird der gleiche Teig wie vorgenannt, aber in Klößchenform) und *fiskekaker,* die ähnlich zubereitet in der Pfanne gebraten werden.

Ein Geschmacks- und Geruchserlebnis der besonderen Art ist der *lutefisk,* in Lauge und Pottasche eingeweichter Stockfisch, der gerne zu Weihnachten serviert wird.

Auf jedem *frokostbord* (Frühstücksbuffet) findet man alle Arten von Heringszubereitungen: in süßer Senf-

oder süßer Tomatensauce, süß mariniert mit Zwiebelringen, Lorbeer und Pfefferkörnern. Zum *lunsjbord* um die Mittagszeit gehört *rakfisk* – Forellen, die drei Monate in einer Salzlake gelegen haben – sicherlich nicht jedermanns Geschmack. Auf der Zunge zergeht dagegen *gravlaks med sennepsaus*, in Salz, Zucker, weißen Pfefferkörnern und viel Dill eingelegter Wildlachs.

Ren, Elch, Wal & Co

Ren *(reinsdyr)*, Elch *(elg)* und bisweilen auch Wal *(hval)* stehen in Norwegen auf der Speisekarte. Dazu werden meist Preiselbeeren *(tyttebær)* gereicht. Hammelfleisch gibt es in allen Variationen. Nach einem langen Tag in den Bergen wird man *fårikål* (Hammel mit Weißkohl) schätzen. Eine Spezialität sind luftgetrocknete Hammelkeulen, *spekemat* – eine Schlachtplatte mit Schafswurst und Rentierschinken. Sehr beliebt auch zu Festtagen ist *pinnekjøtt* – gesalzene und geräucherte Lammrippen. Zu allen Speisen wird *flatbrød* gereicht, eine Art hauchdünnes Knäckebrot.

Rømmegrøt und Ziegenkäse mit Karamellgeschmack

Vor allem auf dem Lande wird gern das Nationalgericht *rømmegrøt* angeboten, ein mit Zucker und Zimt gesüßter heißer Brei, der – regional verschieden – aus saurer Sahne, Milch (Sahne) und Mehl (Grieß) zubereitet wird: eine wahre Kalorienbombe, die süchtig machen kann.

Mit Butter bestrichen und mit Zucker bestreut werden *lefse*, eine aus Kartoffeln, Mehl und Fett gebackene Fladenspezialität, genossen.

Ein typisch norwegisches Produkt ist der *geitost* (ein aus karamellisierter Ziegen- und Kuhmilch hergestellter Käse mit süßlichem Geschmack) ebenso wie die milderen Varianten, der *brunost* und der *mysost*. Streng, würzig und nicht jedermanns Geschmack ist der knotig aussehende *gammelost* (›alter Käse‹). Diese Käsesorte wird schon um das Jahr 1000 in einer Saga erwähnt. Man schneidet den Käse in dünne Scheiben und serviert ihn auf frischem Brot mit Butter, etwas Sauerrahm und Preiselbeeren.

Bei schönem Wetter sitzt man draußen: Café Sting in Stavanger

Tipps für Ihren Urlaub

Wandern auf der Hardangervidda

WESTNORWEGEN ALS REISEZIEL

Besondere Highlights

Überaus sehenswert sind die mittelalterlichen **Stabkirchen** – in Urnes findet man die älteste, in Borgund, wie viele meinen, die schönste. Die Straße **Tyske Brygge** in Bergen steht – wie übrigens auch die Urnes Stabkirche oder der Geiranger- und der Nærøyfjord – auf der World Heritage List der UNESCO. In kultureller Hinsicht ist auch **Ålesund**, die Stadt des Jugendstils, ein ›Muss‹ ebenso wie Kristiansund, das ›Venedig des Nordens‹.

Daneben gilt in Norwegen mehr als anderswo: Der Weg ist das Ziel. In oftmals atemberaubenden Serpentinen führen die Straßen über das Gebirge; berühmt sind beispielsweise die **Adlerstraße** und der **Trollstigen**. Nicht weniger aufregend ist die **Atlantik-Küstenstraße,** die über elegant geschwungene Brücken mitten durchs sturmumtoste Meer führt.

Die Norweger bauen ständig weiter: Brücken verbinden Inseln, queren Fjordarme, Tunnel führen unter Fjorden, Gebirgen und Gletschern hindurch und verkürzen die Reisezeiten.

Pauschal oder individuell?

Verschiedene Reiseveranstalter bieten Bustouren nach Norwegen an: eine bequeme Möglichkeit, das Land einmal zu beschnuppern, Wissenswertes zu erfahren, die bedeutendsten Sehenswürdigkeiten – darunter immer auch eine oder mehrere der berühmten Stabkirchen – kennen zu lernen, typisch norwegisches Essen zu probieren. Die angebotenen Pauschalrundreisen sind gewiss nicht billig, aber allemal billiger, als hätte man dieselbe Reise inkl. Anreise, Hotelunterkunft, Verpflegung vor Ort, Eintrittsgelder, Führungen individuell unternommen.

Die meisten Reisenden erkunden Norwegen allerdings auf eigene Faust. Wer sich nicht auf eine bestimmte Gegend festlegen und möglichst viel sehen möchte, ist in der Regel mit dem Auto bzw. Wohnmobil unterwegs. Um Kosten zu senken, haben die meisten Urlauber Lebensmittelvorräte für die gesamten Ferien im Kofferraum – angesichts der norwegischen Preise verständlich. Doch auf diese Weise entgeht ihnen auch ein Stück norwegischer (Ess-)Kultur.

Ernsthafte Probleme, ein festes Dach über dem Kopf (Hütten oder Zimmer) zu finden, gibt es nur in der Hauptsaison nach einer Reihe von Regentagen/-wochen, wenn auch die hartnäckigsten Camper die Nase voll vom Zelt haben.

Wer das Land lieber von einem festen und komfortablen Standort aus erkunden möchte, kann über deutsche Reisebüros und spezielle skandinavische Hüttenanbieter eine Hütte anmieten, die seinen Wünschen entspricht: am Fjord, am See, in den Bergen, in einer modernen Hüttensiedlung oder auf einem abgelegenen alten Bauernhof, in der Nähe guter Möglichkeiten zum Angeln, Skifahren, Baden oder Wandern. Es gibt Kataloge mit Hütten speziell für Angelfreunde (mit der Möglichkeit, die gefangenen Fische einzufrieren) oder für Winterurlauber (mit Sauna und Trockenraum). Nicht selten bieten die Fährlinien (s. S. 212) relativ günstige Pauschalangebote für Anreise und Übernachtung an. Viele Norwegenfahrer buchen nur für die ersten Reisen eine Hütte aus dem Katalog, um dann später in der gewünschten Gegend eine Unterkunft bei einem privaten Anbieter zu suchen.

Urlaub mit Kindern

Norwegen ist ein überaus freundliches Reiseland für Kinder, sofern man nicht andauernd im Auto sitzt und jeden Tag große Entfernungen zurücklegt. Egal ob auf dem Bauernhof, im Zelt auf dem Campingplatz oder in einer Hütte, Kinder gehen überall sofort auf Entdeckungstour. Norwegen bietet Berge zum Klettern, Seen zum Baden und Angeln, Sandstrände zum Buddeln und auch im Sommer Schneefelder für eine Schneeballschlacht.

Auf Campingplätzen findet man Spielplätze, in Restaurants Wickeltische und Spielecken, viele Züge und Schiffe sind mit speziellen Kindeabteilen ausgestattet. In Museen und Galerien werden Attraktionen angeboten, die speziell auf die Interessen von Kindern zugeschnitten sind – so können die Kleinen im Erdölmuseum in Stavanger auf ihrer eigenen Plattform arbeiten. Bade-, Freizeit- und Vergnügungsparks wie das Havanna Badeland und der Kongeparken südlich von Stavanger, der Ferienpark bei Kinsarvik am Hardangerfjord und der Atlantikseepark in

Alles an Bord – Das Fjordland ist bestens auf Urlaub mit Kindern eingestellt

Der Weg ist das Ziel

Wer im Fjordland Urlaub macht, sollte es nicht eilig haben. Kurvig schlängeln sich die Straßen hinauf ins Gebirge und entlang der Fjordufer, nicht wenige enden einfach am Wasser: Einreihen, Warten auf die Fähre, Vorbestellen nicht möglich. Drei von insgesamt 18 geplanten **Nationalen Touristenstraßen** (Fertigstellung bis 2015) führen durch das Fjordland. Sie sind mit einem eigenen Symbol gekennzeichnet. Die **Sognefjell-Straße** (rv 55) führt über das auch im Sommer noch verschneite ›Dach Norwegens‹ und ist im Winter ebenso gesperrt wie der **Gamle Strynefjellsvegen** (rv 258), ein Meisterstück der Ingenieurskunst inmitten einer grandiosen Hochgebirgsnatur. Die **Hardanger-Straße** führt durch Norwegens Obstgarten am gletschergekrönten Fjord hinauf in Nordeuropas größte Hochebene.

Ålesund laden zu einem Tagesausflug mit der ganzen Familie ein.

Tourenvorschläge

Über die Hardangervidda

Die **Bergenbahn** passiert nahezu alle norwegischen Landschaftsformen: Wälder und Seen im Osten, alte Kulturlandschaft im Hallingdal, schnee- und seenreiche tundraartige Ebenen auf der Hardangervidda, schließlich die Fjorde im Westen. Bis in die späten 1960er Jahre bildete die 1909 zwischen Oslo und Bergen eröffnete Bahnstrecke im Winter die einzige Überlandverbindung zwischen West- und Ostnorwegen, da die Straßen in den Wintermonaten regelmäßig für mehrere Monate geschlossen waren. Noch heute werden viele Passstraßen im Winter gesperrt, während die Bergenbahn auch unter arktischen Bedingungen über die Hardangervidda schnauft. Entlang der Bahnstrecken liegen mehrere Stationen, die sich im Sommer als Startpunkt für eine **Wanderung von Hütte zu Hütte** (s. S. 47) oder eine Radwanderung entlang dem legendären **Rallarvegen** anbieten (s. S. 48).

Norwegen in Miniatur

Flåm ist Zentrum und Verkehrsknotenpunkt für zahlreiche kombinierte Bus-, Zug- und Bootrundreisen (›Norway in a nutshell‹). Eine faszinierende **Rundreise** nimmt ihren Anfang an einem Bahnhof entlang der Bergenbahn (Bergen–Oslo). Von Myrdal auf der Hardangervidda verkehrt die Flåmbahn hinunter an den Fjord nach Flåm. Es folgt eine Schiffsfahrt durch den Aurlands- und den Nærøyfjord nach Gudvangen. Mit dem Bus geht es von dort weiter durch die steilen Stalheimkleivane nach Voss, von wo aus man mit dem Zug (Bergenbahn) zum Ausgangspunkt der Reise zurückkehrt. Diese Rundfahrt ist zu allen Jahreszeiten möglich, Übernachtungen in Aurland, Flåm oder Gudvangen. Infos in Reisebüros, Bahnhöfen und Touristen-

ES GEHT IMMER EIN ZUG –
DIE BERGENBAHN

Die Idee, eine Bahnlinie von Oslo nach Bergen mitten über die nur wenige Wochen im Jahr schneefreie Hardangervidda zu bauen, mutet auch heute noch ziemlich verrückt an. Während die Ostnorweger und das Parlament (Storting) den 1871 in einem Artikel der ›Bergensposten‹ erstmals vorgebrachten Einfall sofort verwarfen, machten sich die Westnorweger, allen voran die Bergenser, mit großem Elfer an die Konkretisierung der Pläne und kämpften erbittert um deren Verwirklichung – nicht zu Unrecht heißt die Bahnlinie Bergenbahn und nicht anders. Nach langer Diskussion um die Streckenführung konnte nach 27 Jahren endlich mit dem Bau begonnen werden, der zehn Jahre dauern sollte. Sowohl von den Arbeitern als auch von den Ingenieuren forderte er den Einsatz ihres ganzen Könnens und kostete manchen das Leben. Der legendäre Ingenieur Harald Skavlan vollendete das Meisterwerk frei nach dem Motto: »Verschafft mir tüchtige Arbeiter und Lebensmittel, und ich werde Norwegen einebnen.« Am 7. Oktober 1907 wurde bei Ustaoset das letzte – in den Nationalfarben bemalte – Schienenstück zwischen West- und Ostnorwegen eingefügt. Die Bergenbahn verband zwei bis dahin voneinander getrennte Landesteile. Im Überschwang der Gefühle wurde das Ereignis mit der Einigung Norwegens durch Harald Schönhaar Ende des 9. Jh. verglichen.

Obwohl die Bahngesellschaft vom sofortigen Einsatz abriet, gab das Storting grünes Licht für eine unmittelbare Inbetriebnahme der Bergenbahn, die im Januar 1908 prompt einschneite. Das Parlament gab daraufhin den Befehl: »Evakuiert das Gebirge. Stellt den Betrieb ein!« 1908 und 1909 wurden die Gleise freigeschaufelt sowie Überdachungen und Zäune zum Schutz gegen Schnee und Lawinen errichtet. Bei der feierlichen Eröffnung am 29. November 1909 pries König Haakon VII. das Meisterwerk als »Stolz der Nation«. Der Dichter Nils Kjær hielt eine ergreifende Rede: »Die Barrikaden sind gewonnen, aber der Feind erneuert seinen Widerstand in jeder stürmischen Nacht des langen, langen Winters. Es ist ein immerwährender Konflikt. Ein moderner Kampf des Menschen gegen die Natur.« Daran hat sich bis heute nichts geändert.

»Es geht immer ein Zug.« Dieses Werbeversprechen einzulösen, fällt den Norwegischen Staatsbahnen vor allem im Winter nicht immer leicht. Auf den Streckenabschnitten bei Finse, der mit 1222 m höchstgelegenen Station der Bergenbahn, muss mit schöner Regelmäßigkeit ein Schneepflug vor die Lokomotive gespannt werden. Wenn bei Schneeverwehungen bis zu 18 m auch die mächtigen Schneefräsen stecken bleiben, muss der Zug zur Not auch per Hand freigeschaufelt werden. Mit einer oder zwei Stunden Verspätung auf der knapp siebenstündigen Fahrt zwischen Oslo und Bergen können die Fahrgäste leben. Viele von ihnen sind Skifahrer, und das Abenteuer Bergenbahn zählt schon zum Urlaub.

45

informationen, unter www.norwaynut shell.com.

Hurtigruten

Eine wichtige Lebensader für manchen Ort an der zerklüfteten Küste Norwegens ist nach wie vor das gute, alte Postschiff, die berühmte Hurtigrute, die seit Ende des 19. Jh. zwischen Süd- und Nordnorwegen verkehrt. Sie befördert heute zwar noch Fracht, aber keine Post mehr. Diese Reise kombiniert norwegischen Küstenalltag mit Kreuzfahrtgenüssen. Täglich fahren die Schiffe der Hurtigrute auf der Strecke Bergen–Kirkenes und zurück folgende Orte im Fjordland an: Florø, Måløy, Torvik in Herøy, Ålesund, Molde und Kristiansund. Die Schiffe können 40–50 Pkw laden, so dass sich Schiffs- und Autoreisen gut kombinieren lassen. Transport von Wohnmobilen auf Anfrage. Informationen und Reservierung:
Norwegische Schiffahrts-Agentur (NSA), Kleine Johannisstraße 10, Postfach 110883, 20457 Hamburg, Tel. 0 40/37 69 30; Fax 36 41 77, www.hur tigruten.de.

Urlaubsaktivitäten

Angeln

Ein Blick auf die Landkarte lässt keinen Zweifel daran, dass Westnorwegen ein Paradies für Angler ist: inklusive Inseln eine Küstenlinie von fast 60 000 km, mehr als 130 Lachsflüsse und Tausende von Binnenseen.

Das Fischen im Meer steht allen frei und kostet nichts. Für das Süßwasserangeln – auf Lachs, Meerforelle und Meersaibling – muss die staatliche Fischereiabgabe *(fiskeavgift)* bezahlt werden (vorgedruckte Zahlkarten in allen Postämtern oder im Internet unter www.inatur.no). Daneben ist für private und öffentliche Binnengewässer der Erwerb eines Angelscheins *(fiskekort)* erforderlich, dessen Preis von Gültigkeitsdauer, Größe des Gebietes sowie Fischart und -qualität abhängt; Angelscheine gibt es in Sportgeschäften und Touristeninformationen, an Kiosken, in Hotels und auf Campingplätzen. In der Regel kann man zwischen Tages-, Zweitages-, Wochen- und Saisonscheinen wählen.

Im Meer dominieren Dorsch, Köhler, Lengfisch, Schellfisch und Makrele, im Süßwasser Forellen und Saiblinge. An vielen Orten gibt es organisierte Angelfahrten, werden Boote und Angelausrüstungen vermietet. Ausführliche Hinweise zum Thema Angeln erhält man über das Norwegische Fremdenverkehrsamt (s. S. 215) oder:
Norges Jeger- og Fiskeforbund, www.njff.no.

In der Bergwelt unterwegs

Gletscherwanderungen gehören zu den schönsten Erlebnissen eines Fjordlandurlaubes. Geführte Touren werden in der Sommersaison täglich auf Ausläufern des Jostedalsbreen (u. a. s. Jostedal/Nigardsbreen, s. Olden/Briksdalsbreen), auf den Folgefonna (s. Odda und Jondal) sowie den Hardangerjøkulen auf der Hardangervidda (s. Finse) angeboten. Die Touren variieren, was Dauer und Schwierigkeitsgrad angeht: Einige sind geeignet für Familien mit Kindern, andere für erfahrene Eiskletterer.

Von Touren auf eigene Faust ist dringend abzuraten. Gletscher sind in Bewegung, bis zu 2 m pro Jahr. Dabei können tiefe Gletscherspalten entstehen, die auf den ersten Blick unsichtbar sind. Auch Erdrutsche, Eisabbrüche und Überschwemmungen stellen eine Gefahr dar. Man sollte sich nur in Begleitung ortskundiger Führer auf den Gletscher begeben. Wichtig sind feste Bergschuhe. Ausrüstung wie Seil und Eispickel können beim jeweiligen Veranstalter geliehen werden:

Folgefonni Breførerlag, 5627 Jondal, Tel 55 29 89 21, Mobil 95 11 77 92, www.folgefonni-breforarlag.no.

Jostedalsbreen Nasjonalparksenter, 6799 Oppstryn, Tel 5787 72 00, Fax 57 87 72 01, www.jostedalsbre.no.

Breheimsenteret Jostedalen, 6871 Jostedalen, Tel 57 68 32 50, Mobil 95 20 92 38, Fax 57 68 32 40, www.jostedal.com.

Norsk Bremuseum, 6848 Fjærland, Tel 57 69 32 88, Fax 57 69 32 87, www.bre.museum.no.

Die westnorwegischen Fjell-Landschaften sind ein Traum für jeden **Bergwanderer.** Ein dichtes Netz von markierten Wanderpfaden und Hütten durchzieht alle wichtigen Regionen. Die Pfade sind mit Steinhaufen und/oder roten T's markiert. Die meisten Hütten werden vom norwegischen Wanderverein (DNT, Den Norske Turistforening) und dessen regionalen Gebirgsvereinen unterhalten. Es gibt

drei Kategorien von Hütten: bewirtschaftete, unbewirtschaftete, aber mit Proviant ausgestattete und Hütten ohne Proviant.

Sehr beliebt sind mehrtägige Wanderungen in den Nationalparks **Hardangervidda** und **Jotunheimen.** Die Hardangervidda ist wegen der geringen Höhenunterschiede auch für Anfänger geeignet, während das gebirgigere Jotunheimen und erst recht das angrenzende Breheimen höhere Anforderungen an die Kondition stellen. Der DNT verschickt Informationsmaterial mit Tourenvorschlägen für mehrtägige Wanderungen, Angaben über Hütten und Entfernungen zwischen den einzelnen Hütten:

Den Norske Turistforening (DNT) Storgaten 3 (Besuchsadresse), Postboks 7 Sentrum, N-0101 Oslo, Tel. 00 47/22 82 28 00, Fax 22 82 28 01, www.turistforeningen.no;

DNT-Vertretung in Deutschland: Helga Rahe, Drostestr. 3, 48157 Münster, Tel. 02 51/32 46 08, Fax 32 68 46, www.huettenwandern.de.

Bei der Vorbereitung einer Hochgebirgstour sollte an entsprechender Ausrüstung nicht gespart werden: Schlafsack, Rucksack und Bergstiefel (eventuell auch das Zelt) müssen rauen Wettereinbrüchen standhalten. Es sollte bedacht werden, dass auch im Juni viele Pfade noch verschneit und die im Winter demontierten Brücken noch nicht wieder begehbar sind. Beste Wanderzeit ist von Mitte Juli bis Ende August. Zum Wandern sind spezielle Wanderkarten im Maßstab 1 : 50 000 oder 1 : 100 000 erforderlich. Sie sind vor Ort, über den DNT oder die Nordis Versand GmbH (s. S. 216) erhältlich.

Radwandern

Stiftelsen Sykkelturisme (Postboks 3133, N-3724 Skien, Tel./Fax 00 47/35 52 99 55, www.bike-norway.com) verschickt u. a. die kostenlose Broschüre ›Fahrradurlaub in Norwegen‹, in der ausgewählte Radtouren vorgestellt werden. Hervorragend ist die Website mit Infos über zwei Radwandertouren im Fjordland:

Die bestens ausgeschilderte ›**Nordsjøruta**‹ (Nordseeroute) führt entlang Rogalands Küste von Flekkefjord nach Haugesund (Rogaland ist ein Teil der internationalen North Sea Cycle Route, www.northsea-cycle.com).

Der im Zusammenhang mit dem Bau der Bergenbahn entstandene ›**Rallarvegen**‹ verläuft auf der ehemaligen Bahnarbeiterstrecke über die Hardangervidda. Start ist das Haugastøl (900 m über dem Meeresspiegel), Ziel das am Aurlandsfjord gelegene Flåm. Das Kartenmaterial inkl. Wegbeschreibung für beide Radtouren ist vor Ort in allen Touristeninfos sowie über Nordis (s. S. 216) erhältlich.

Reiten

Überall in Norwegen bieten Reitzentren die Möglichkeit, Pferde zu leihen, Unterricht zu nehmen und an organisierten Tages- oder Wochentouren teilzunehmen.

Norsk Fjordhestsenter (Norw. Fjordpferdzentrum), N-6770 Nordfjordeid, Tel. 00 47/57 86 48 00, Fax 57 86 48 01, www. norsk-fjordhestsenter.no: Reiten auch in den Bergen, Mehrtagesritte und Hüttenvermietung.

Wassersport

Mit Ausnahme einiger weniger dem offenen Meer direkt preisgegebener Küstenabschnitte ist der gesamten westnorwegischen Küste ein breiter Schärengürtel vorgelagert, der ideal zum **Segeln** ist, weil er vor den Unbilden des Meeres schützt. Einige der prachtvollen alten Segelschiffe bieten Seereisen an, darunter die **Chr. Radich, Sørlandet** und **Statsråd Lehmkuhl.** Im Internet: www.radich.no, www.fullrigger en-sorlandet.no, www.lehmkuhl.no.

Die westnorwegische Küste mit im europäischen Vergleich sehr sauberem und klarem Wasser bietet **Tauchern** neben einer üppigen Unterwasserflora und -fauna auch die spannende Erkundung unzähliger Schiffswracks, die vor der Küste liegen. Im Küstengebiet findet man zahlreiche Taucherzentren *(dykkersenter/-klubb),* die den Verleih der Ausrüstung, Kurse und zum großen Teil auch Unterkunft anbieten. Infos in den Touristenbüros und über den Dachverband norwegischer Taucher: **Norges Dykkeforbund,** Serviceboks 1 US, N-0840 Oslo, Tel. 00 47/21 02 97 42/43, Fax 21 02 97 41, www.ndf.no.

Wintersport

Obwohl seit einigen Jahren der Abfahrtsski stark im Kommen ist, gilt Norwegen immer noch als klassisches Langlaufland. Ein Netz präparierter Loipen umgibt alle größeren Ortschaften und führt im Fjell von Hütte zu Hütte (z. B. auf der Hardangervidda, in Jotunheimen). Größere Skiliftanlagen gibt es mittlerweile in mehreren westnorwegischen Regionen, beispielsweise in Voss.

Weitere Informationen im ›Winterkatalog Norwegen‹, den man über das Norwegische Fremdenverkehrsamt (s. S. 215) beziehen kann.

Sommerski: Ein unvergessliches Erlebnis: Skifahren im Sommer mit Blick über ewigen Schnee und blaue Fjorde. Sommerskizentren liegen auf dem Folgefonn-Gletscher (s. Jondal, S. 112), im Strynefjell (s. S. 163) und im Sognefjell (s. S. 142f.). Dort kann man Ski leihen und Skikurse belegen. Die umliegenden Loipen sind gespurt.

Ideal: Skiwandern von Hütte zu Hütte

Reisezeit und Kleidung

Obwohl Westnorwegen nicht mit der Mitternachtssonne aufwarten kann, sind die Nächte von Mitte April bis Mitte August doch hell und licht, in dieser Zeit liegen die besten Reisemonate.

Das Frühjahr ist wegen der Obstbaumblüte im Mai, wenn die Berge noch tief verschneit sind, eine der schönsten Jahreszeiten im Fjordland. Wandern im Fjell ist dann allerdings noch nicht möglich. Die höchstgelegenen Passstraßen sind erst ab Anfang Juni frei. Mitte Juni bis Mitte August ist die Hauptreisezeit. Mit den ersten Frostnächten im September wird das Hochfjell dann in wunderschöne Farben getaucht.

Norwegens Fjell ist von Dezember bis Anfang Mai schneesicher. Da die Tage im Winter recht kurz sind, bieten sich

aber vor allem die hellen Frühlingsmonate März und April zum Skifahren an.

Das Wetter zwischen Fjord und Fjell schwankt zwischen heiß und windstill bis eiskalt und stürmisch. Empfehlenswert ist es, sich auch im Sommer auf alle mitteleuropäischen Jahreszeiten einzustellen. Ein dicker Wollpulli, ein winddichter Anorak und eine Mütze sind nicht nur für Hochgebirgstouren erforderlich. Wanderer benötigen feste Schuhe, gutes Regenzeug und für das Hochfjell auch Handschuhe und Schal. Denken sollte man zudem an Hüttenschuhe für den Aufenthalt in Berghütten. Darüber hinaus sollten Shorts, Badesachen, Sonnenmilch und Mückenschutz im Reisegepäck nicht fehlen. Praktisch ist ein kleiner Rucksack für Tagesausflüge, eine Taschenlampe für Höhlenbesichtigungen sowie ein Fernglas für Tierbeobachtungen.

UNTERWEGS
IM FJORDLAND

Ein Leitfaden für die Reise und viele Tipps für unterwegs.

Genaue Beschreibungen von Städten und Dörfern, Sehenswürdigkeiten und Stränden, Ausflugszielen und Reiserouten.

Das Fjordland erleben: ausgesuchte Hotels und Pensionen, Campingplätze und Restaurants, Wanderungen und Bootstouren.

Serpentinenstraße Trollstigen

Rogaland –
Wo die Fjorde beginnen

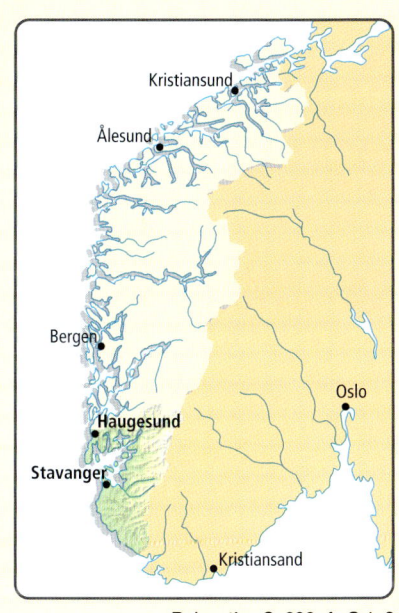

Preikestolen am Lysefjord

Reiseatlas S. 232, A–C 1–3

STAVANGER UND UMGEBUNG

Die Kulturhauptstadt 2008 ist eine reizvolle und kontrastreiche Stadt mit liebevoll restaurierter Holzarchitektur, geschäftigem Hafen, mittelalterlichem Dom und kinderfreundlichem Ölmuseum. In Richtung Süden führt der Nordsjøvegen durch die Landschaft Jæren mit Norwegens längsten Sandstränden.

Stavanger

Reiseatlas: S. 232, B 3

Obwohl Stavanger zu Beginn des 12. Jh. von König Sigurd Jorsalfar zum Bischofssitz ernannt wurde, wuchs die junge Stadt zunächst nur langsam. Denn die Konkurrenz des mächtigen hanseatischen Bergen im Norden und des königlich-dänischen Kristiansand im Süden war groß. 1633 gingen die zahlreichen mittelalterlichen Bauten in Flammen auf, woraufhin der Bischofssitz, die Gerichtsbarkeit und der Sitz des Provinzpräsidenten *(amtmann)* nach Kristiansand verlegt wurde. Erst Mitte des 19. Jh. sorgten dann riesige, küstennahe Heringsschwärme dafür, dass sich Stavanger in Rekordzeit zu einer blühenden Fischerei- und Handelsstadt entwickelte. Die ersten anderthalb Jahrzehnte nach dem Zweiten Weltkrieg waren schwierig, doch dann entdeckte man in der Nordsee ergiebige Erdölquellen. Am 24. Oktober 1969 brach das goldene Zeitalter an: Bei dem später Ekofisk genannten Bohrloch, 300 km südwestlich von Stavanger, wurde man fündig. In den folgenden Jahren entwickelte sich Stavanger zum Zentrum der Ölindustrie, die tausende neuer Arbeitsplätze bot. Heute ist Stavanger Norwegens viertgrößte Stadt. Der mit dem schwarzen Gold verbundene Reichtum wurde zum Nutzen der Stadt nicht nur in den Bau neuer Betonburgen und Glaspaläste, sondern ebenso in die Restaurierung der alten Viertel gesteckt.

Stadtrundgang

Der älteste und interessanteste Teil Stavangers erstreckt sich um den Binnensee Breiavatnet und die Hafenbucht Vågen. Zwischen Vågen und Breiavatnet wurde zu Beginn des 12. Jh. der dem englischen Heiligen St. Svithun geweihte **Dom** 1 (Domkirken) im anglonormannischen Stil errichtet. Nach einem Brand im Jahre 1272 wurden Turm und Chor im gotischen Stil erneuert. Der Dom gilt neben dem Nidarosdom in Trondheim als der besterhaltene und prächtigste mittelalterliche Sakralbau Norwegens (Juni–Aug. tgl. 11–19 Uhr, sonst Di, Do, Sa, 11–16 Uhr).

Vom Dom gelangt man über die Haakon VII's gate zur **Statue Alexan-**

der Kiellands (1849–1906), der seinerzeit einer der berühmtesten Dichter
Norwegens war, aber auch als Bürger-
meister von Stavanger von sich reden
machte. Von hier aus hat man einen
schönen Blick über den bunten Gemü-
se- und Blumenmarkt (Torget) und den
Hafen, in dem die Boote der Krabben-
fischer, Ausflugsboote und Segeljach-
ten dümpeln. Weiter hinten zum offenen Meer liegen auch die Versorgungsschiffe der Ölmultis, die vor der
Küste Stavangers nach Öl bohren.

Östlich des Vågen befindet sich in
einem Gewirr aus engen Gassen und
Gässchen das lebhafte, für Autos gesperrte Geschäftszentrum der Stadt.
Hier ragen, neben den alten, zahlreiche
neue Gebäude auf. In den einstigen
Speichern und Wohnhäusern der Hafenstraße Skagenkaien und der parallel dazu verlaufenden Gasse Skagen
wurde eine Vielzahl gemütlicher Restaurants, Kneipen und Bars eingerich-

www.stavanger.museum.no

Für alle unten genannten Museen
bezahlt man insgesamt nur einmal
Eintritt, wenn man sie am gleichen
Tag besucht. Stavanger Museum,
Konserven- und Seefahrtsmuse-
um sowie die Villen Ledaal und
Breidablikk, Erw. 50 NOK, Famili-
en 100 NOK.

tet. Vom ehemaligen Brandwachturm
Valbergtårnet [2] kann man die Aussicht über den Hafen genießen. Er
wurde 1850–1853 als Ausguckturm der
Stadtwächter errichtet und beherbergt
im zweiten Stock ein kleines Wäch-
termuseum (Vektermuseet; Juni–Aug.
Mo–Fr 10–16, Do 10–18, Sa 10–14
Uhr), im ersten Stock das Brukskunst-
senteret, eine Verkaufsausstellung mit

Abendstimmung über Stavanger

Sehenswürdigkeiten

1 Dom
2 Valbergtårnet
3 Stavanger Seefahrtsmuseum
4 Konservenmuseum
5 Stavanger Museum
6 Archäologisches Museum
7 Ledaal
8 Breidablikk
9 Norwegisches Erdölmuseum

Übernachten

10 Skagen Brygge Hotell
11 Skansen Hotel
12 Stavanger Bed & Breakfast
13 Stavanger Vandrerhjem
Mosvangen (Camping)

Essen und Trinken

14 Sørensens
Dampfskipsexpedition
15 Sjøhuset Skagen
16 Café Sting

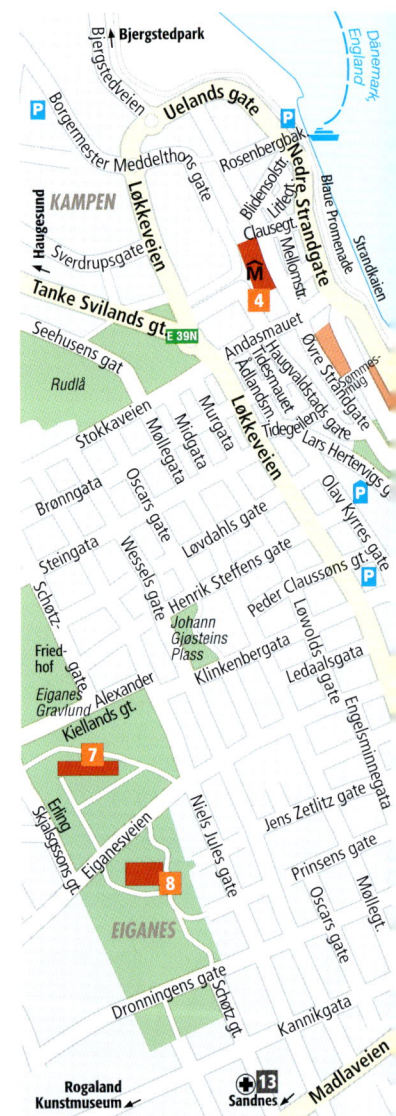

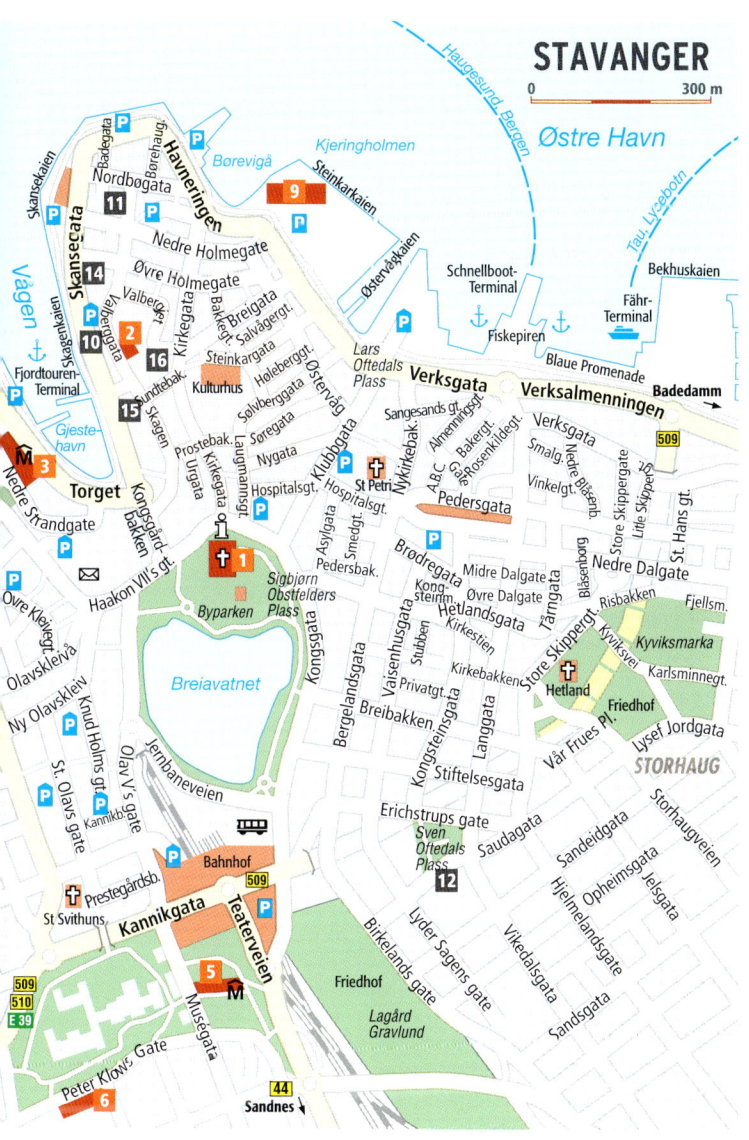

STAVANGER

0   300 m

Østre Havn

Haugesund Bergen

Tau, Lysebotn

Kjeringholmen

Børevigå

Steinkarkaien

Bekhuskaien

Schnellboot-Terminal

Fähr-Terminal

Fiskepiren

Blaue Promenade

Badedamm

Verksgata

Verksalmenningen

509

Lars Oftedals Plass

Badegata

Haveringen

Nordbøgata

Skansekaien

Skansegata

Nedre Holmegate

Øvre Holmegate

Valberg

Kirkegata

Breigata

Bakergt.

Salvågergt.

Steinkargata

Søvbergata

Østervåg

Holbergt.

Kulturhus

Lundebak.

Skagen

Vågen

Fjordtouren-Terminal

Gjeste-havn

Nedre Strandgate

Torget

Prostebak.

Urgata

Kongsgård-bakken

Laugmannsgt.

Kirkegata

Nygata

Hospitalsgt.

Hospitalsgt.

Asylgata

Smedgt.

Pedersbak.

Sigbjørn Obstfelders Plass

Byparken

Haakon VII's gt.

Øvre Klevigt.

Olavskleiva

Ny Olavskleiv

Knud Holms gt.

St. Olavs gate

Olav V's gate

Kannikb.

Jernbaneveien

Breiavatnet

Kongsgt.

Bergelandsgata

Vaisenhusgata

Stubben

Breibakken

Kongsteinsgata

Stiftelsesgata

Erichstrups gate

Sven Oftedals Plass

Bahnhof

509

Prestegårdsb.

St Svithuns

Kannikgata

Teaterveien

Musegata

509
510
E 39

Peter Klows Gate

Sandnes

44

Friedhof

Lagård Gravlund

Birkelands gate

Lyder Sagens gate

Prestegårdsb.

Sangesands gt.

Nykirkebak.

St Petri

ABC

Gvg

Almenningsgt.

Rosenkildegt.

Pedersgata

Bakergt.

Smalg.

Vinkelgt.

Nedre Blåsenb.

Blåsenborg

Store Skippergate

Litle Skippergt.

St. Hans gt.

Verksgata

Brodregata

Midre Dalgate

Øvre Dalgate

Kong steinm.

Hetlandsgata

Kirkesten

Kirkebakken

Privatgt.

Langgata

Store Skippergt.

Tarngata

Nedre Dalgate

Risbakken

Fjellsm.

Kyviksmarka

Kviksvei

Karlsminnegt.

Lysef Jordgata

Hetland

Friedhof

Vår Frues Pl.

STORHAUG

Storhaugveien

Sandeidgata

Hjelmelandsgata

Opheimsgata

Jelsgata

Vikedalsgata

Saudagata

Sandsgata

Friedhof

Lyder Sagens gate

11
9
14
10
2
16
15
3
1
5
6
12

DIE KONSERVENINDUSTRIE

Riesige, küstennahe Heringsschwärme sorgten ab Mitte des 19. Jh. dafür, dass sich Stavanger in Rekordzeit zu einer blühenden Fischerei- und Handelsstadt entwickelte. Als der Atlantische Hering verschwand, kam die Sprotte *(brisling)*, ein kleiner, knapp 20 cm langer Heringsfisch, auf den Speiseplan. Im Jahre 1873 wurde die erste Konservenfabrik gebaut, die Sprotte aus werbewirksamen Gründen Sardine genannt, in Büchsen eingelegt und in alle Länder Europas exportiert. Innerhalb weniger Jahre mauserte sich Stavanger zu Norwegens, möglicherweise gar zu Europas größter Konservenstadt. Die Fabrikbesitzer wurden auf Kosten der Arbeiterschaft unermesslich reich.

Ein couragiertes Fabrikmädchen schreibt im Januar 1911 an den »lieben Vorstand«: »Die Männer hier in der Fabrik sagen, dass es nichts zu bedeuten hat, wenn ein Fabrikmädchen dem Vorstand schreibt, aber ich meine, dass es mehr auf das ankommt, worüber man schreibt, als wer es schreibt ...«. Sie bittet um die Ausbesserung der im Schlamm versinkenden schmalen Straße, die zum Fabrikgebäude führt und sowohl für Lieferwagen als auch für die Arbeiterinnen der einzige Zugang zur Fabrik ist. »Denkt daran, dass wir tausend Mädchen sind, die hier arbeiten und gerne trockene Füße haben möchten.«

Während die erste Wachstumsphase der Industrie im 19. Jh. durch Vollbeschäftigung gekennzeichnet war, verloren mit dem Einsatz moderner Maschinen zu Beginn des 20. Jh. immer mehr Menschen ihre Arbeit. Konnten in der Anfangszeit höchstens 600 Dosen pro Tag und Mensch fertig gestellt werden, waren es mit der neuen Stanzmaschine im gleichen Zeitraum 20 000.

Im Jahre 1909 machten Frauen etwa 70 % aller Beschäftigten aus, aus dem einfachen Grund, weil sie nur einen Bruchteil des Lohnes erhielten, der männlichen Arbeitern zustand. Die Arbeitslosigkeit unter den Männern war dementsprechend hoch. Viele Frauen waren gezwungen, ihre Familie allein durchzubringen. Nicht selten mussten die Kinder mitverdienen, um nicht Hunger zu leiden. Die Kinder – viele von ihnen waren nicht einmal 10 Jahre alt – verdienten noch weniger als die Frauen. Auf lange Sicht verloren dadurch auch die Frauen ihre Arbeitsplätze.

Zwar gab es seit 1892 ein Gesetz, das Kindern unter 18 Jahren die Fabrikarbeit zwischen 8 Uhr abends und 6 Uhr morgens verbot, die Realität aber sah anders aus. »In der Nacht zum Sonntag stand ein kleines Mädchen hier in der Stadt und arbeitete bis 2.30 Uhr am Morgen in einer Konservenfabrik. Um 9 Uhr hatte sie darum gebeten, nach Hause gehen zu dürfen, aber die Erlaubnis nicht erhalten. Sie ist 13 Jahre alt. Es sollen in der gleichen Fabrik auch Kinder im Alter von 6 und 7 Jahren arbeiten.« (Rede zum 1. Mai 1909). Der Kampf um bessere Arbeitsverhältnisse führte erst zu Beginn des Zweiten Weltkriegs, als die große Zeit der Konservenindustrie schon vorbei war, zu nennenswerten Erfolgen wie geregelte Arbeitszeiten und Mindestlöhne.

Kunsthandwerk: Textilien, Keramik, Holz- und Glasarbeiten.

Auf der gegenüberliegenden Seite des Vågen erstreckt sich die heute noch bewohnte Altstadt **Gamle Stavanger.** Hier reihen sich die typischen, weiß gestrichenen Holzhäuser aus dem ausgehenden 18. und dem 19. Jh. aneinander. Enge, gepflasterte Gassen und altmodische Gaslaternen erinnern an vergangene Zeiten. Von der Stadtmitte gelangt man am besten zu Fuß dorthin.

In der Nedre Strandgate Nr. 17/19, nur zwei Minuten vom Marktplatz (Torget) entfernt, befindet sich das **Stavanger Seefahrtsmuseum** ③ (Sjøfartsmuseet). Es ist in den zwei einzigen vollständig erhaltenen Kaufmannshöfen der Stadt untergebracht, die zwischen 1770 und 1840 entstanden (Mitte Juni–Mitte Aug. tgl. 11–16, sonst So 11–16 Uhr, in Vor- und Nebensaison auch Mo–Do 11–15 Uhr, Dez. geschlossen).

Mitten im alten Stavanger lohnt das **Konservenmuseum** ④ (Hermetikkmuseum, Øvre Strandgate 88a) einen Besuch. Das Museum ist in einer rekonstruierten Fabrik untergebracht, in der eindrucksvoll dargestellt wird, wie die Sprotten- und Sardinenproduktion in der Zeit von 1880 bis 1930 aussah (Mitte Juni–Mitte Aug. tgl. 11–16, sonst So 11–16 Uhr, Dez. geschlossen).

Im Süden des Breiavatnet liegen zwei weitere Museen. Das 1877 gegründete **Stavanger Museum** ⑤ (Muségata 16) beherbergt die Abteilungen Kunst, Kultur und Kunsthandwerk sowie die Fauna Rogalands – einer der Schwerpunkte ist die Vogelwelt (Mitte Juni–Mitte Aug. tgl. 11–16, sonst So 11–16 Uhr, Dez. geschlossen).

Broken Column

Ein bemerkenswertes Skulpturenprojekt prägt das Bild Stavangers. Es besteht aus 23 gegossenen Eisenfiguren, die in der ganzen Stadt verteilt sind. Die Menschengestalten sind 1,95 m hoch, genau wie der Künstler Antony Gormley. Die erste Skulptur steht im Rogaland Kunstmuseum auf einer Höhe von über 40 m. Die letzte befindet sich auf einer Schäre im Hafenbecken bei Natvigs Minde – und überragt den Meeresspiegel nur noch um 46 cm. Dem Eisenmann steht hier das Wasser bis zur Brust.

Das **Archäologische Museum** ⑥ (Arkeologisk Museum) ist in einem ehemaligen, aufwändig restaurierten Meiereigebäude untergebracht. Modern und übersichtlich wird hier die Natur- und Kulturgeschichte Rogalands dargestellt (Café, Bücher und Kinderspielraum; Peder Klowsgt. 30a, www.ark. museum.no, Juni–Aug. Di–So 11–17 Uhr, sonst Di 11–20, Mi–Sa 11–15, So 11–16 Uhr).

Westlich des Zentrums stehen die Patrizierhäuser Ledaal (Eiganesveien 45) und Breidablikk (Eiganesveien 40a). **Ledaal** ⑦, 1799–1803 als repräsentativer, neoklassizistischer Sommersitz der einflussreichen Familie Kielland erbaut, beherbergt im zweiten und dritten Stock persönliche Gegenstände des Dichters Alexander Kielland, der allerdings nie selbst auf Ledaal gewohnt hat. Der Herrensitz dient heute als Re-

59

sidenz des Königs bei seinen Aufenthalten in Stavanger (Buslinie 80; Mitte Juni–Mitte Aug. tgl. 11–16, sonst So 11–16 Uhr, Dez. geschlossen).

Gegenüber steht die von einem englischen Park mit exotischen Bäumen umgebene Villa **Breidablikk** 8, ein Hauptwerk des Historismus in Skandinavien. Sie wurde 1881 vom Schiffsreeder Lars Berentsen errichtet und gehört sicher zu den prächtigsten norwegischen Patrizierhäusern. Im Stallmuseum sind landwirtschaftliche Geräte und Fahrzeuge untergebracht (Mitte Juni–Mitte Aug. tgl. 11–16, sonst So 11–16 Uhr, Dez. geschlossen).

Seit Mai 1999 befindet sich am Kjeringholmen im Hafen von Stavanger das **Norwegische Erdölmuseum** 9 (Norsk Oljemuseum) mit Modellen, Originalstücken, Fotos und Filmen über

die Entstehung des Erdöls sowie über die Ölindustrie. Es werden einige Aktivitäten für Kinder geboten, z. B. können sie auf der Plattform ›Småtroll‹ (kleiner Troll) Ölarbeiter spielen. Gutes Café mit Blick auf die Hafeneinfahrt (Juni–Aug. tgl. 10–19, sonst Mo–Sa 10–16, So 10–18 Uhr, www.norskolje. museum.no).

Außerhalb des Zentrums

Am Mosvatnet im Südwesten des Stadtzentrums (E 39, 3 km) liegt das architektonisch reizvolle, moderne **Rogaland Kunstmuseum** (Mosvannsparken). Die Kollektion umfasst etwa 1500 Bilder überwiegend norwegischer Künstler (19./20. Jh.). Schöne Landschaftsmalerei bietet die umfangreiche Sammlung des Künstlers Lars Hertervig (Tjensvoll 6; Di–So 11–16 Uhr).

Stavanger Touristinformasjon: Domkirkeplassen 3, 4006 Stavanger, Tel. 51 85 92 00, Fax 51 85 92 02, www.RegionStavanger.com, Juni–Aug. tgl. 9–20, sonst Mo–Fr 9–16, Sa 9–14 Uhr.

Bed & Breakfast Circle Stavanger

Private Zimmer in verwinkelten Gassen oder normalen Wohngebieten sind häufig sehr viel interessanter als anonyme Hotelzimmer. Private Anbieter wünschen oft Nichtraucher. Einige Perlen (vor allem in Gamle Stavanger) bietet Bed & Breakfast Circle Stavanger: Byhaugen, Tel. 51 53 57 85; ›Ye old stable‹ Gamle Stavanger, Tel. 51 52 53 46; Eline's B&B, Tel. 51 56 00 62; Sommerlide, Tel. 51 52 31 71; Thompson's B&B, Tel. 51 52 13 29; Tone's B&B, Tel. 51 52 42 07. Broschüren der einzelnen Gastgeber gibt es in der Touristeninformation.

Das Erdölmuseum in Stavanger

71, www.mosvangencamping.no. Direkt am See Mosvatnet neben der Jugendherberge, Mitte/Ende Mai–Anfang/Mitte Sept. Hütten ab 350 NOK/Tag (Busse Richtung Mosvangen Nr. 71, 78, 79, 97; Haltestelle gegenüber dem Dom).

Sørensens Dampskipsexpedition 14: Skagenkaien 26, Tel. 51 84 38 20. Urige Atmosphäre, die Wände sind vom Boden bis zur Decke gefüllt mit alten Fotografien, Karten, Sammelstücken aus aller Welt. Norwegische und internationale Feinschmeckerküche mit frischen Zutaten. Köstlichkeiten zum Lunch ab 100 NOK, Hauptgerichte ab ca. 200 NOK.

Sjøhuset Skagen 15: Skagenkaien 16, Tel. 51 89 51 80, www.sjohusetskagen. no. Internationale Küche in einem alten Hafenspeicher von 1770. Verwinkeltes Ambiente auf mehreren Ebenen mit vielen Nischen, kleinen Zimmerchen. Lunch 70–130 NOK, Hauptgerichte ab 170 NOK, hier kann man Bacalao (warmen Stockfisch) probieren.

Café Sting 16: Valbergjet 3, Tel. 51 89 38 78, www.cafe-sting.no, Mo–Sa ab 12 Uhr,

Skagen Brygge Hotell 10: Skagenkaien 30, 4006 Stavanger, Tel. 51 85 00 00, Fax 51 85 00 01, www.skagenbryggehotell.no. Schön eingerichtetes Hotel im Speicherhaus-Stil am Vågen, 110 Zimmer, EZ 950, DZ 1050 NOK.

Skansen Hotel og Giestehus 11: Skansegt. 7, 4006 Stavanger, Tel. 51 93 85 00, Fax 51 93 85 01, www.skansenhotel.no. Kleines Hotel (28 Zimmer) in zweigeschossigem Altbau, zentrale Lage in Hafennähe. DZ Hotel ab 745, Gästehaus ab 645 NOK.

Stavanger Bed & Breakfast 12: Vikedalsgt. 1a, 4012 Stavanger, Tel. 51 56 25 00, www.stavangerbedandbreakfast.no. Einfache, zentral gelegene Pension mit 35 Betten, EZ 540, DZ 640 NOK, inklusive Frühstück und frische Waffeln am Abend.

Jugendherberge:
Stavanger Vandrerhjem Mosvangen 13: H. Ibsengt. 21, 4021 Stavanger, Tel. 51 54 36 36, Fax 51 54 36 37, www.vandrerhjem.no. Recht komfortabel, 3 km südl. des Zentrums, ab 160 NOK pro Nacht ohne Frühstück. Bademöglichkeit im See.

Camping/Hütten:
Stavanger Camping Mosvangen 13: Tjensvoll, 4021 Stavanger, Tel. 51 53 29

Blumen und Buffet

Das Gartenrestaurant **Flor og Fjære** auf der Nordseite der Insel Sør-Hidle ist von Stavanger aus nur per Boot in 20 Min. zu erreichen, Mitte Mai–Mitte Sept., Di–Sa Abfahrt ab Skagenkaien. Sommerangebot: Ende Juni–Anfang/Mitte Aug., 590 NOK fürs Buffet inkl. Besichtigung des Gartens und Transport per Boot, Reservierung: Tel. 51 11 00 00, www.florogfjare.no.

So ab 15 Uhr. Gemütliche Café-Kneipe am Valbergtårnet, man kann draußen sitzen (Abendsonne), Galerie, Bühne, reichhaltige Küche mit internationalen Speisen: kreolische Pasta, spanische Tapas … Veranstaltungen, Livemusik, viel Jazz, Lesungen (u. a. während der Knoblauchwoche im April) findet man im Internet.

An Einkaufsmöglichkeiten herrscht kein Mangel, die Preise toppen aber möglicherweise noch die ohnehin hohen norwegischen Durchschnittspreise. Die wichtigsten Einkaufsstraßen liegen in den Fußgängergassen nördlich der Vågen. Im Valbergtårnet gibt es schönes Kunsthandwerk.

Newsman: Skagen 14, Tel. 51 84 38 80. Café und Kneipe, mit Zeitungen aus aller Welt: etwas für Nachrichtenhungrige.
The Irishman: Høleberggt. 9, Tel. 51 89 41 81, Mo, Di, Mi ab 17, Do, Fr ab 15, Sa, So ab 13 Uhr. Irischer Pub gleich hinterm Kulturhaus auf dem Sølvberget.
Checkpoint Charlie Hardrock Café: Lars Hertervigsgt. 5, Tel. 51 53 22 45, www.checkpoint.no. *Der* Treff für Rockfreunde.
Café Akvariet: Studentersamfunnet, Ny Olavskleiv 16, Tel. 51 56 44 44, www.fol ken.no. Treffpunkt der Studenszene, (auch Filmabende und Livemusik), vergleichsweise erschwingliches Bier.

Das **Kulturhaus** mit Bibliothek, Lesesaal mit internationalen Zeitungen, Kino usw. liegt auf dem Sølvberget mitten im Zentrum. Im Kulturhaus befindet sich auch das **Norwegische Kindermuseum** (Norsk Barnemuseum), Ausstellungen und Aktivitäten, Spielzeug, echte Läuse, Labyrinthe, Spiel und Spaß, Di–Sa 10–15.30, So 12.30–16.30 Uhr, www.norskebarne.museum.no.

Berühmt ist Stavanger für sein lebendiges Kulturleben mit etwa 30 Festivals im Jahr, u. a.: **Knoblauchwoche** im Café Sting (Mitte April, www.cafe-sting.no); **Mai-Jazz,** renommiertes Jazzfestival mit weltbekannten Musikern, www.maijazz.no; **Großes Norwegisches Humorfestival** mit Revuen, Straßenkünstlern, Kindershows (Juni, www.humorfes tivalen.no); **Internationales Kammermusikfestival** (Aug., www.icmf.no); **Kapittel – Internationales Literaturfest** im Kulturhuset und in der ganzen Stadt (Sept., www.kapittel.com).

Stadt-Sightseeing: 2-stündige Busrundfahrt Juni–Aug. Mo, Mi, Fr, Sa, ab Touristenbüro, 10 Uhr, Erw. ca. 200, Kinder 125, Familien 495 NOK, Anmeldung bis 13 Uhr am Abfahrtstag im Touristenbüro, Tel. 51 85 92 00.
Fjord-Sightseeing: Bootstouren zum Lysefjord und Preikestolen von verschiedenen Anbietern, Abfahrt ab Skagenkaien, Dauer 3–4 Std., Erw. ca. 290, Kinder 190, Familie 690 NOK. Buchung über die Touristeninformation oder bei den Anbietern: Clipper Fjord Sightseeing AS, Skagenkaien 18, Tel. 51 89 52 70, www.rodne.no; FjordTours Panorama AS, Tel. 51 53 73 40, Fax 51 52 91 50, www.fjordpanorama. no; Lysefjord Sightseeing/Veteran Fjord Cruise, Tel. 51 86 87 88, www.stavanger ske.no.

Flug: Flughafen Sola, 12 km südlich der Stadt. Mehrmals tgl. Flüge von/ nach Kristiansand, Sandefjord, Trondheim, Bergen, Oslo; Flughafenbus vom Busbahnhof beim Bhf. Stavanger alle 20 Min.
Fahrplanauskunft: Für Nah-/Fernbusse, Schiffe, Züge in Rogaland, Tel. 177; wenn man nicht in Rogaland ist: Tel. 81 50 01 82, im Internet Infos unter www.kolumbus.no.
Zug: mehrmals tgl. Stavanger–Kristiansand–Oslo.

Bus: Der Busbahnhof liegt direkt am Bahnhof. Expressbusse nach Bergen, Haugesund, Kristiansand, Tønsberg, Oslo. **Schnellboot:** vom Schnellbootterminal über Haugesund nach Bergen (3 x tgl.), Sauda (4 x tgl.), Jelsa (Suldal) (3 x tgl.). **Fähren:** vom Fährterminal Richtung Osten (Ryfylke mit Preikestolen): nach Tau ca. 28 x tgl., 40 Min.; Lauvvik–Oanes ca. 30 x tgl., 10 Min. Fähren Richtung Norden: Mekjarvik (Randaberg)–Skudeneshavn (Karmøy), 4 x tgl., 85 Min.; Mortavika (Rennesøy)–Årsvågen (Bokn), 38 x tgl., 25 Min. Nach Mortavik gelangt man von Stavanger durch die zwei Rennfast-Tunnel (5830 und 4390 m lang, Maut). **Touristenroute Lysefjord:** Fähre Stavanger–Lauvvik–Lysebotn, Juni–Aug. 1 x tgl. ab Fiskepiren, Autoplätze müssen reserviert werden, Tel. 51 86 87 88, www.vfc. no. Die Fähre fährt direkt unter dem Preikestolen entlang, man muss nur den Kopf in den Nacken legen. Diese überaus attraktive ›Kreuzfahrt‹ bietet sich als Tagesausflug von Stavanger an. Zurück über Sirdal und das Hunnedalen nach Ålgård und über die E 39 nach Stavanger.

Arzt (Legevakten), Tel. 51 51 02 02; **Notarzt** (Akuttjenesten/Legevakten), Armauer Hansens vei 30, in unmittelbarer Nähe des Krankenhauses (Abzweig von der E 39, ca. 2 km südlich von Stavanger). **Krankenwagen** Tel. 113.

Ausflüge von Stavanger

Nördlich von Stavanger befindet sich die besterhaltene Klosteranlage Norwegens. Das **Kloster Utstein** auf der Insel Mosterøy liegt strategisch sehr günstig direkt am alten Schifffahrtsweg zwischen Stavanger und dem Karm-

Fjordhopping

Auf dem Lysefjord unterwegs mit der Fähre und dem Expressschiff, so oft wie das Herz begehrt: Das 3-Tage-Ticket kostet 200 NOK, Kinder die Hälfte. Tickets am Anleger ›Fiskepiren‹ oder an Bord der Schiffe. Info und Rundreisevorschläge unter: www.fjordhopping. com.

sund. Im 9. Jh. residierte König Harald Schönhaar hier. Im 13. Jh. gelangte der Königshof mit seinen fruchtbaren Ländereien in den Besitz des Olavsklosters in Stavanger, dessen Ordensbrüder sich an den Bau eines Klosters machten, zu dem im 16. Jh. etwa 50 Höfe in Jæren gehörten. Heute finden hier Seminare, Kongresse und Konzerte statt (Mitte Mai–Mitte Sept. Di–Sa 10–16, So 12–17 Uhr, im Juli tgl., www.utsteinkloster.no, Cafeteria). Anreise: Anfahrt auf der E 39, Achtung: Maut auf der Rennfast-Verbindung ca. 90 NOK, wer einen Tagesausflug von Stavanger plant, muss sowohl auf dem Hin- als auch auf dem Rückweg zahlen. Die Anreise zum Kloster ist auch mit dem Bus und Fahrrad möglich, Info im Touristbüro.

Südlich von Stavanger, 5 km ab Zentrum, lohnt der **Eisenzeitliche Hof** in **Ullandhaug** (Jernaldergården), eine am originalen Standort rekonstruierte Hofanlage, einen Besuch. Die niedrigen, grasbedeckten Langhäuser liegen direkt unterhalb einer Reihe nüchterner Hochhäuser. Auf dem 1967/68 ausge-

Kloster Utstein

grabenen Hof lebten nach Schätzungen der Archäologen zwischen 350 und 550 n. Chr. etwa 25 Menschen, die Kühe und Schafe hielten, aber auch Gerste und Hafer anbauten (im Sommer tgl. 11–16, sonst So 12–16 Uhr; www.jernaldergarden.no, Zufahrt auf der E 39 Richtung Sandnes, Abfahrt ausgeschildert oder Bus 78).

Kinderherzen erfreut das **Havanna-Badeland** bei Sandnes und der **Kongeparken** (Königspark) in Ålgård, 28 km südlich von Stavanger (E 39). Der größte Freizeitpark Westnorwegens wartet auf mit Achterbahn, Schokoladenfabrik, Bauernhof mit Tieren, Westernstadt u. a. (Tel. 81 52 26 73, www.kongeparken.no, Mitte Juni–Mitte Aug. tgl. 10–18 Uhr; Bus von Sandnes und Stavanger zum Kongeparken). Schlechtes Wetter lässt sich im Havanna-Badeland besser ertragen: Es

gibt Palmen, 30–38 °C warmes Wasser, Sauna, Solarium, Rutschen etc. und im Spielland (Lekeland) Labyrinthe, Spielhaus und Rutschbahn (Hanaveien 17, Tel. 51 60 89 50, www.havanna.no, tgl. 10–20 Uhr, im Winter Mo geschl.).

Südlich von Stavanger führt der Nordsjøvegen (Nordseestraße, R 44) direkt an der Küste entlang durch die Landschaft **Jæren.** Klare, häufig wechselnde Lichtverhältnisse inspirierten eine Vielzahl berühmter norwegischer Maler, Schriftsteller und Kunsthandwerker. Jæren ist heute eine der Kernregionen der norwegischen Agrarproduktion, in der neben dem Futterpflanzenanbau und der Milchviehhaltung auch Treibhauskulturen eine wichtige Einnahmequelle bilden. Bei regnerischem, graukaltem Wetter wirkt die flache Landschaft trostlos. Bei jeder Wind- und Wetterlage reizvoll ist aber der breite, feinsandige Küstenstreifen. Die zusammen etwa 70 km langen und bis zu 650 m breiten Strände von Jæren stehen seit 1977 unter Landschafts- und Naturschutz. Die Dünengebiete sind eine Landschaftsform, die leicht aus dem Gleichgewicht zu bringen ist. Die zunehmende Verletzung der Pflanzendecke, z. B. durch die kreuz und quer über die Sanddünen verlaufenden Touristenpfade, boten den orkanartigen Stürmen des letzten Jahrzehnts empfindliche Angriffsflächen. Bei der großen Beliebtheit der Strandgebiete ist heute schon abzusehen, dass der Jærensand wie schon im 18. Jh. in Bewegung geraten wird. Im **Friluftshuset** in der Nähe des **Orrestrandes,** findet man eine Dokumentation der Versuche, die Dünenlandschaft vor der Zerstörung zu bewahren (wechselnde Öffnungszeiten, Tel. 51 42 98 00).

In der Küstengemeinde **Hå** kann man mehrere Höfe besichtigen, die einen guten Eindruck vom Leben in vorindustrieller Zeit vermitteln. Im sehr schön restaurierten **Hå Gamle Prestegård** (Pfarrhof, zweite Hälfte 18. Jh.) werden kunst- und kulturgeschichtliche Ausstellungen gezeigt (Mitte Mai–Ende Aug. tgl. 11–17, sonst nur Sa/So 12–17 Uhr; Café). In unmittelbarer Nähe, im Geröllstrand am Meer, befindet sich ein Feld mit ca. 60 Grabhügeln aus der Zeit um 500 n. Chr. Im Haus des Leuchtturmwärters beim nahen Leuchtturm **Obrestad Fyr** (erbaut 1873, seit 1998 unter Denkmalschutz) gibt es Übernachtungsquartiere, Info: Hå Gamle Prestegård, Tel. 51 79 16 60. Die Strecke folgt der alten **Königstraße** (*Kongevegen*, markierter Wan-

derweg) und führt immer in Meeresnähe an den verschiedenen Sehenswürdigkeiten vorbei, u. a. dem **Grødaland Bygdetun,** einem typischen Jæren-Hof aus dem frühen 18. Jh. (im Sommer tgl. 12–17 Uhr, Vor- und Nachsaison So 12–17 Uhr). Der Museumshof **Jærmuseet,** auf dem verschiedene alte Haustierrassen gehalten werden, dokumentiert die Geschichte der norwegischen Landwirtschaft mit Wissenszentrum und interaktiven Experimenten (Abzweig 2 km von der R 44; Mitte Juni–Mitte Aug. Mo–Fr 10–17, Sa 12–16, So 12–17 Uhr, sonst Mo–Fr 10–15, So 12–17 Uhr, www.jaermuseet.no).

Camping in Jæren: Mehrere Plätze in unmittelbarer Nähe des Strandes – ideal für Familien mit Kleinkindern.
Brusand Camping: 4363 Brusand, Tel. 51 43 91 23, Fax 51 43 91 41, www.brusand-camping.no, ganzjährig. Viele Hütten 400–700 NOK, viele Dauercamper, grandioser Strand.
Ogna Camping: Varden, 43 64 Sirevåg, Tel. 51 43 82 42, www.ognacamping.no, April–Sept. Hütten 450–750 NOK.

Weiße Sandstrände

Es gibt sie, jene tropischen Tage, an denen man einfach nur Lust auf Meer und Sandstrand hat. Südlich von Stavanger erstrecken sich einige der schönsten Strände Norwegens: Der ausgedehnte Sola-Strand liegt 12 km von Stavanger entfernt, zum Orresanden sind es etwa 30 km. Mehrere Campingplätze befinden sich direkt am Meer.

DAS RYFYLKE

Mit dem Lysefjord und dem berühmten Preikestolen beginnt das Fjordland im Süden. Der Ryfylkevegen führt von Stavanger nach Røldal am Übergang zum Hardanger. Die abwechslungsreiche Strecke ist von malerischen Fjordarmen, bewaldeten Bergrücken, schroffem Hochgebirge, fischreichen Seen sowie zahlreichen Kulturdenkmälern geprägt.

Lysefjord und Preikestolen

Reiseatlas: S. 232, B/C 2/3
Der Lysefjord schneidet 40 km tief in eine spektakuläre Gebirgswelt ein, deren blank gescheuerte (*lys* = hell) Felswände über weite Strecken steil zum Wasser abfallen, so dass für Ansiedlungen wenig Platz blieb. Viele Höfe sind heute verlassen. Wer mit dem Auto von Stavanger unterwegs ist, folgt am besten der E 39, ab Sandnes führt die R 13 nach Lauvvik, wo die Fähre nach Oanes ablegt. Kurz hinter dem Fähranleger passiert man das **Lysefjordsenter** mit einer Präsentation der Kulturgeschichte und Geologie des Fjords (s. Info S. 67). Nördlich von Oanes führt seit 1999 eine Brücke über den Lysefjord nach Forsand. Von hier sind es 3 km bis zum **Museumsdorf Landa,** eine rekonstruierte Vorzeitsiedlung. Ausgrabungen haben ergeben, dass hier Menschen von der Bronzezeit um 1500 v. Chr. bis zur Völkerwanderungszeit um 600 n. Chr. gelebt haben. Mehrere Häuser wurden in den letzten Jahren rekonstruiert, u.a. ein Wohnhaus aus der Bronzezeit. In der Gildehalle aus der Völkerwanderungszeit wird bisweilen zu einer historischen Mahlzeit eingeladen (nur im Sommer geöffnet, Tel. 95 42 84 51, www.fortidslandsbyen.no).

Die Perle des Lysefjords ist der **Preikestolen.** »Wenn der Preikestolen herunterstürzt, wird Stavanger ins Meer gespült«, heißt es in einer alten Sage, und man glaubt es sofort, wenn man die mächtige Felskanzel erblickt, die in Schwindel erregender Höhe über dem Lysefjord aufragt. Trotz des großen Touristenandrangs (pro Jahr ca. 90 000 Wanderer) sollte man den Aufstieg unbedingt angehen. Die Aussicht von dem quadratischen (25 x 25 m), ebenen Felsplateau über den Lysefjord ist fantastisch, das Heranrobben an die fast 600 m senkrecht abstürzende Felskante auch für Schwindelfreie aufregend. Gute Kondition und festes Schuhwerk sind für den steilen und steinigen Aufstieg erforderlich. Für Hin- und Rückweg müssen je 2 Stunden angesetzt werden. Proviant nicht vergessen, denn oben gibt es keinen Kiosk.

Lysefjord und Preikestolen

Etwas unbekannter, aber nicht weniger atemberaubend ist das Felsmassiv Kjerag oberhalb von **Lysebotn** am östlichen Ende des Lysefjords. Von Stavanger bzw. von Lauvvik gelangt man im Sommer auf der Touristenroute mit der Fähre nach Lysebotn (s. S. 63). Von hier führt der **Lysevegen,** eine fantastische, nur im Sommer geöffnete Serpentinenstraße in 27 Haarnadelkurven über 900 m steil hinauf ins obere Sirdal (diese Straße ist im Winterhalbjahr geschlossen, Weginfo Tel. 175). Wie ein Adlerhorst hängt die architektonisch spannende ›Alm‹ **Øygardstøylen** hoch über dem Lysefjord, hier kann man essen, die Aussicht genießen. Øygardstøylen ist Ausgangspunkt für die insgesamt 5–6-stündige, steile Wanderung zum **Kjerag,** ein beeindruckendes Felsmassiv 1084 m über dem Lysefjord. Mutige wagen sich auf den Kjeragbolten, ein runder, in einem Bergspalt über schwindelndem Abgrund eingeklemmter Felsblock.

 Lysefjordsenter: Oanes, 4110 Forsand, Tel. 51 70 31 23, www.lysefjordeninfo.no, tgl. 11–18 Uhr. Auch Ausstellung, Besichtigungstouren, Restaurant, Baden und Bootsverleih.

Lysefjord Hyttegrend: Forsand, 4100 Jørpeland, Tel./Fax 51 70 38 74, www.lysefjord-hyttegrend.no. Schöne und komfortable Ferienhütten am Lysefjord, ab 400–700 NOK, Bootsverleih/Angeln.

Preikestolen Camping: 4100 Jørpeland, Tel. 51 74 97 25, www.preikestolencamping.no. Ruhiger Platz an der Straße zur Preikestolhütte. Camping für Zelt und Wohnmobile, Badestelle am Fluss, Lebensmittel und Restaurant. Übernachtung um 100 NOK.

Preikestolhytte, Preikestolen Vandrerhjem: 4100 Jørneland, Tel. 51 74 52 51, 97 16 55 51, www.preikestolhytta.no. Grasbedeckte Jugendherberge mit Aussicht auf den See Refsvatnet, Juni–Aug., 58 Betten, Kaminstube, Badeplatz mit Sandstrand, Angelmöglichkeit, Bootsverleih, Cafeteria. Übernachtung ab 275 NOK pro Pers. (Mitglieder 250 NOK). Der gebührenpflichtige Parkplatz vor der Hütte ist Ausgangspunkt für die Wanderung auf den Preikestolen.

Lysebotn Turistsenter A/S: 4127 Lysebotn, Tel. 51 70 34 90. Hütten, Wohnungen, Zimmer, großer Campingplatz für Zelte und Wohnmobile am Anleger in Lysebotn.

Fähre Lauvvik–Oanes, ca. 30 x tgl. (10 Min.). Stavanger–Tau, ca. 28 x

Kühner Sprung von den Klippen

Das Felsmassiv Kjerag ist ein beliebter Treffpunkt für BASE-Jumper, die sich mit schnell öffnenden Fallschirmen in die Tiefe stürzen. BASE ist eine aus dem Amerikanischen hergeleitete Bezeichnung, die Orte beschreibt, von denen sich die Springer herabstürzen: B steht für Building (Gebäude), A für Antenna (Funkmasten), S für Span (Brücken) und E für Earth (natürliche Klippen). Gebührenpflichtiger Parkplatz an der Alm Øygardstøylen. Markierter Wanderweg, hin und zurück ca. 10 km, 5–6 Std.

Bergrestaurant über dem Lysefjord: Øygardstøylen

tgl. (45 Min.). Von Tau fährt im Sommer im Anschluss an die Fähren von Stavanger ein **Bus zur Preikestolhütte,** Rückfahrt am Nachmittag. Der Aufenthalt reicht zur Besteigung des Preikestolen.

Der Ryfylkevegen von Tau nach Røldal

Reiseatlas: S. 232, B–C 1–3
Vom Lysefjord führt der Ryfylkevegen (R 13) gen Norden nach **Jørpeland,** ein beschaulicher Ort, in dem nicht einmal in der Sommersaison allzu viel Trubel herrscht. ›Jørpelands Brug‹ in einer 1883–1910 betriebenen, restaurierten Möbelfabrik beherbergt die Touristeninformation, Kunst und Kunsthandwerk sowie eine historische Ausstellung und ein Café. In **Solbakk,** 6 km nördlich von Jørpeland, befindet sich nur wenige Meter oberhalb der Strandlinie ein Feld bronzezeitlicher Felszeichnungen mit etwa 30 Schiffen und 10 konzentrischen Kreisen, die vermutlich Sonnen darstellen. An Solbakk vorbei

gelangt man zu einem schönen Badeplatz am Fjord (Toilette, Spielplatz).

Vom Fährort **Tau** führt der Ryfylkevegen in die Gemeinde Hjelmeland, die bekannt ist für Jær-Stühle (Holzstühle mit geflochtenem Sitz) und handgefertigte Spankörbe. Die Körbe dienten ursprünglich zum Transport von Beeren, die vor allem in den Zwischenkriegsjahren nach England exportiert wurden.

Landschaftlich reizvoll ist die weitere Fahrt auf dem Ryfylkevegen durch das **Tysdal** mit dem fjordgleichen See Tysdalsvatnet. Hier gibt es einige Unterkünfte und gute Gelegenheit zum Baden, Angeln und Bootfahren.

Am Ende des angrenzenden **Målandsdalen** wurde am steilen, mit Laubbäumen bewachsenen Hang ein Naturreservat eingerichtet, in dem eine jahrhundertealte Erntetradition ihre Fortsetzung findet: Um ihr Vieh durch den Winter zu bringen, sammelten die Bauern noch bis vor 30 Jahren Laub und schnitten dünne Äste von den Bäumen, die sie unter das Futter mischten.

In **Årdal** sollte man sich die Besichtigung der innen sehr reich bemalten ›Dreidächer-Kirche‹ nicht entgehen lassen. Das Kirchenschiff und der Turm wurden zu Beginn des 17. Jh. errichtet. Als die Kirche zu klein geworden war, sägte man, anstatt die Kirche abzureißen, die Hinterwand heraus und baute an, daher ihre etwas seltsame lang gestreckte Form (in den Sommermonaten geöffnet, Mi Führungen).

Auf dem Weg nach **Hjelmeland,** wo die Fähre den Jøsenfjord nach Nesvik quert, ist der **Vigatunet** ausgeschildert. Der bereits im 16. Jh. erwähnte Hof besteht aus mehreren Gebäuden aus verschiedenen Jahrhunderten. Im Obstgarten gedeihen alte Obstbäume (Ende Mitte Juni–Mitte Aug. Sa, So 12–16 Uhr).

Einblick in das alte Leben am Fjord gewährt auch das Ryfylkemuseum im **Nesa-Sjøhuset** in **Sand** (im Sommer Mo–Fr 9–16, Sa, So 12–16 Uhr).

Von Sand, dem Verwaltungszentrum der Suldalgemeinde, erstreckt sich der **Suldalslågen,** einer der ruhmreichsten Lachsflüsse Norwegens, bis zum See Suldalsvatn, 22 km in die Ryfylke-Berge hinein. Im 19. Jh. erweckten die springenden Lachse das Interesse von Angehörigen der englischen Oberschicht, die alle erhältlichen Fischereirechte aufkauften und in eigens errichteten Holzpalästen, den so genannten Lachsschlössern, residierten. Bei Sand im Sandfossen, einem 4,2 m hohen Wasserfall im Suldalslågen, liegt das **Lachsstudio** (Laksestudio). Im verglasten Teil des Studios direkt am Flussufer kann man ab Ende Juli die Lachse springen und dann durch ein schmales Rohr flussaufwärts schwimmen sehen. Sehr informativ ist der Film (auch deutschsprachig) über den Suldalslågen und seine Geschichte (tgl. Mitte Juni–Mitte Aug. tgl. 10–18, Mitte Aug.–Mitte Sept. 12–16 Uhr). Die beste Zeit zum **Angeln** ist Mitte/Ende Juli bis September (Angelkarten bei der Touristeninformation in Sand, die auch Unterkünfte vermittelt).

Etwa 11 km hinter Sand zweigt die Straße nach **Gullingen** ab. Das Gullingen Turistsenter liegt oberhalb des Mosvatnet, die Gegend bietet sich zum Angeln, zum Schwimmen, zum Wandern und auch zum Skifahren an. Alternativ erreicht man Gullingen auch über eine schmale Seitenstraße, die 11 km nordöstlich des Fähranlegers in Nesvik abzweigt und durch eine einsame bewaldete Gebirgswelt führt.

Nur im Sommer ist die Straße zum **Blåsjøen** (Blausee) geöffnet. Der durch zwölf Staudämme künstlich geschaffene Binnensee in 1050 m Höhe bildet das Hauptreservoir des größten Wasserkraftprojekts Norwegens, Ulla Førre. Das Einzugsgebiet erstreckt sich über das Hochgebirge zwischen Suldal, Hjelmeland und Bykle. Die regulierte Wasserfläche beträgt über 2000 km^2.

Der 28 km lange und bis zu 376 m tiefe See **Suldalsvatnet,** über den im Sommer samstags und sonntags der über 100-jährige Dampfer ›Suldal‹ tuckert, ist von bewaldeten Bergen umgeben. Kurz hinter dem direkt am Ryfylkevegen gelegenen **Museumshof Kolbeinstveit** (Mitte Juni–Mitte Aug. Di–So 11–17 Uhr) zweigt die Straße nach Kvilldal ab, Norwegens größtem Wasserkraftwerk, das vom 20.6. bis 15.8. für

Lakseslottet Lindum

Ein Schloss in Holz aus der Zeit, als englische Lords zum Lachsfischen an den Suldalslågen reisten. (EZ 750 NOK, DZ 900 NOK, Hütten für 4 Pers. 450 NOK, Camping, Restaurant im Haupthaus von 1885, 4240 Suldalsosen, Tel. 52 79 91 61, www.lakseslottet.no).

das Publikum geöffnet ist (Di–So 11–17 Uhr).

Einen weiten Blick über den See hat man vom Gehöft **Røynevarden,** dessen Gebäude mit ihren Grasdächern ein schönes Fotomotiv abgeben. Der Hof entstand um 1834 und war bis Anfang der 1950er Jahre bewohnt.

Im letzten Abschnitt verläuft der Ryfylkevegen durch das schluchtartige, wilde **Brattlandsdalen** Richtung Røldal, von wo aus die Fjordvegen weiter nach Odda an den Hardangerfjord führt.

Suldal Turistkontor: 4230 Sand, Tel. 52 79 05 60, Fax 52 79 05 61, www.suldal-turistkontor.no, im Sommer tgl. 10–19, im Winter Mo–Fr 8–15.30 Uhr. Ausgezeichnetes, deutschsprachiges Infomaterial über das Ryfylke gibt es in allen Touristinformationen entlang des Weges oder über: **Reisemål Ryfylke,** 4130 Hjelmeland, Tel. 51 75 95 10, Fax 51 75 07 83, www.ryfylke.com.

Gullingen Turistsenter: 4230 Sand, Tel. 52 79 99 01, Fax 52 79 99 37, www.gullingen.no. Oberhalb des 3 km

Beim Fährort Hjelmeland

langen Mosvatn, ideal zum Baden und Angeln (Forelle), schöne Gegend zum Wandern und Skifahren. Übernachtung in der Fjellstue ab 150 NOK, Wohnungen für 3–5 Pers. ab 500 NOK, Hütten im Sommer 600 bzw. 1000 NOK. Verleih von Kanus, Ruderbooten, Fahrrädern.

Høiland Gard: 4137 Årdal i Ryfylke, Tel. 51 75 27 75, Fax 51 75 11 32, www.hoiland-gard.no. Alter Hof auf dem noch auf traditionelle Weise *lefse* (Fladen aus Kartoffeln, Mehl und Fett) gebacken wird. Zimmer, Wohnungen, Ferienhäuser, EZ ab 350 NOK, DZ ab 600 NOK.

Camping/Hütten:

Tysdal Camping: Tysdal, 4137 Årdal i Ryfylke, Tel. 51 75 24 34, nur im Sommer geöffnet. Unterhalb der R 13 auf einer Wiese am Ende des Sees Tysdalsvatn, Platz für Zelte, Wohnmobile und fünf Hütten ab 300 NOK, Badestelle mit Sandstrand, Bootsverleih.

In der ›Spinnerei‹, einem restaurierten Fabrikgebäude in Hjelmeland, werden Kunst und Kunsthandwerk verkauft, wird die Geschichte der geflochtenen Jær-Stühle dokumentiert (im Sommer Mo–Fr 11–16, Sa 11–14, So 13–17 Uhr).

Lachssafari: Eine spannende Angelegenheit. Angetan mit einem Überlebensdress lässt man sich den Fluss hinunter treiben, mind. 6 Pers., Mindestgewicht 30 kg. 2 x pro Woche, Juni–Mitte Sept. Ebenfalls 2 x pro Woche geht es auf **Flussexpedition** mit einem Schlauchboot auf dem Suldalslågen, Info und Anmeldung Mo Laksegard, 4230 Sand, Tel. 52 79 76 90, Fax 52 79 73 03, www.molaks.no. Bietet auch Zimmer, Hütten und Swimmingpool an.

Fähre: Hjelmeland–Nesvik, 21 x tgl. (10 Min.).

HAUGALAND

Dank ihrer Lage am Karmsund nahm die Insel Karmøy Jahrtausende hindurch einen zentralen Platz in der norwegischen Geschichte ein. Hier errichtete Harald Schönhaar den ersten Königshof. Neben einem Bummel durch die Film- und Jazzstadt Haugesund stehen Ausflüge für Vogelliebhaber und Anglerfreunde zu den Fischerinseln Røvær und Utsira auf dem Programm.

Karmøy

Skudeneshavn

Reiseatlas: S. 232, A 2
Skudeneshavn an der Südspitze der Insel Karmøy ist ein ausgesprochen idyllisches Küstenstädtchen. Ab Mitte des 17. Jh. entwickelte sich hier der Hummerexport nach England und Holland zu einem bedeutenden wirtschaftlichen Faktor. Als im 18. Jh. der Hering in großen Schwärmen vor der norwegischen Küste auftauchte, avancierte Skudeneshavn zu einem wichtigen Fischereizentrum.

Die Altstadt **Gamle Skudeneshavn** mit den weiß gestrichenen Wohnhäusern und den verwinkelten Gassen, Bootsschuppen und Kaianlagen ist *die* Touristenattraktion von Karmøy. Mitten im alten, noch bewohnten Stadtteil liegt das **Museum im Mælandsgården.** In einem Gebäudekomplex mit altem Kaufmannshaus, Kramladen, Bootshaus und Werkstatt wird die Zeit der großen Heringsfischerei lebendig (im Sommer Mo–Fr 11–17, So 12–18 Uhr, Führungen alle Stunde).

Skudenes Turistinformasjon: 4280 Skudeneshavn, Tel. 52 85 00 00, www.karmoy.kommune.no, Juni–Aug. Mo–Fr 11–17, Sa 11–16, So 12–17 Uhr.

Norneshuset: Nordnes 7, 4297 Skudeneshavn, Tel. 52 82 72 62, www.norneshuset.no. Zimmer in einem restaurierten Holzhaus in Alt-Skudeneshavn direkt am Wasser, EZ 550 NOK, DZ 750 NOK.

Camping:
Skudenes Camping: Postveien 129, 4280 Skudeneshavn, Tel. 52 82 81 96, Fax 52 82 96 85, www.skudenescamping.no, ganzjährig geöffnet. Am Ortseingang an der Hauptstraße gelegener Campingplatz. Hütten, Zimmer, Wohnung, 350–1200 NOK.

Im alten Stadtteil, vom Fähranleger in 5 Min. zu erreichen, liegen mehrere Cafés und Galerien, s. auch Tipp S. 73.

Fähre Skudeneshavn–Mekjarvik (Randaberg), 85 Min., 4 x tgl.; das

Schnellboot (Flaggruten) Stavanger–Haugesund–Bergen legt in Kopervik an, 3 x tgl.

Die Westküste

Reiseatlas: S. 232, A 1–2

Auf dem Weg entlang der Westküste Richtung Norden bietet der Sandvesanden schöne Bade- und Spielmöglichkeiten. Es folgt der kilometerlange, in mehrere Buchten unterteilte Sandstrand Åkrasanden, der auch bei Surfern sehr beliebt ist.

In dem Fischerort **Vedavågen** befindet sich das Karmøy Fischereimuseum in einem architektonisch umstrittenen Betonbauwerk. Die Ausstellung dokumentiert die Fischereigeschichte ab 1950, Salzwasseraquarien beherbergen die häufigsten Fischarten der Nordsee (20.6.–20.8. Mo–Fr 11–17, So 14–18 Uhr, Café mit Aussicht). Am Hafen gibt es einige alte Pack- und Bootshäuser aus der Mitte des 19. Jh.

In der Wikingerzeit lag das Machtzentrum der Westküste im heute eher unscheinbaren **Avaldsnes.** Hier befand sich der erste Königshof Harald Schönhaars. Namensgeber des Ortes war der legendäre König Augvald, der um 600 n. Chr. herrschte. Bis zum Jahr 2004 soll an dieser historischen Stätte ein Museum fertig gestellt sein, das den Verlauf der norwegischen Geschichte von der Steinzeit bis heute darstellt. Die auf einem Hügel liegende trutzige Kirche wurde Mitte des 13. Jh. von Håkon Håkonsson in Auftrag gegeben und dem heiligen Olav geweiht (Juni–Aug. Mo–Fr 10–17, So 12–17 Uhr; Führungen). Neben ihr steht ein über 7 m hoher Bautastein, die ›Nähnadel der

Jungfrau Maria‹. Es heißt, der Tag des Jüngsten Gerichts bräche an, sobald die Steinspitze den Bau tatsächlich berührt. Der Abstand zwischen Stein und Kirchenwand beträgt 9,2 cm.

Im **Nordvegen Historiezentrum** trifft man auf Harald Schönhaar, der Avaldsnes zum ersten Königssitz machte. Er führt durch 3000 Jahre maritimer Geschichte (Tel 52 81 24 00, www.nordvegen.info, April–Aug. Mo–Fr 10–18, Sa 10–17, So 12–17, sonst Mo–Sa 10–16, So 12–17 Uhr, Café und Andenken).

Auf der kleinen bewaldeten Insel Bukkøy, etwa 15 Spazierminuten von der Kirche, liegt ein rekonstruierter **Wikingerhof.** Das 25 m lange, aus Eichen- und Kiefernholz errichtete Langhaus ist ein Nachbau des wikingerzeitlichen Hofes von Oma in der Gemeinde Time in Rogaland. Die Fenster bestehen aus Muskovit, einem durchsichtigen Glimmerschiefer. Außerhalb der Saison wird der Wikingerhof als ›Schullandheim‹ genutzt, im Sommer steht der Hof allen offen (www.vikinggarden.no, Mo–Fr 10–16, So 12–17 Uhr;

Einfach sweet

Liebenswert sind einige kleinere Cafés in Gamle Skudeneshavn wie **Verdens minste kafé** (Das kleinste Café der Welt) und **Majorstua** in der Søragadå. Nicht größer als eine Wohnzimmerstube, ausgestattet mit einem Tresen für Souvenirs, trifft man hier auch Einheimische, die auf einen Schwatz vorbeikommen.

Im Hafen von Skudeneshavn

Führungen, verschiedene Themen-
abende und Wikingerfeste).

Neben dem Anleger auf Bukkøy, etwa 2 Minuten vom Wikingerhof entfernt, befindet sich eine geschützte Ba-
debucht samt Sanitäranlage.

Interessant ist das nordwestlich von
Avaldsnes bei Visnes gelegene Kup-
ferwerk, das mit einigen Unterbre-
chungen 1865–1972 in Betrieb war.
Von hier stammt übrigens auch das
Kupfer, das für die Freiheitsstatue in
New York verwendet wurde. Zum **Vigsnes Grubenmuseum** gehört auch der
Fransahagen (*hagen* = Garten) mit einem sehr dichten Baumbestand und
schönen Spazierwegen (20.5.–20.8.
Mo–Fr 11–17, So 12–17 Uhr, Sa geschl., Führungen auf Norwegisch, Englisch und Deutsch; Café und Kinderspielplatz). Schräg gegenüber dokumentiert das **Karmøy Heide-Center**
(Karmøy Lyngsenter Vigsnes) die Bedeutung der Heide für die Küstenbevölkerung.

Oasen Touristinformation: Aust-
bøv. 16, 5542 Karmsund, Tel. 52 83
10 89, www.karmoy.kommune.no. Im
Einkaufszentrum Oasen Storsenter an der
Hauptstraße zwischen Haugesund und
Karmøy.
Avaldsnes Touristinfo: im Geschichts-
zentrum Nordvegen, 4262 Avaldsnes, Tel.
52 81 14 88, www.karmoy.kommune.no,
April–Aug. Mo–Fr 8.30–18, Sa 8.30–17,
So 10–18 Uhr, sonst Mo–Sa 10–16, So
12–17 Uhr.
Kopervik Touristinfo: Rådhuset, 4250
Kopervik, Tel. 52 85 75 00, www.karmoy.
kommune.no, Mo–Fr 8–15 Uhr.

Hedleholmen Feriesenter: Åkrahamn, 4291 Kopervik, Tel. 51 58 00
97, Fax 52 85 18 11, www.hedleholmen-
feriesenter.no. Neue Ferienhäuser (83 m^2)
mit Terrasse und Aussicht aufs Meer, Sauna. Im Sommer pro Woche 5000–6000
NOK plus Strom.
Karmøy Vandrerhjem: Austre Kar-
møyveg 23–27, 4250 Kopervik, Tel. 52 84
61 60, Fax 52 84 61 61, www.karmoy.
fhs.no, nur im Sommer geöffnet. Einfa-

che, zentral gelegene Unterkunft im Internat der Folkehøgskule, 125–325 NOK pro Tag.

 **Surfen**: Der Åkrasanden ist gut geeignet zum Surfen. Verleih von Ausrüstung für Mitglieder des Karmøy Brettseilerklubb. Teilnehmer von Kursen dürfen die Ausrüstung des Klubs weiter nutzen. Info: Karmøy Brettseilerklubb, www.surfkarmoy.no (nur in Norwegisch).

Haugesund

Reiseatlas: S. 232, A 1

Die bekannteste Sehenswürdigkeit Haugesunds ist der knapp 3 km nördlich des Zentrums gelegene **Haraldshaugen** (Haraldshügel), in dem Harald Schönhaar begraben sein soll. Im Jahre 1872 wurde zum 1000-jährigen Jubiläum der Einigung Norwegens das

Inselausflüge

Für einen Tagesausflug bieten sich die idyllischen Inselgruppen westlich von Haugesund an: **Røvær** (ca. 100 Einw.; etwa 10 km oder 45 Min. per Boot entfernt) und, weiter draußen, 90 Bootsminuten von Haugesund, **Utsira** (ca. 240 Einw.). Zur Vogelzugsaison zieht es Ornithologen aus ganz Europa hierher – über 300 verschiedene Vgelarten sind auf der Insel gesichtet worden. Linienschiffverbindung nach Utsira, Unterkunft möglich,www.utsira.kommune.no.

Haraldsdenkmal errichtet. Der 17 m hohe Granitobelisk, der die Reichseinheit symbolisiert, thront auf einem 5 m hohen, aus allen Teilen Norwegens zusammengetragenen Erdhügel. Auf 29 Steinen sind die alten norwegischen Bezirksnamen verzeichnet. Etwa 75 m südlich vom Haraldshaugen steht auf dem **Krosshaugen** ein Steinkreuz aus der Zeit um das Jahr 1000.

Die durch ihr schachbrettartiges Straßennetz und die moderne Architektur etwas nüchtern wirkende Stadt am Karmsund (ca. 30 000 Einw.) war Mitte des 19. Jh. noch ein kleines Fischerdorf, in dem wenig mehr als ein Dutzend Familien lebten. Mit den reichen Heringsfängen ab Mitte des Jahrhunderts blühte der Ort auf und erhielt 1854 die Stadtrechte. Als der Hering ausblieb, setzte die Stadt auf Schiffsbau und Handel. Die Schiffsbauindus-

trie produziert heute für den Offshore-Bereich.

Haugesunds Zentrum hat zwei Gesichter: einerseits die traditionellen weißen Holzbauten und die alten Boots-, Wohn- und Handelshäuser am Smedasund, die an die großen Fangzeiten und vergangene Tage erinnern, andererseits die modernen Betonkonstruktionen, die nach 1987 errichtet wurden, als ein großer Brand Teile der Innenstadt in Schutt und Asche gelegt hatte. Zwei Brücken mit schöner Aussicht über die Stadt und den Hafen führen über den Sund auf die dichtbesiedelten Inseln Risøya und Hasseløya.

Zum sehenswerten **Karmsund Folkemuseum** in Haugesund gehören zwei Abteilungen. Im Hauptgebäude (Skåregate 142, im Zentrum) wird der Alltag der Bauern-Fischer an der Küste dokumentiert. Exponate zu Archäologie, Seefahrt, Fischerei, Landwirtschaft und Handwerk (Mo–Fr 10.30–14 Uhr). Die zweite Abteilung **Dokken** auf Hasseløya (direkt an der Brücke, Brogt. 11d–13b) ist in vier Gebäuden aus der Zeit um 1850 untergebracht, ein kleiner Stadtteil aus Haugesunds ›Kindertagen‹ während der reichen Heringsjahre. Die Einrichtung zeigt, unter welchen Bedingungen Fischer damals lebten (im Sommer So–Fr 12–17 Uhr Führungen).

Das im klassischen Stil der 1920er Jahre erbaute rosafarbene **Rathaus** am südlichen Ende des Zentrums ist ein Geschenk des Schiffsreeders Knutsen anlässlich seines 50. Geburtstags 1921 (kostenlose Führungen Juni–Aug. Mo/Mi/Fr 13 Uhr).

Am Stadtpark (Byparken) im Norden des Stadtzentrums, Erling Skjalgsonsgt. 4, liegt **Haugesunds Kunstverein/ Gemäldegalerie** (Haugesund Billed-galleri) mit Schwerpunkt auf der Vestland-Kunst des 20. Jh. (wechselnde Ausstellungen, Di–Sa 12–15, Do außer Juni/Juli bis 19, So 12–17 Uhr).

Destination Haugalandet: Karmsundgaten 51. 5531 Haugesund, Tel. 52 01 08 20, Fax 52 86 61 13, www.visithaugalandet.no.

Haugesund Touristinformation: Strandgt. 171, 5525 Haugesund, Tel. 52 01 08 30, Fax 52 71 51 09, www.haugesund. net, Mo–Fr 10–16.30 (in der Hochsaison 10–18 Uhr), Sa, So 10–15 Uhr.

Cearion Collection Hotel Amanda: Smedasundet 93, 5519 Haugesund, Tel. 52 80 82 00, Fax 52 72 86 21, www.choice.no. Anfang des 20. Jh. erbautes Hotel im Herzen der Stadt, mit Wellnessabteilung, Sauna und Dampfbad, DZ 790–1290 NOK.

Skeisvang Gjestgiveri: Skeisvangsveien 20, 5519 Haugesund, Tel. 52 71 21 46, Fax 52 71 32 70, www.skeisvang-gjestgiveri.no. Im Sommer Jugendherberge, etwa 1,5 km vom Stadtzentrum, einfache Zimmer oder Wohnung, Selbstversorgung möglich, 200–750 NOK pro Tag. Nähe zum Badesee Skeisvatnet, gute Spazier- und Wandermöglichkeiten in der näheren Umgebung (Karte im Touristenbüro).

Hagland Havhytter: Haglandsv. 146, 5514 Haugesund, www.haglandhavhytter.no. Moderne Ferienhäuser nördlich von Haugesund, mit Panoramasicht aufs Meer, 3 Schlafzimmer, April–Sept. 1500 NOK pro Tag, Okt.–März 1000 NOK.

Røvær Kultur Hotell: 5594 Røvær, Tel. 52 71 58 00, www.opplevrovar.no. Neues, komfortables Haus, DZ ab 700 NOK. Übernachtung auch möglich im **Røvær**

Sjøhus, 5 Min. entfernt. Einfache 2–8-Betten-Zimmer im alten Packhaus, mit Café und Gastanleger, Mitte Juni–Mitte Aug., Übernachtung 200 NOK pro Pers., Familienzimmer 400 NOK.

Camping:

Haraldshaugen (NAF) Camping: Tel. 52 72 80 77, Fax 52 86 69 32, www.naf.no/haugesund. 2,6 km vom Zentrum und sehr schön am Meer gelegen, nahe beim Haraldshaugen, 23 Hütten für 2–4 Pers. 150–700 NOK, Platz für 25 Zelte.

Silda Jazz-Festival: Anfang/Mitte August wird in der Festivalwoche in der ganzen Stadt gefeiert mit Kinderumzug, Segelregatta, Ausstellungen. Im Anschluss findet das **Norwegische Filmfestival** mit der Verleihung des Amanda-Preises statt. Der Auftakt wird mit dem ›längsten Heringstisch der Welt‹ begangen – gratis Heringsköstlichkeiten für 20 000 Menschen.

Flug: Flughafen auf Karmøy; tgl. Abflüge nach Oslo und Bergen, SAS Braathens, Tel. 054 00, www.sasbraathens.no; tgl. nach Bergen, Sandefjord und Molde, Coast Air, Tel. 81 54 44 42, www.coastair.no. Alle Busse vom Busbahnhof (Rutebilstasjon). Der Flughafenbus (ab Busbahnhof/Rutebilstasjon , Rica Maritim Hotel, Radisson SAS Hotel) korrespondiert mit allen SAS Braathens Flügen von und nach Oslo, www.flybussen.no/haugesund.

Ekspressbusse: Haukeliekspressen mehrmals tgl. nach Oslo, www.haukeliekspressen.no; Kystbussen mehrmals tgl. nach Stavanger und Bergen, www.kystbussen.no.

Boot: Mehrmals tgl. Schnellboote (keine Autofähre) nach Stavanger und Bergen, ab Indre Kai, Haugesund Zentrum, www.flaggruten.no.

Hordaland –
Im Herzen
des Fjordlands

Kristiansund

Ålesund

Voss

Bergen

Odda

Oslo

Stavanger

Kristiansand

Grandioser Blick
vom Folgefonna

Reiseatlas S. 232, A 1, und 234/235, A–D 1–4

ZWISCHEN HAUGESUND UND BERGEN

Die Inselwelt im Mündungsbereich des Hardangerfjords ist ein Eldorado für Angler und Bootsfreunde, doch auch Geschichtsinteressierte kommen auf ihre Kosten. Zu den ältesten Schauplätzen des norwegischen Christentums auf Moster, zur Baronie Rosendal, Skandinaviens kleinstem Schloss, bis an die Gletscherzungen des mächtigen Folgefonna.

Bømlo

Reiseatlas: S. 232, A 1; S. 234, A 4

Die teilweise karge Natur des Inselreiches ist vor allem von der Nähe zum Atlantik geprägt. Im bewaldeten Ostteil der Insel erhebt sich der mit 473 m höchste Berg Siggjo, der den Seefahrern seit Jahrhunderten als Orientierungszeichen dient. Als Roald Amundsen auf dem Polarschiff ›Fram‹ in seine Heimat zurückkehrte, notierte er: »Der Ausguck meldete Land in Sicht. Es war ›Siggen‹ [= Siggjo] auf Bømmeloen.«

Bremnes ist das Verwaltungs- und Handelszentrum. Von hier lohnt ein Ausflug gen Norden in den seit 1991 ›landfesten‹ Fischerort **Brandasund.** Die schmale Straße führt über mehrere Brücken durch eine einzigartige Schärenlandschaft auf die Insel Gisøy, für deren Bewohner die Lachsaufzucht ein wichtiger Erwerbszweig ist. Direkt am Sund drängen sich die Häuser des Dorfes (oberhalb vom Ort parken!), in dem bereits Mitte des 17. Jh. ein Gasthaus und ein Landhandel betrieben wurden.

Bømlos bekannteste Attraktion ist der alte Handels- und Fährort **Mosterhamn** auf Moster, der bei der Einführung des Christentums eine bedeutende Rolle spielte: Hier betrat Olav Tryggvason im Jahre 995 das erste Mal wieder norwegischen Boden. Olav hatte einen Teil seiner Kindheit in Russland verbracht, zog danach als Wikinger auf Plünderungsfahrt durch die Ostseeländer, die Niederlande und schließlich nach England, wo er den christlichen Glauben annahm. Unmittelbar nach seiner Landung hielt er einen Gottesdienst ab und bestimmte den Platz für den Bau der ersten Kirche in Norwegen. 29 Jahre später erarbeiteten Olav Haraldsson und Bischof Grimkjell mit den Großen des Landes auf dem Mostrathing die Grundlagen einer christlichen Gesetzgebung und führten damit das Christentum als Staatsreligion ein.

Das Interieur der alten **Mosterkirche** (Gamlakyrkja), die vermutlich zwischen Mitte des 11. und Anfang des 12. Jh. fertig gestellt wurde, ist sehenswert. Die mit Kalkmalereien geschmückten Wände wurden zur Zeit der Reformation übermalt und die Malereien erst später wieder freigelegt (ganzj. geöffnet, im Sommer tgl. Führungen). Das 1924 zum 900-jährigen Jubiläum der Christianisierung auf dem Vetahaugen oberhalb der Kirche errichtete Kreuz und die Kirche sind Stationen des Kulturpfades, der im Hafen beginnt. In der Nähe liegt in einer ehemaligen Kalkgrube das **Amphitheater,** in dem jedes Jahr zum Monatswechsel Mai/Juni das Spiel ›Die Christenkönige auf Moster‹ aufgeführt wird (Info: Bømloteater, Tel. 53 42 07 90, www.mostraspelet.no). Das **Zentrum für Religions- und Kirchengeschichte** zeigt die Ausstellung ›Vom Heidentum zum Christentum‹ sowie die Bildererzählung ›1000 Jahre Gottesdienst in Norwegen‹ (im Sommer tgl. geöffnet).

Von dem kleinen Ort **Langevåg** verkehrt eine Autofähre nach Buavåg zum Festland. Der Langevåg Bygdatun ist ein Erlebnis- und Bildungszentrum, das der Präsentation von Industrie, Kultur und Sport dient. U. a. wird hier die Küsten- und Fischereigeschichte mit Hilfe verschiedener Medien dargestellt.

Bømlo Reiselivslag/Turistinformasjon: 5445 Bremnes, Tel. 53 42 80 68, Fax 53 42 80 65, www.bomlo-reiselivslag.no. In der Touristinfo aber auch in Übernachtungsbetrieben sind spezielle **Tourenblätter** sowohl für Autofahrer als als auch für Wanderer erhältlich für die Umgebung von Mosterhamn, Siggjo und Brandasund.

Bømlo Kystferie: Kontaktadresse: Kobbedalen, 5427 Foldrøyhamn, Tel. 53 42 46 90, Fax 53 42 46 91, www.bomlo-kystferie.com. Mehrere (Fischer-) Hüttenbesitzer haben sich zusammengetan und vermieten ihre Häuser

inkl. Bootsbenutzung. Reichlich Gelegenheit zum Angeln im Meer und für Bootsausflüge entlang der Schärenküste. Tagespreise 450–3000 NOK, häufig nur wochenweise zu mieten.

Lebensmittel, Souvenirs, Kaffee und Waffeln, Anleger für Gästeboote bieten: E. Johnsen & Sønner AS, Tel. 53 42 95 10, Fax 53 42 95 88 sowie Zimmer- und Ferienhausvermietung Bjarne Waage, Tel. 53 42 95 11, Fax 53 42 95 45. Beide haben informative, schöne Websites: www.brandasund.no und www.brandasund.com.

Seit 2001 hat Bømlo dank der ›Dreiecksverbindung‹ über Brücken und Tunnel Anbindung an Stord und das Festland nach Sveio (Maut).
Bus: Gute Linienbusverbindung zwischen Bømlo, Stord, Bergen und Stavanger, Info: www.hsd.no. Anschluss an den Küstenbus (Kystbussen): Bergen–Leirvik–Haugesund–Stavanger, 1 x tgl.
Boot: Fähre Langevåg–Buavåg, 17 x tgl., Fahrtdauer 20 Min. Schnellboote von Mosterhamn und Rubbestadneset nach Stord, Bergen, Haugesund und Stavanger, mehrmals tgl. Info: www.hsd.no. Espeværekspressen von Eidesvik/Bømlo, 3–7 x tgl., 10 Min.

Espevær

Reiseatlas: S. 232, A 1
Westlich von Bømlo liegt die nur per Boot zugängliche Fischerinsel Espevær. Während der sensationellen Heringsfänge (von 1830 bis 1870) bildete das idyllische Inselrich das größte Fischereizentrum Bømlos. Espeværs weiß und rot bemalte Häuser sowie ein restaurierter ›**Hummerpark**‹, ein Holz-

GOLDRAUSCH IN LYKLING

Im Jahre 1862 entdeckte ein kleiner Junge beim Schafe hüten einen goldhaltigen Stein. Dieser Fund erregte allerdings kaum Aufsehen. Erst als 20 Jahre später bei Probegrabungen nach Kupferkies in 20 m Tiefe ein Felsbrocken gefunden wurde, der ein halbes Kilo Gold enthielt, verbreitete sich die Nachricht wie ein Lauffeuer und löste einen Goldrausch ohnegleichen aus. Innerhalb von zwei Jahren wurden 1200 Goldfunde gemeldet. Eine eigens gegründete englische Aktiengesellschaft kaufte für 680 000 norwegische Kronen die Rechte an der Storhougen Grube (später Oskargrube), in der die ersten Funde gemacht worden waren.

Die Oscar Gold Mining Company Ltd. beschäftigte um 1885 etwa 100 Goldschürfer. Jeden Tag kamen neue Leute, zum Teil ganze Gruppen auf der Suche nach Arbeit. Handelsleute und Spekulanten ließen sich nieder, neue Gesellschaften wurden gegründet.

Um das Gold vom Felsgestein zu trennen, wurden die Steine zertrümmert und das Gold herausgewaschen. (Da beim Waschprozess Quecksilber benutzt wurde, ist der Boden im Grubengebiet auch heute noch stark quecksilberhaltig und der Pflanzenwuchs stark beeinträchtigt.) Der Goldrausch hielt nur knapp drei Jahre an und wich dann einer realistischeren Einschätzung des Goldvorkommens. Insgesamt wurden aus Norwegens reichster Goldgrube knapp 140 kg Gold geholt. Von 1906 bis 1910 versuchte eine andere englische Gesellschaft ihr Glück, mit wenig Erfolg: Sie fand trotz gewaltiger Kraftanstrengungen nicht mehr als etwa 2 kg Gold.

Führung durch die Gruben: Sunnhordland Guideteneste, Tel. 53 42 02 11, Info auch im Touristenbüro.

bauwerk von 1887 (›eine Kathedrale für den Kardinal des Meeres‹), liegen am Sund, der die ebenfalls bewohnte Insel Baadeholmen vom Dorfzentrum abtrennt. An der schmalsten Stelle (45 m) zwischen den Inseln verkehrt seit 1978 eine **Kabelfähre.** Auf Baadeholmen steht das Mitte des 19. Jh. als herrschaftliches Wohnhaus errichtete **Baadehus,** in dem während der Heringssaison die Fischereiaufsicht logierte. Das Baadehus ist heute Gasthaus und Museum (mit einer Telegraphenstation von 1857 und einer Telefonzentrale von 1890, im Sommer tgl. Führungen).

Espevær Ferie AS: 5444 Espevær, Tel. 53 42 46 24, Fax 53 42 41 09, www.espevar.com. Ferien auf Espevær bedeutet Erholung vom Verkehr. Neue Wohnungen mit drei Schlafzimmern (6 Betten), TV, Kühlschrank, Gefriertruhe, 800 NOK pro Tag, 5300 NOK pro Woche. Motorboot/4 PS im Preis inbegriffen.

Stord

Reiseatlas: S. 234, A/B 4
Die Nachbarinsel Stord, auf der die zwei Gemeinden Fitjar und Stord liegen, bildet das Zentrum Sunnhord-

lands zwischen Bergen und Haugesund. Während die Bewohner Fitjars auch heute noch überwiegend von der Landwirtschaft leben, hat sich Stord mit der Hauptstadt **Leirvik** nach dem Zweiten Weltkrieg immer mehr zu einer Industriegemeinde entwickelt. Das Unternehmen Aker Stord (südlich von Leirvik), der größte Arbeitgeber der Insel, baute in den 1950er Jahren Tankschiffe, ist nun ins Ölgeschäft eingestiegen und fertigt einige der größten Erdölplattformen der Welt.

Am Ortsanfang von Leirvik befindet sich das **Sunnhordland Volksmuseum.** Es zeigt eine Sammlung alter Höfe. Hier kann man die Bauweise und das Leben im Fjordland vom Mittelalter bis in unsere Zeit nachvollziehen. Neben einer alten Schule und einem Kramladen findet man in der Freilichtabteilung auch ein mittelalterliches Hofgebäude: die Ådlandsstova. (Mai– Aug. tgl. geöffnet, Information in der Tourist-Info im Kulturhaus). Zum Volksmuseum gehört das Grubenmuseum in **Litlabø** (die Besichtigung lohnt nur mit Führung; nach Absprache).

> **Turisteninfo:** im Kulturhuset in Leirvik, 5401 Stord, Tel. 53 41 38 99, www.stord-kommune.no, Juni–Aug. Mo– Fr 10–18, Sa 10–15, So 14–18 Uhr, sonst Mo–Fr 8.30–15.30 Uhr.

Kvinnherad

Reiseatlas: S. 234, B 4
Auf der Westseite der Gletscherhalbinsel Folgefonn, im Mündungsbereich des Hardangerfjords, hat die Gemeinde Kvinnherad landschaftlich und architektonisch Erstaunliches zu bieten. Als das Boot noch Hauptverkehrsmittel war, ließ sich von hier aus der Zugang zum fruchtbaren Hardanger kontrollieren. Und so finden sich in diesem Gebiet, das im Zeitalter des Autoverkehrs wegen ungünstiger Straßenverbindung ins Abseits geriet, die Überreste eines der reichsten Klöster Norwegens sowie das Schloss in Rosendal, beeindruckendes Zeugnis einer vom 17. bis zum 20. Jh. mächtigen Baronie.

Auf der fruchtbaren, unter Bootstouristen beliebten Insel Halsnøy liegt das **Halsnøy-Kloster,** nur wenige Kilometer vom Fähranleger Ranavik entfernt (etwa 20 Min. zu Fuß). Vermutlich wohnten zu Beginn nicht mehr als 13 Mönche des Augustinerordens im Kloster, das im 14. Jh. umgebaut und erheblich vergrößert wurde. Die Ruinen stammen aus dieser Zeit. Das intakte Wohnhaus von 1841 wurde aus Steinen der ehemaligen Kirche errichtet, (Führungen im Sommer Di–So 11– 17 Uhr).

Rosendal, das Verwaltungszentrum der Kvinnherad-Gemeinde, ist für seine Schiffsbautradition bekannt. Hier wurde u. a. das Schiff des Polarforschers Roald Amundsen, die ›Gjøa‹, gebaut. Am Kai dokumentiert die Skaalurensammlung die Geschichte des Schiffsbaus (im Sommer tgl. 12–16 Uhr).

Oberhalb des Ortszentrums befindet sich Norwegens kleinstes Schloss, die **Rosendal Baronie.** Das Hauptgebäude wurde in der zweiten Hälfte des 17. Jh. von Ludvig Rosenkrantz im Renaissancestil errichtet und liegt in einem ro

mantischen Landschaftspark aus dem 19. Jh. Die Inneneinrichtung stammt aus verschiedenen Epochen und wurde vom letzten Baroniebesitzer 1927 der Universität in Oslo vermacht. Einzigartig ist die Bibliothek mit mehr als 10 000 Bänden aus über zwei Jahrhunderten (Mitte Mai–Mitte Sept. tgl. 11–15, Mitte Juni–Mitte Aug. tgl. 11–17 Uhr,

Führungen stündlich, im Juli halbstündlich, www.baroniet.no). Jedes Jahr im Juli wird das historische **Baroniespiel** aufgeführt, das – halb wahr, halb erdichtet – von der ersten Herrin auf Rosendal um 1660–1670 handelt.

Sehenswert ist auch die **Kvinnherad-Kirche,** deren Geschichte eng mit der der Baronie zusammenhängt, so

Im Park der Baronie Rosendal

Uhr. Eintritt kostenlos in Verbindung mit einem Schloss-Ticket).

Im Inneren der Kvinnherad-Gemeinde liegen die Orte Ænes und Sunndal unterhalb des Folgefonn-Gletschers am **Maurangerfjord.** Die stillen Dörfer, die bereits gegen Ende des 19. Jh. ein beliebter Ausgangspunkt für Touren auf den Gletscher waren, erhielten erst 1970 eine Straßenanbindung. Sehenswert ist die mittelalterliche, aus Stein gebaute **Ænes-Kirche,** die vermutlich im 13. Jh. zur Zeit Håkon Håkonssons erbaut wurde. Im **Ænes Laksepark** kann die ganze Familie Lachse angeln lernen (die Ausrüstung wird gestellt, der Fang eines Lachses garantiert), außerdem Infos über Lachsfang und Lachszucht, Ziegen, Wildschweine und jede Menge Vögel (www.lakse parken.no, im Sommer tgl. 11–17 Uhr).

Folgefonna Informasjonssenter/ Turistinformasjon: im Sommer am Kai, sonst im Rathaus, 5470 Rosendal, Tel. 53 48 42 80, Fax 53 47 33 29, www. kvinnherad.kommune.no, Mitte Juni–Mitte Aug. tgl. 10–18 Uhr, Vor- und Nachsaison 12–16 Uhr. Infos zu Flügen über den Folgefonn-Gletscher.

Halsnøy Gjestegard: 5454 Sæbøvik, Tel. 53 47 70 50, Fax 53 47 70 51. Vier Ferienhäuser (à 100 m²). Außerdem sieben Zimmer mit fließend Wasser, Dusche und Toilette auf dem Gang, EZ 450, DZ 650 NOK. Es ist auch möglich zu campen, Entfernung vom Fjord 200 m.
Rosendal Fjordhotel: 5470 Rosendal, Tel. 53 48 80 00, Fax 53 48 16 00, www. rosendal-fjordhotel.no. Hotel mit 95 Zimmern in wunderschöner Lage am Fjord,

dass es zu empfehlen ist, erst an einer Schlossführung teilzunehmen. Die kleine, turmlose Kirche wurde in der Mitte des 13. Jh. errichtet. An der Nordseite des Chores wurde in den 1670er Jahren eine Grabkammer eingerichtet, in der der erste Baron Ludvig Rosenkrantz und seine Familie ihre letzte Ruhestätte fanden (im Sommer tgl. 12–15

1 km von der Baronie, eigene Marina, Tennisplatz, Sauna, Restaurant; EZ 1250, DZ 1450 NOK.

Rosendal Gjestgiveri: 5470 Rosendal, Tel. 53 47 36 66, Fax 53 48 1986, www.gjestgiveri.no. Ein charmantes, einfaches Gästehaus von 1890 am Kai in Rosendal, Speisesaal mit Fjordblick, im Sommer kann man auch draußen essen. Zimmer mit fließend Wasser, Dusche/WC auf dem Gang, EZ 600, DZ 820 NOK.

Guddalstunet: Tel. 53 48 11 27, Fax 53 48 47 42, www.guddalstunet.no. Sehr unterschiedliche Hütten für 4–6 Pers. auf einem idyllischen Hof 4 km südlich von Rosendal. Der nächste Kaufmann ist 1 km entfernt. Hütten ca. 4500 NOK pro Woche, DZ ab 700 NOK.

Baronie Rosendal Avlsgård & Fruehus: Tel. 53 48 29 99, Fax 53 48 29 98, www.baroniet.no. Übernachten in historischen Gebäuden aus dem 19. Jh. mit viel Flair. Im Haupthaus gibt es 6 Einzel- und 9 Doppelzimmer, im ›Frauenhaus‹ 2 Einzel- und 5 Doppelzimmer. Die meisten Zimmer haben Waschgelegenheit, Dusche und Toilette im Gang. Das Frühstück wird in der großen Küche am offenen Feuer serviert, EZ 350–600, DZ 600–800 NOK, Extrabett 100–200 NOK.

Camping:
Rosendal Hyttetun & Camping: 5486 Rosendal, Tel./Fax 53 48 02 73. Winterfeste Hütten für 2–8 Pers. am Hardangerfjord, 3 km von Rosendal. Badeplatz, Ruder-, Motorboote, Fahrräder und Kanus, Hütten 250–1000 NOK, ganzjährig.

Im **Naturhuset Snikkeriet** im Zentrum von Rosendal befindet sich ein Café/Restaurant, ein Naturkostladen, Bücherecke, Mineralienladen.

Per Pferdekutsche durch Rosendal: Eine höchst gemütliche Art, den Ort zu entdecken. Info: Kvinnherad Hesteskysslag, Tel. 91 89 33 30, www.kvinnherad-hesteskysslag.com.

Flüge über den Folgefonn-Gletscher: Fonnafly Sjø AS, Tel. 53 48 03 22, www.fonnafly.no.

Der **Folgefonn-Tunnel** führt vom Maurangerfjord unter dem Gletscher hindurch ins innere Fjordland an den Sørfjord nördlich von Odda (Maut).
Bus: Kvinnherad–Bergen 2–4 x tgl.
Fähre: Sunde–Ranavik–Skjærsholmane, 50 Min., 11 x tgl.

Wandern ab Sunndal

Sunndal ist Ausgangspunkt für lange, Kondition erfordernde Touren über den Folgefonn-Gletscher. Für die Strecke Sunndal – Odda braucht man z. B. 10 Std. Ein schon seit Jahrhunderten beliebter Wanderweg führt zu den Hütten **Breidablikk** und **Fonnabu.** Der Wanderpfad, der nach dem deutschen Kaiser Wilhelm benannt ist, zweigt ab, bevor man zum Bondhusvatnet kommt. Eine weniger anstrengende Tour: Von Sunndal fährt man in südlicher Richtung ca. 1 km bergauf bis zum Parkplatz. Von hier führt ein bequemer Weg (geeignet für Rollstuhlfahrer und Kinderwagen) zum gletschergrünen **Bondhusvatnet** (189 m ü. NN). Vom See bietet sich ein Panoramablick auf die gleichnamige Gletscherzunge. Wer bis zum Eis weiterwandert, muss für die Tour 3,5–4 Std. veranschlagen.

BERGEN UND UMGEBUNG

Beim Streifzug durch die bezaubernd schöne, lebensfrohe norwegische Kulturmetropole, die das ganze Jahr über Festivals, Konzerte und hochkarätige Kunstsammlungen bietet, trifft man auf die Spuren der deutschen Kaufleute, der mittelalterlichen Könige, der Wikinger und Runenmeister. Ausflüge in die nähere Umgebung führen ins Edvard-Grieg-Museum nach Troldhaugen, zur Fantoft-Stabkirche, nach Lysøen und zu den Ruinen des Lyseklosters.

Bergen

Reiseatlas: S. 234, A/B 2/3

Die ›Hauptstadt des Fjordlands‹ erhielt bereits im Jahre 1070 von König Olav Kyrre Stadtrechte. Damals hieß der kleine Handelsort, dessen Besiedlung sich auf der Ostseite des Vågen konzentrierte, noch Bjørgvin (*berg/bjørg* = Berg, Fels; *vin* = Grasland). Im Jahre 1217 zog der norwegische König Håkon Håkonsson mit seinem Hof von der alten Residenzstadt Trondheim nach Bergen um und verlegte auch den Bischofssitz Vestlands von Selje hierher.

Als das norwegische Königreich im 13. Jh. auf dem Höhepunkt seiner Macht stand, war Bergen Norwegens Hauptstadt und vermutlich die größte Stadt Skandinaviens. Grundlage für den Reichtum bildete vor allem der Stockfisch, der aus Nordnorwegen nach Bergen gebracht und von dort aus in die Handels- und Hafenorte an Nord- und Ostsee exportiert wurde.

Den Handel mit Stockfisch übernahm ab Mitte des 13. Jh. immer mehr die Hanse (s. S. 96) und wurde im Verlauf der nächsten Jahrhunderte zu einem Staat im Staate. 1299 zog König Håkon V. Magnusson nach Oslo um, das ihm – fern der erpresserischen Dominanz der Hanse – größere Möglichkeiten zur Machtentfaltung bot. Dennoch blieb Bergen Norwegens wichtigstes Handelszentrum.

Als es in der Mitte des 17. Jh. mit der Herrschaft der Hanse zu Ende ging, zog es viele Kaufleute und Kunsthandwerker aus Dänemark, Deutschland, Holland, England und Schottland nach Bergen. Es entwickelte sich ein reiches Handels- und Kulturleben. Berühmte Maler, Dichter und Musiker fanden in Bergen Inspiration. 1765 wurde hier die Musikgesellschaft Harmonien, eine der ältesten heute noch existierenden Philharmonien der Welt gegründet. 1850 etablierte der berühmte Geiger Ole Bull Norwegens erste feste Bühne, und bis heute gilt Bergen als die Kulturhauptstadt Norwegens.

Handel und Seefahrt spielen nach wie vor eine große Rolle im Wirtschaftsleben der Stadt. In Bergen ist ein Großteil der Reedereien Vestlands konzentriert: Sie stellen etwa ein Fünftel der norwegischen Handelsflotte, die zu den größten der Welt zählt. Seit der Erschließung der rund 220 km nordwestlich der Küste gelegenen Erdölfelder Statfjord, Gullfaks und Troll hat die Zulieferindustrie der norwegischen Off-Shore-Ölförderung auch für Bergen zunehmend an Bedeutung gewonnen. Nicht zuletzt bildet der Tourismus einen wichtigen Wirtschaftsfaktor. In den Sommermonaten prägen Scharen von Touristen das Leben in der Stadt.

Stadtspaziergang

Der berühmte **Fischmarkt** (Torget) am Ufer des Vågen ist der günstigste Ausgangspunkt für einen Spaziergang durch Bergen. Ganz in der Nähe, in der 1862 erbauten Bergenser Börse am Vågsalmenningen befindet sich heute die Touristeninformation. Die von Axel Revold geschaffenen imponierenden Fresken oben an den Wänden des Raumes stellen u. a. die Lofotfischerei und die Fahrt nach Bergen dar, wo der getrocknete Fisch als Stockfisch verkauft wurde. Außerdem gibt es hier eine Riesenauswahl an Informationsmaterial übers Fjordland.

Östlich des Vågen findet man die interessantesten Bauwerke der traditionsreichen Handelsstadt. Weltberühmt ist die alte Hafenstraße **Bryggen,** die von der Hansezeit bis zum Zweiten Weltkrieg Tyske Bryggen (Deutsche Brücke) hieß (s. S. 96). Mit ihren eng stehenden Kaufmannshöfen wurde sie im Lauf der Jahrhunderte mehrmals von verheerenden Feuersbrünsten heimgesucht. Nur wenige der schönen Giebelhäuser, die nach dem großen Brand von 1702 im Stil der mittelalterlichen Kaufmannshöfe wieder aufgebaut worden waren, haben das große Feuer von 1955 überstanden.

Einer der erhaltenen Höfe, der Finnegården, beherbergt das 1872 vom Kaufmann J. W. Olsen gegründete **Hanseatische Museum** 1 (Hanseatisk Museum). Hier kann man sich ein Bild von der engen und geschäftigen Kaufmannswelt vergangener Jahrhunderte machen. Die äußeren Zimmer mit Fenstern zum Hafen wurden im Sommer als Esszimmer genutzt. In den inneren, z. T. winzigen Räumen befanden

Stadtverkehr

Bei der Einfahrt nach Bergen gibt es an der Mautstation eine Broschüre mit allen Parkmöglichkeiten. Preiswerte oder gar kostenlose Parkplätze sind unter der Woche nicht zu haben. Tipp: ab 17 Uhr muss man an den meisten Parkautomaten nicht mehr bezahlen. Gratisfahrt mit dem Bus ab ZOB (Rückseite) via Zentrum zum Nøstet (Anleger), Mo–Fr 7.30–21, Sa 9–17 Uhr. Die BergensKortet (s. S. 99) bietet freie Fahrt mit allen Stadtbussen im Stadtzentrum und mit der Bahn auf den Fløyen.

Auf dem Fischmarkt von Bergen

sich die Schlafverschläge und Büros. Wegen der Feuergefahr wurden die Räume nicht beheizt, das Gesellschaftsleben vollzog sich in den Schötestuben (Schøtstuene), den öffentlichen Versammlungsräumen der Hanseaten (Mitte Mai–Mitte/Ende Aug. tgl. 9–17, sonst Di-Sa 11–14, So 11–16 Uhr; im Eintrittspreis inbegriffen ist der Besuch der Schötestuben, s. u.).

Eingerahmt von größeren Backsteinbauten wirkt die schmale Giebelfront der **Gamle Bryggen** 2 fast unscheinbar. Die zu Beginn des 18. Jh. errichteten Kaufmannshöfe stehen auf der UNESCO-Liste der erhaltenswerten Kulturdenkmäler. Im hinteren Trakt der Höfe befanden sich die Warenhäuser und Vorratskeller, die heute z. T. kleinere Läden, Kunsthandwerksbetriebe, Galerien und Restaurants beherber-

gen. Im hinteren Bereich des Enhjørningsgården befindet sich am Ende knarrender steiler Treppen das **Bryggen Theta Museum.** Im Zweiten Weltkrieg gab es hier einen Raum, den die Theta-Mitglieder, eine Gruppe norwegischer Widerstandskämpfer, als Treffpunkt nutzten. 1942 wurde der Raum bei einem deutschen Angriff zerstört und nach der Rekonstruktion 1983 als Widerstandsmuseum eröffnet (Mitte Mai–Mitte Sept. Di, Sa, So 14–16 Uhr).

Das zwischen Bryggen und Øvregaten gelegene **Bryggens Museum** 3 – nach dem Spender, der den Bau ermöglichte, auch ›Erling Dekke Næss Institut für Mittelalterliche Archäologie‹ genannt – verdankt seine Existenz dem Brand von 1955, der weite Teile des alten Stadtkerns am Hafen vernichtete.

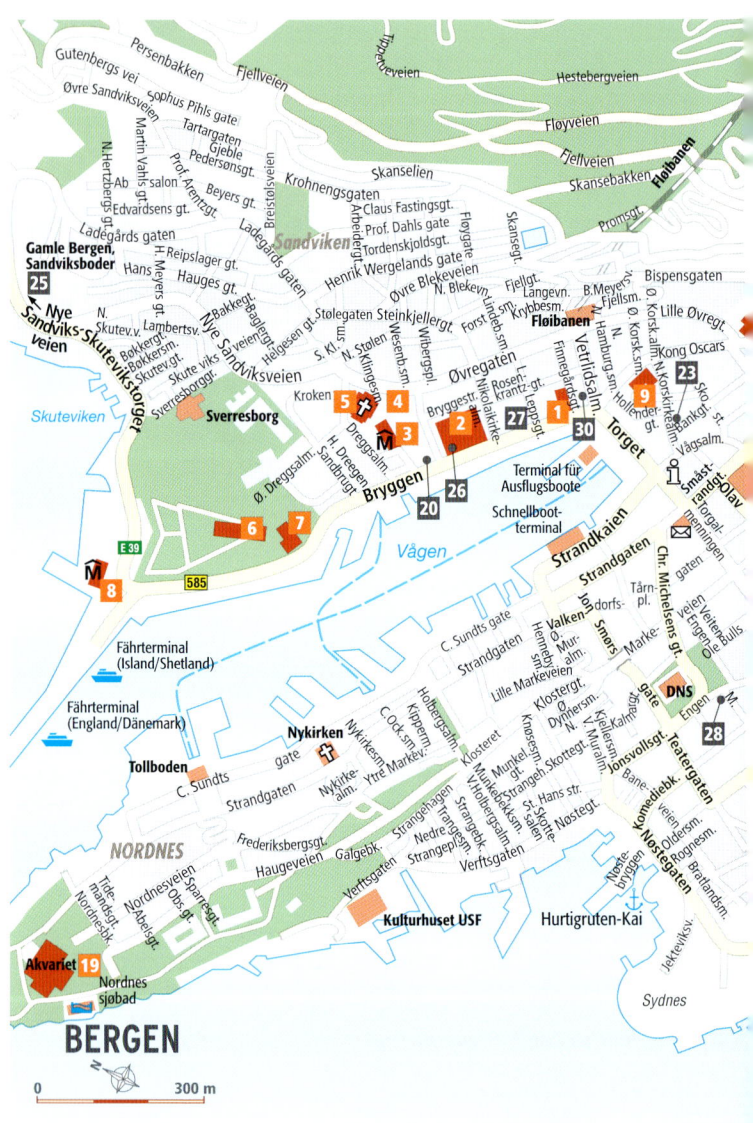

BERGEN

0   300 m

Sehenswürdigkeiten

1. Hanseatisches Museum
2. Gamle Bryggen
3. Bryggens Museum
4. Schøtstuene
5. Marienkirche
6. Håkonshalle
7. Rosenkrantztårnet
8. Norwegisches Fischereimuseum
9. Kreuzkirche
10. Dom
11. Lepramuseum
12. Rasmus Meyers Samling
13. Bergens Kunsthall
14. Stenersens Samling
15. Westnorwegisches Kunstgewerbemuseum/Permanenten
16. Naturhistorisches Museum
17. Kulturhistorisches Museum
18. Bergens Schifffahrtsmuseum
19. Aquarium

Übernachten

20. Radisson SAS Royal Hotel
21. Hotel Park Pension
22. Steens Hotel
23. Bergen Vandrerhjem-YMCA
24. Montana Vandrerhjem
25. Bobilsenter (Wohnmobil-Stellplatz)

Essen und Trinken

26. Enhjørningen
27. Bryggeloftet & Stuene
28. Café Opera
29. Mongolian Barbecue
30. Kjøttbasaren

Blick über Bergen am Abend

Bei Ausgrabungen wurden etwa 400 Runeninschriften geborgen, die u. a. Skaldengedichte (= Lobeshymnen auf Könige und Häuptlinge der Wikingerzeit) sowie einige Verse der Edda (= Götter und Heldenlieder) aus dem 9.–12. Jh. enthalten. Das Museum wurde über den Resten mittelalterlicher Grundmauern errichtet. Den deutschsprachigen Museumsführer kann man in aller Ruhe im Museumscafé studieren (Mai–Aug., tgl. 10–17 Uhr, sonst Mo–Fr 11–15, Sa 12–15, So 12–16 Uhr, Juni–Aug. tgl. 10 Uhr deutsche Führung).

Zwischen dem Museum und der nahen Marienkirche führt ein Fußweg zu den hanseatischen Schank- und Gesellschaftsräumen, **Schøtstuene** 4. Hier trafen sich die Angestellten der hanseatischen Bryggenhöfe zum Essen und Trinken, hier wurden die Lehrlinge unterrichtet und Versammlungen abgehalten (Øvregaten 50, Juni–Aug. tgl. 10–17, Mai, Sept. tgl. 11–14, Okt.–April So 11–14 Uhr, Kombi-Eintritt s. Hanseatisches Museum).

Die schräg gegenüberliegende **Marienkirche** 5 (Mariakirken), mit deren Bau vermutlich um 1130 begonnen wurde, ist das älteste Gebäude Bergens. Nach den Bränden 1198 und 1248 erhielt die Kirche ihre heutige Gestalt mit zwei hohen schlanken Türmen. Von der Hanse Anfang des 15. Jh. annektiert, blieb sie bis Mitte des 18. Jh., als alle deutschen Kaufmannshöfe auf Bryggen verkauft waren, in deutschem Besitz. Von dem einst reichen Inventar ist nur wenig übrig. Aus

der Hanse-Zeit stammt der vermutlich in Lübeck gearbeitete Altarschrein aus dem späten 15. Jh. Die 1676 von Kaufleuten gestiftete Barockkanzel gilt als schönste Norwegens (Mitte Juni–Mitte Aug. Mo–Fr 9.30–11.30, 13–16 Uhr, sonst Di–Fr 11–12.30 Uhr, Kinder freier Eintritt).

Von der Marienkirche sind es nur wenige Minuten zur Festung **Bergenhus,** die strategisch günstig direkt an

der Einfahrt in den Vågen liegt. Im Mittelalter befand sich hier zunächst das kirchliche, später auch das weltliche und militärische Zentrum West-Norwegens. Die von Håkon Håkonsson in Auftrag gegebene **Håkonshalle** 6 bildete während des gesamten Mittelalters einen würdigen Rahmen für Krönungen, Hochzeiten und Regierungsfeierlichkeiten (Mitte Mai–Ende Aug. tgl. 10–16, sonst tgl. 12–15, Do 15–18 Uhr; Führungen inkl. Rosenkrantztårnet, jede volle Stunde, Beginn in der Håkonshalle).

Aus Bergens Hauptstadtzeit im 13. Jh. stammt noch der älteste Teil des **Rosenkrantztårnet** 7. Erik Rosenkrantz, von 1560 bis 1568 Hauptmann und Oberlehnsmann des Königs, ließ das Kastell am Meer, das im 13. Jh. unter Magnus Lagabøter errichtet worden war, zu einem prächtigen Verteidigungs- und Residenzturm erweitern (geöffnet wie Håkonshalle).

Am Vågen entlang gelangt man zum **Norwegischen Fischereimuseum** 8 (Norges Fiskerimuseum) in der Nähe des internationalen Fähranlegers. Wenn man Glück hat, sieht man den 1914 in Deutschland gebauten Dreimaster ›Statsraad Lehmkul‹ vor Anker liegen. Das Museum bietet eine Dokumentation der Fischerei und Küstenkultur (Juni–Aug. Mo–Fr 10–18, Sa/So 11–16 Uhr, sonst Mo–Fr 11–16, So 12–16 Uhr, www.fiskerimuseum.no). Leckere, preiswerte Fischgerichte gibt es in der Cafeteria (Mo–Fr 10–13.30 Uhr).

Östlich des Vågen, ca. 150 m vom Fischmarkt, liegt die Talstation der **Fløibahn,** einer Standseilbahn, die auf den Fløyen (320 m) hinaufführt (alle 30 Min. bis 23 bzw. 24 Uhr, www.floibanen.no). Bergens Hausberg bietet nicht nur eine fantastische Aussicht auf die meerumspülte Stadt, sondern auch ein Restaurant, einen Spielplatz und schöne Wandermöglichkeiten. Empfehlenswert ist es, mit der Seilbahn hinaufzufahren und den Rückweg zu Fuß anzutreten. Für die Einwohner von Bergen ist die Fløibahn übrigens ein gewöhnliches öffentliches Verkehrsmittel.

Die **Kreuzkirche** 9 (Korskirken) heißt so, weil beim Bau Mitte des 12. Jh. ein Stück vom Kreuze Christi in die Kirchenmauer eingefügt worden sein soll. Vom ursprünglichen Gemäuer ist nicht mehr viel übrig, da die Kirche allein zwischen 1198 und 1702 mindestens siebenmal durch Feuer zerstört und danach restauriert wurde. Heute dominiert die Renaissancearchitektur des 17. Jh. (Mo–Sa 11–15 Uhr, Do bis 18 Uhr, Orgelkonzerte Mi 11.30, Juni–Aug. auch Sa 12 Uhr).

Dort, wo heute der **Dom** 10 (Domkirken) steht, wurde im 12. Jh. eine kleine, dem heiligen Olav geweihte Kirche errichtet. Im 13. Jh. übernahm sie der Franziskanerorden. Nach mehreren Bränden stammen heute nur noch der Chor und der untere Teil des Turmes mit seinem gotischen Portal aus jener Zeit (Mitte Juni–Mitte Aug. Mo–Fr 11–16 Uhr, sonst Di–Fr 11–12.30 Uhr; Juni–Aug. Do 12 und So 19.30 Uhr Orgelmusik).

Die viel befahrene Kong Oscars gate führt zum St.-Jørgen-Hospital, in dem sich das **Lepramuseum** 11 befindet (Nr. 59). Das St.-Jørgen-Hospital wurde erstmals im Jahre 1438 erwähnt, existierte aber schon vorher. Hier wurden bis 1946 vor allem Leprakranke behandelt. Das Museum dokumentiert den nicht geringen norwegischen Beitrag zur Erforschung der Lepra. So gelang es beispielsweise dem Arzt Armauer Hansen im Jahre 1873 als erstem, den Leprabazillus nachzuweisen (Ende Mai–Anfang Sept. tgl. 11–15 Uhr).

Bergens Kunststraße

Für den Rückweg in das Zentrum bietet sich ein Spaziergang am kleinen Binnensee **Lille Lungegårdsvann** an. Auf der Südseite des Sees reihen sich einige der berühmten Kunstsammlungen Bergens aneinander. Die Eintrittspreise liegen zwischen 40 und 50 NOK. Vom Bahnhof kommend, befindet sich linker Hand zunächst die 1978 zu den Internationalen Festspielen eingeweih-

LIEBLING DER NATION - EDVARD GRIEG

Mit 42 Jahren ließ Edvard Grieg (1843–1907) außerhalb von Bergen eine Villa nach eigenen Entwürfen errichten, die er ›Troldhaugen‹ – Trollhügel nannte. Hier lebte er 22 Jahre lang mit seiner Frau Nina, einer berühmten Sängerin. Ihr mit Möbeln, Erinnerungsstücken, Geschenken und Fotos vollgestopftes Haus ist heute ein Museum. Die häusliche Atmosphäre lasst wenig von den Selbstzweifeln ahnen, die den berühmtesten aller norwegischen Komponisten bis zu seinem Tode peinigten.

Als das norwegische Geiger-Genie Ole Bull 1858 einige Stücke des erst 15-jährigen Grieg hörte, erkannte er dessen Begabung und empfahl, ihn auf das Konservatorium nach Leipzig zu schicken. Dort lernte der junge Komponist die deutsch-österreichische Musiktradition kennen, die sich nur schwer mit seinem Empfinden für Volksmusik verbinden ließ. Nach dem Studium, das Grieg selbst als nicht sehr geglückt empfand, zog er 1862 nach Kopenhagen, wo er auf der Suche nach einem eigenen, stärker norwegisch geprägten Stil die Humoresken für Klavier op. 6 komponierte, deren Melodien von rhythmischen Volkstänzen wie Halling oder Springar geprägt sind. Ab 1866 arbeitete er als Musiklehrer und Dirigent in Christiania (Oslo). Anfang 1874 machte er sich auf den Vorschlag des Dichters Henrik Ibsen daran, das Theaterstück ›Peer Gynt‹ zu vertonen, die Geschichte eines egozentrischen Draufgängers, der sich erst nach zahlreichen Abenteuern seiner geliebten Solveig erinnert und zu ihr zurückkehrt. ›Solveigs Lied‹, ›In der Halle des Bergkönigs‹ und ›Aases Tod‹ gehören zu den beliebtesten Werken Griegs in Deutschland, die immer dann gespielt werden, wenn norwegische Landschaft im Film oder Fernsehen musikalischer Untermalung bedarf. Grieg quälte sich, die dramatische Musik zu Ende zu komponieren. In dieser Zeit notiert er: »Nichts, von dem, was ich gemacht habe, befriedigt mich … Man könnte den Verstand verlieren …«

›Peer Gynt‹ wird ein triumphaler Publikumserfolg für Grieg, obwohl er offenbar weder den Komponisten selbst noch Ibsen überzeugte, und bedeutet einen Wendepunkt in seinem Leben. Von da an fällt es ihm immer schwerer, seine Ideen in größere Werke umzusetzen. Rastlos treibt es Grieg, der seit 1874 eine staatliche Künstlergage erhält, durch Europa. 1876 fährt er nach Bayreuth, um an der Premiere von Wagners ›Nibelungen‹ teilzunehmen. Auch der Uraufführung des ›Parsifal‹ wohnt er bei. Seine vielen Auslandstourneen werden als Ausdruck und Flucht vor seinen Kompositionsschwierigkeiten interpretiert. In einem Brief schreibt er: »Meine Einfälle sind ohne Kraft, wie ich selbst, und ich verliere mein Selbstvertrauen. Was bedeutet es mir schon, dass man meine ›Peer-Gynt‹-Suite in Europa, Asien, Afrika, Amerika und Australien spielt? Ich kann nicht glauben, dass ich mein Lebenswerk bereits vollendet habe.«

Es entstehen in der Tat nicht mehr viele größere Werke. Zu seinen reizvollsten gehören die Suite ›Aus Hobergs Zeit‹ op. 40 (1883) sowie die 1886/1887 nach seinem Umzug nach Troldhaugen entstandene dritte ›Violinsonate‹ op. 45.

... ÜBERMÜTIGES AUFTRETEN UND EX-KLUSIVITÄT - DIE HANSEATEN IN BERGEN

Ab Mitte des 13. Jh. gewann die deutsche Hanse unaufhaltsam an Macht. Im Jahre 1294 erlangte sie einen königlichen Freibrief, der den deutschen Kaufleuten in den Sommermonaten nicht nur das Recht zum uneingeschränkten Handel mit Oslo, Tønsberg und Bergen, sondern auch Steuererleichterungen und zahlreiche Privilegien einräumte. Der Grund für diese Privilegien, die auf Kosten der norwegischen Kaufleute gingen, war die Tatsache, dass Norwegen zunehmend abhängig wurde von den Kornlieferungen der Ostseeländer, weil es wegen der klimatischen Bedingungen selbst nicht genug Getreide anbauen konnte. Im Austausch gegen Salz und Getreide übernahmen die Hanseaten in Bergen nach und nach das gesamte Stockfischgeschäft. Nach der Pest, die Mitte des 14. Jh. fast die Hälfte der norwegischen Bevölkerung hinraffte, gewannen sie noch größeren Einfluss.

Die Kolonie deutscher Kaufleute und Handwerker in Bergen, die nun als eigenständiger kleiner Staat im Staat (mit eigener Rechtsprechung und ohne Steuerpflichten) herrschte, bestand vom Kaufmann bis zum Stubenjungen ausschließlich aus Männern. Die Konkurrenz – britische, holländische und norwegische Kaufleute – galt es sich vom Leibe zu halten, dazu waren strengste Disziplin und völlige Abgrenzung erforderlich. Wer im hanseatischen Kontor auf Bryggen leben und arbeiten wollte – im Bryggen-Gebiet wohnten 800–1000 Männer, in der Hochsaison im Sommer bis zu 2000 –, war dem Zölibat verpflichtet, Frauen hatten keinen Zugang.

Der Arbeitstag war lang und hart. Bereits um 4 Uhr morgens gaben die Gesellen den Lehrlingen ihre Befehle. Von kurzen Essenspausen unterbrochen, schufteten sie in der Regel bis um 9 Uhr abends. Alle Bryggen-Angestellten nahmen feste Plätze in der Hierarchie ein, die vom Kaufmann und Bevollmächtigten (Verwalter) über Kaufmannsgesellen und Bootsjungen bis zu den Stubenjungen reichte. Die hierarchische Ordnung war streng, aber es bestand für tüchtige und disziplinierte Lehrlinge durchaus die Möglichkeit zum Aufstieg in die oberste Spitze. Nicht selten ist von Kaufleuten oder Verwaltern zu lesen, deren Karriere als Stubenjunge begann.

Bryggen bildete eine bis ins letzte Detail durchorganisierte, von der Außenwelt abgegrenzte Welt. In Berichten über die Kontakte der Hanseaten zu den norwegischen Behörden und der Stadtbevölkerung auf der anderen Seite des Vågen überwiegen Klagen und Streitigkeiten. In der vom Hanseatischen Museum herausgegebenen Schrift über Bryggen heißt es, »dass die Deutschen auf Bryggen ihre wirtschaftliche und physische Überlegenheit ausnutzten, um sich auf Kosten ihrer Konkurrenten und der Stadt zu behaupten, und dass sie durch übermütiges Auftreten und Exklusivität viele herausgefordert haben.«

Früher Hanseviertel, heute Bergens Flaniermeile: Bryggen

97

Wandern rund um Bergen

Bergen bietet in Stadtnähe viele fantastische Wandermöglichkeiten durch eine stille, weite Hochgebirgslandschaft: Auf den Berg Ulriken gelangt man z. B. nicht nur mit der Seilbahn Ulriksbanen (s. S. 100), sondern von der Montana Jugendherberge aus (s. S. 102) auch zu Fuß. Wer Lust auf eine längere Tour hat, folgt dort den Pfaden über das Hochplateau in Richtung Norden und gelangt über den Fløyen oder Svartediktet zurück in die Stadt. In der Touristeninfo erhält man ein kleines Faltblatt mit Wandertipps.

te **Grieghalle.** Sie ist mit 1600 Sitzplätzen Bergens größtes Konzerthaus.

Schräg gegenüber der Grieghalle präsentiert die **Rasmus Meyers Samling** 12 eine große Auswahl an Gemälden norwegischer Künstler, u. a. von Edvard Munch, Johan C. Dahl und Nikolai Astrup (Rasmus Meyers allé 7, Mitte Mai–Mitte Sept. tgl. 11–17 Uhr, im Winterhalbjahr Mo geschl.).

Gleich nebenan zeigt **Bergens Kunsthall** 13 in wechselnden Ausstellungen zeitgenössische Kunst (Rasmus Meyers allé 5, www.kunsthall.no, Di–So 12–17 Uhr).

Stenersens Samling 14 bietet ca. 250 Werke vorwiegend der klassischen Moderne, u. a. von Picasso und Utrillo, sowie Nordeuropas größte Paul-Klee-Sammlung (Rasmus Meyers allé

3, Mitte Mai–Mitte Sept. tgl. 11–17 Uhr, im Winterhalbjahr Mo geschl.).

Nicht weit vom Ende des Sees befindet sich das **Westnorwegische Kunstgewerbemuseum** 15 (Vestlandske Kunstindustrimuseum/Permanenten) mit Exponaten aus aller Welt (Nordahl Bruns gt. 9, Mitte Mai–Mitte Sept. tgl. 11–17, sonst Di–So 12–16 Uhr).

Die Christies gate führt direkt ins Universitätsviertel, ein weiteres Museumszentrum, das man am besten zu Fuß erreicht. Das **Bergen Museum** besteht aus dem Naturhistorischen und dem Kulturhistorischen Museum: Ein Besuch im **Naturhistorischen Museum** 16 (Muséplass 3) ist wegen der vielen ausgestopften Tiere auch für Kinder ein Vergnügen. Das nahe **Kulturhistorische Museum** 17 präsentiert umfassende Sammlungen von der Archäologie, Architektur, Kunst und Kultur bis zur Ethnologie (Håkon Scheteligs Plass 10, Juni–Aug. Di–Fr 10–16, Sa, So 11–16 Uhr, sonst Di–Fr 10–14, Sa, So 11–15 Uhr.).

Zwischen dem Historischen Museum und der Universitätsbibliothek liegt **Bergens Schifffahrtsmuseum** 18 (Sjøfartsmuseum), das die Entwicklung der norwegischen Seefahrt von ihren Anfängen bis heute dokumentiert. Interessant ist der Film über die Fahrt des nachgebauten Wikingerschiffs ›Gaia‹ von Norwegen über Island nach New York (Juni–Aug. tgl. 11–15 Uhr, sonst So–Fr 11–14 Uhr).

Vorbei an der Johanneskirche geht es zurück Richtung Vågen. In der **Strandgaten,** einer schmalen, gemütlichen Fußgängerzone, kann man gut bummeln, hier gehen auch die Bergenser shoppen, hier findet sich manch preiswertes Schnäppchen.

An der unmittelbar am Vågen entlangführenden C. Sundts gate liegen die Neue Kirche (Nykirken) und das Zollhaus (Tollbuden) von 1761. Von hier ist es nicht mehr weit zum **Aquarium** 19. Die zum Meeresforschungsinstitut gehörende Anlage bietet eine der modernsten und größten Sammlungen von Seetieren in Europa. Für Kinder ist besonders das Bassin mit den Seehunden und Pinguinen (Fütterung 12, 15 und 18 Uhr) interessant (www.akvariet.no, Mai–Aug. tgl. 9–20 Uhr, Okt.–April tgl. 10–18 Uhr; vom Fischmarkt zu Fuß etwa 20 Min.; Ende Mai–Ende Aug. pendelt M/F Vågen zwischen Fischmarkt und Aquarium tgl. 10–18 Uhr, mit dem Fahrschein erhält man 25 % Rabatt auf die Eintrittskarte). Hinter dem Aquarium gelangt man durch einen kleinen Park in wenigen Minuten zum **See-Schwimmbad** (Nordnes Sjøbad).

Außerhalb des Stadtzentrums

Einige der schönsten Stadtteile Bergens liegen nordöstlich der Festung Bergenhus am Byfjorden: In der Bucht. **Skuteviken** errichteten die Hanseaten in der Mitte des 17. Jh. ihre Speicher, die glücklicherweise keinem der großen Stadtbrände zum Opfer fielen.

Auch der sich anschließende Stadtteil **Sandviken** bietet verwinkelte Gassen und Holzbebauung aus dem 19. Jh. Im ›Sandviksboder Kystkultursenter‹ am Sandviksstorget kann man herumstromern zwischen Trockenböden und Speichern am Hafen mit alten Booten. Sehenswert sind die Sandviksboder 15–17, 20, 23–24.

Im Freilichtmuseum **Gamle Bergen** (Alt Bergen) wurden einige der Häuser wieder aufgebaut, die durch Stadt- und Straßenregulierung vom Abriss bedroht waren. So entstand eine Miniaturstadt mit Gassen und Marktplatz, die erahnen lasst, wie es in Bergen vor 200 bis 300 Jahren aussah. Die Inneneinrichtung der Häuser stammt aus dem 18., 19. und 20. Jh. Hier kann man u. a. die

BergensKortet und BergensPakken

Für Besitzer der BergensKortet ist Busfahren und Parken auf öffentlichen Parkplätzen in Bergen gratis, frei sind die Fahrt mit der Fløibahn, der Zugang zu Nordnes Sjøbad und Zentralbad sowie vielen Museen. 24 Std.-Karte Erw. 170, Kinder 70 NOK, 48 Std.-Karte 250 (100) NOK.

Wer im Hotel wohnen möchte, ist mit dem BergensPakken (›Bergen-Paket‹) gut beraten, das einen günstigen Kombipreis für Hotelunterkunft inkl. Frühstück plus Bergenkarte beinhaltet, es bietet ganzjährig vergünstigte Übernachtungen am Wochenende, in der Sommersaison tgl. sowie in den Weihnachts- und Osterferien. Erhältlich ist BergenPakken u. a. in der Touristinformation und am Hauptbahnhof. Sie kann auch online erworben werden: www.visitBergen.com/BergenCard.

Einrichtung eines Bäckers, Friseurs, Zahnarztes und Fotografen besichtigen (www.gamlebergen.no, Mitte Mai–Anf. Sept. 9–17 Uhr, Führungen jede volle Stunde ab 10 Uhr; Café-Restaurant. Anreise mit dem Auto, Abzweig von der E 16/E 39 bzw. 7 Min. mit dem Bus vom Zentrum).

Sehr empfehlenswert ist eine Seilbahnfahrt auf den **Ulriken** (Gipfelrestaurant). Mit 643 m ist er der höchste der sieben Fjellhöhen, die Bergen umgeben. Von hier aus bieten sich eine fantastische Aussicht auf die Stadt, die Fjorde und die umliegenden Berge . Die Seilbahn – Abzweig E 39, südöstlich

vom Zentrum, oberhalb des Haukeland Krankenhauses, nahe Montana Jugendherberge – fährt im Sommer 9–21 Uhr alle 7 Min., im Winter 10–17 Uhr, Rückfahrkarte 90 NOK. Von Mai bis Sept. verkehrt halbstündlich ein Zubringerbus von der Haltestelle Torget.

Die **Fantoft-Stabkirche** aus der Mitte des 12. Jh. wurde 1883 von Fortun in Sogn nach Bergen gebracht und dort nach dem Vorbild der Stabkirche in Borgund prächtiger als zuvor wieder aufgebaut. Fantoft, seinerzeit eine der besterhaltenen Stabkirchen, war in Privatbesitz und nicht feuerversichert, als sie im Juni 1992 durch Brandstiftung in

Edvard Griegs Villa Troldhaugen

langt man zur Familiengrabstätte, die in einen Felsen in Ufernähe eingelassen ist (www.troldhaugen.com, Mai–Sept. tgl. 9–18 Uhr Führungen, sonst Mo–Fr 10–14, Sa, So 12–16 Uhr, Dez. geschlossen, Kinder freier Eintritt. Anreise mit dem Auto auf der E 39 (Süd) ca. 1 km, dann Rv 582. Bei der zweiten Fußgängerbrücke über die Straße nach links abbiegen, ausgeschildert: Fantoft Studentby. Bus: Abfahrt alle 15–20 Min., alle Busse vom Bahnsteig 20, Haltestelle Hopsbroen, vom Parkplatz noch etwa 20 Min. zu Fuß nach Troldhaugen).

Turistinformasjonen i Bergen: Vågsalmenningen 1, 5014 Bergen, Tel. 55 55 20 00, Fax 55 55 20 01, www.visitBergen.com, Juni–Aug. tgl. 8.30–22, Mai und Sept. tgl. 9–20, sonst Mo–Sa 9–16 Uhr. Auch Geldwechsel, Unterkunftvermittlung, Ticketverkauf für Fjordfahrten, Sightseeing und Konzerte. Kostenlos ist der Bergen Guide, ein schmales, kompaktes Heft mit einer unglaublichen Fülle an Infos über Museen, Ausflugsziele, Fahrpläne, Öffnungszeiten.
Meeting Point Bryggen: ist nicht nur der Eingang zum Bryggens Museum (s. S. 89), sondern auch das Tor zu den Sehenswürdigkeiten auf Bryggen. Hier bekommt man eine Einführung in die Geschichte, nehmen alle geführten Touren ihren Anfang.

Radisson SAS Royal Hotel [20]: Bryggen, 5003 Bergen, Tel. 55 54 30 00, Fax 55 32 48 08, www.radisson.com. Edle Architektur neben dem Bryggens Museum, luxuriöse Zimmer mit Aussicht auf den Vågen, DZ 1040–1950 NOK.

Flammen aufging. Heute ist sie wieder vollständig rekonstruiert (Mitte Mai–Mitte Sept. tgl. 10.30–14, 14.30–18 Uhr; Anreise mit dem Auto auf der E 39 vom Zentrum ca. 5 km in südlicher Richtung. Bus: Abfahrt alle 15–20 Min., alle Busse von den Bahnsteigen 19, 20 und 21, Haltestelle Fantoft).

Troldhaugen, die 1885 erbaute Villa von Edvard Grieg, liegt in einer ruhigen Gegend oberhalb des Nordåsvannet. Hier finden während der Festspielzeit täglich Konzerte statt. Unten am See steht, noch immer unverändert, eine kleine Hütte, in der Grieg seine Stücke komponierte. In etwa 5 Min. ge-

Hotel Park Pension 21: Harald Hårfagresgt. 35, 5007 Bergen, Tel. 55 54 44 00, Fax 55 54 44 44, www.parkhotel.no. Familiär geführtes Haus aus dem Ende des 19. Jh. nicht weit vom Bahnhof in Uninähe, DZ 880–1100 NOK.

Steens Hotel 22: Parkveien 22, 5007 Bergen, Tel. 55 30 88 88, Fax 55 32 61 22, www.steenshotel.no. Bed and Breakfast in herrschaftlicher Villa von 1890. 45 Betten, DZ 800–1080 NOK.

Bergen Vandrerhjem-YMCA 23: Nedre Korskirkealm. 4, 5017 Bergen, Tel. 55 60 60 55, ymca@online.no, Mai–Mitte Sept. In der Nähe des Fischmarkts, 165 Betten, Doppelzimmer pro Pers. 325, im 4-Bettzimmer 195 NOK, Bettwäsche kann geliehen werden.

Montana Vandrerhjem 24: Johan Blyttsvei 30, 5030 Landås, Tel. 55 20 80 70, Fax 55 20 80 75, www.montana.no. Ganzjährig geöffnete Jugendherberge 5 km südöstlich vom Zentrum, Anreise mit Bus Nr. 31 vom Zentrum; 260 Betten, im Schlafsaal 160 NOK pro Pers., EZ 440, DZ 660 NOK; üppiges Frühstücksbuffet im Preis inkl.

Camping/Hütten:

Die Campingplätze sind alle ziemlich weit vom Zentrum entfernt, es verkehren aber halbstündlich bzw. stündlich Busse.

Bobilsenter 25: Wohnmobil-Stellplatz, Sandviksboder 1, Sandviken, Juni–Aug. , an der E 39. Schöne Lage am Wasser.

Midttun Motell & Camping: 10 km südl. von Bergen an der R 580, Midttunheia 3, Nesttun, 5852 Bergen, Tel. 55 10 39 00, Fax 55 10 46 40. 32 Motelzimmer für 2–4 Pers. mit Küche und Bad, sechs Campinghütten, Preis pro Hütte 370–630 NOK.

Grimen Camping: Helldal, 5222 Nesttun, 15 km südöstl. von Bergen, Tel. 55 10 25 90, www.grimencamping.no. Hütten Mai–Okt. ab 390 NOK, Zimmer ganzjährig zu

mieten. Hübsche, aber nicht eben ruhige Lage zwischen der R 580 und dem fjordähnlichen Grimevannet, gute Angelmöglichkeiten.

Lone Camping: 20 km östl. von Bergen, R 580, Hardangerv. 697, 5268 Haukeland, Tel. 55 39 29 60, Fax 55 39 29 79, www.lonecamping.no. Bergens größter Campingplatz, Platz für 25 Zelte, Wohnwagen, 18 Hütten und 12 Appartements, 405–910 NOK pro Tag, Bademöglichkeit, Kanuverleih.

Am Vågen gibt es unzählige Restaurants, Cafés und Kneipen aller Preisklassen. Bei schönem Wetter sollte man sich nicht um das Vergnügen bringen, draußen mit Blick auf den Hafen und Bryggen ein Bier zu genießen.

Enhjørningen 26: Bryggen 29, Tel. 55 32 79 19, www.enhjorningen.no. Traditionsreiches, erlesenes Fischrestaurant. Legendär und entsprechend gut besucht von unzähligen Touristen ist der Tisch des Meeres, ›Havets Bord‹, ein Buffet mit Meeresköstlichkeiten (12–16 Uhr), ab 16 Uhr Fisch und Schalentiere à la carte, 3-Gangmenü 440, 4-Gänge-Menü 520 NOK.

Bryggeloftet & Stuene 27: Bryggen 11, Tel. 55 31 06 30, www.bryggeloftet.no. Mo–Fr ab 11, Sa, So ab 13 Uhr. Gemütliches Ambiente im alten Bryggen mit Blick über den Vågen. Bergenser Küche, es werden auch Wal- und Elchsteaks aufgetischt, vor allem tagsüber viel Betrieb, Fisch, Wild und Fleisch, Hauptgerichte 200–300 NOK.

Café Opera 28: Engen 18, Tel. 55 23 03 15, ab 12 Uhr. Café, Bistro, Kneipe. Hier kann man auch mit Kindern hin, an einem Regentag ein Stündchen plauschen, eine Kleinigkeit essen. Relativ preiswerte Gerichte aus Italien, Mexiko, Pakistan …, leichte Lunchgerichte ab 70 NOK.

Mongolian Barbecue 29: Olav Kyrres gt. 39, Tel. 55 32 39 15. Essen so viel man schafft für 179 NOK, man kann sich sein Menü selber zusammenstellen aus Schwein, Lamm, Rind, Huhn und vielen Gemüsesorten.

Kjøttbasaren 30: Vetrlidsalm. 2, www.kjottbasaren.no, Mo, Di, Mi, Fr 9–17, Do 9–19, Sa 9–15 Uhr. Die Gourmethalle von Bergen: eine spannende Fülle von kulinarischen Spezialitäten in einem Gebäude von 1887.

Markt: Torget, Juni–Aug. tgl. 7–17, Sa bis 16 Uhr, sonst Mo–Fr 7–16 Uhr. Hier gibt es Fisch, Blumen, Obst, Gemüse, Rentierfelle, Souvenirs u. a. Schnäppchen wird man allerdings kaum machen, die Preise sind gehoben.

Wenn's regnet, empfehlen sich die großen Einkaufszentren: Galleriet (Torgalmenningen), Kløverhuset (Strandgaten) und Bergen Storsenter am Busbahnhof (Mo–Fr 9–20, Sa 9–18 Uhr).

Von Kopf bis Fuß auf Norwegen und Touristen eingestellt sind Galerien und Kunstgewerbeläden auf **Bryggen,** u. a.:

Viking: Souvenirs inspiriert von der Wikingerzeit. Kopien von Wikingerschmuck und -schwertern.

Audhild Viken: traditionsreiches norwegisches Kunsthandwerk, Strickwaren, Souvenirs. In der zweiten Etage befindet sich das **Julehuset** (Weihnachtshaus), in dem ganzjährig Weihnachtsstimmung herrscht.

Troll: Kleines Geschäft mit einer großen Auswahl an Trollen.

Husfliden: Vågsalm. 3, www.husfliden.no. Norwegisches Kunsthandwerk, aber auch Wolle und Strickmuster.

Oleana Bergen: Strandkaien 2a. Strickwaren in zauberhaften Farben und Mustern: Jacken, Pullover, Röcke, Schals, Mützen, Wolldecken und Kissen. Die Produkte entstehen in Espeland, eine halbe Stunde Fahrt von Bergen. Im Aug. Besichtigung vor Ort mit Führer Mo–Fr ab 12 Uhr.

Im Internet: www.GoShopNorway.com, www.Bergenshop.no.

Banco Rotto: Vågsalmenning 16, Tel. 55 55 49 60. Gediegene Atmosphäre in einer alten Bank, rustikal-edle Einrichtung, lange Theke zum Abhängen, auch etwas für mittlere Jahrgänge, Fr/Sa Konzerte, Tanz.

Club Maxime: Øvre Ole Bulls plass 3, Tel. 55 30 71 35, Fr und Sa Livemusik. Diskothek mit Dancefloors auf mehreren Ebenen, viel Techno-Musik.

Garage: Christiegate 14, Tel. 55 32 19 80, www.garage.no. Kneipe und Rockkeller. Häufig Livemusik.

Folkedans: Norwegische Volkstänze werden Juni–Aug. Di 21 Uhr in den Schøtstuene gezeigt, 100 NOK.

Fana Folklore: Von Juni bis Aug. werden Do und Fr Volkstänze geboten, organisierte Touren von Bergen, Karten in der Touristeninfo und Hotels.

Konzerte in Troldhaugen, Griegs Villa: In der Festspielzeit finden Ende Mai/Anfang Juni täglich Konzerte statt. Sommerkonzerte Mi, Sa und So, Information und Karten in der Touristinfo. Von dort geht auch ein kostenloser Bus zu den Konzerten, Abfahrt eine Stunde vor Konzertbeginn.

Höhepunkt des Kulturlebens – mit einem prallen Programm von Konzerten, Theater, Tanz und Oper – sind die jährlich Ende Mai/Anfang Juni veranstalteten **Internationalen Festspielwochen,** die dem Komponisten Edvard Grieg gewidmet sind. Programm-Info: Festspillene i Bergen, Postboks 183, 5804 Bergen, Tel. 55 21 06 30, Fax 55 21 06 40, www.festspillene.no.

Bergenblues & Roots Festival im April/Mai, www.bergenfest.no; **Nattjazz** im Mai/Juni, www.nattjazz.no; **Sommer-**

bergen mit Konzerten, Unterhaltung etc., www.sommerbergen.no; **Bergen Internationales Film Festival** im Okt., www.biff.no.

Bryggen Guiding: historische Wanderung vom Bryggens Museum durch die alte Holzbebauung von Bryggen zum Hanseatischen Museum. Juni–Aug. tgl. Führungen: stündlich 10, 11, 12, 13 Uhr, in Deutsch, Engl. oder Norw. Dauer ca. 1 Std. 30 Min., Treffpunkt und Kartenverkauf im Bryggens Museum; Erw. 80 NOK, Kinder unter 10 J. frei. Mit der Karte am gleichen Tag freier Eintritt im Bryggens Museum, im Hanseatischen Museum und in den Schøtstuene.

Bergen Guided Tours: im Sommerhalbjahr täglich 3-stündige Busrundfahrten inkl. Besuch von Troldhaugen und Gamle Bergen, Mai–Sept. Abfahrt gegenüber der Touristeninfo tgl. 10 Uhr, Erw. 270, Kinder 175 NOK. Nachmittagstouren Mitte Mai–Ende Aug. mit Besuch der Fantoft Stabkirche, Abfahrt 14 Uhr.

Fjord Sightseeing: per Boot u. a. in den Lysefjord, Abfahrten vom Fischmarkt, Info Tel. 55 25 90 00, Mai–Mitte Sept. tgl. 10 Uhr (Hochsaison zusätzlich tgl. 15.30 Uhr), Dauer 4 Std., Erw. 380, Kinder 190 NOK.

Vannkanten Badeland, Tel. 55 50 77 77, www.vannkanten.no, Juni–Mitte Aug. Mo–Fr 10–20, Sa 10–18, So 12–18 Uhr, sonst etwas kürzere Öffnungszeiten. Rutschen, Sprudelbad, Fitness, Dampfbäder, Pizzeria. Anreise mit dem Auto, 10 Min. vom Zentrum, auf der R 555 Richtung Sortra. Gleich nebenan Vestkanten Einkaufszentrum mit 70 Läden.

Autoverkehr: um Bergen besteht ein Mautring. Man muss nur bei der Einfahrt in die Stadt bezahlen (ca. 10 NOK).

Flug: tgl. mehrere Verbindungen in alle größeren Städte Norwegens. Der Flughafen liegt in Flesland, ca. 20 km südlich von Bergen. Flughafenbus mehrmals tgl. in die Stadt.

Bahn: Eine Fahrt der Superlative: Mit der Bergenbahn von Bergen über die Hardangervidda nach Oslo, 5 x tgl., Fahrplanauskunft und Reservierung Tel. 81 50 08 88, www.nsb.no.

Bus: Expressbusse verbinden alle größeren Städte des Landes. Der Bahnhof für Stadt- und Überlandbusse liegt 5 Min. vom Hauptbahnhof, Strømsgt. 8, Tel. 177. Einkauszentrum, Gepäckverwahrung.

Fjord- und Küstenschiffe: Schnellboote *(hurtigbåter)* nach Haugesund, Stavanger, Hardanger und Sunnhordland, Abfahrt vom Strandkaiterminal, Info: Tel. 55 23 87 80, www.hsd.no; zum Sognefjord, Sunnfjord und Nordfjord, Info Tel. 55 90 70 70, www.fylkesbaatane.no.

Hurtigrute: Bergen ist Ausgangshafen der ›Postschiffe‹ Richtung Kirkenes, die Mitnahme von Autos ist möglich, ab Jekteviken (Nøstegaten), Tel. 76 96 76 00 und 81 03 00 00, www.hurtigruten.com.

Internationale Fähren: Abfahrt der internationalen Fähren vom Skoltegrunnskaien. Die Fjord Line verkehrt 2–3 x wöchentl. nach Haugesund, Stavanger, Newcastle (England), 3–4 x wöchentl. nach Egersund, Hanstholm (Dänemark), Info: Fjord Line, Skoltegrunnskaien, 5020 Bergen, Tel. 81 53 35 00, www.fjordline.com.

Fährverkehr über den Vågen zum Aquarium: Mo–Fr 7.30–16 Uhr, ca. alle 20 Min., am Wochenende keine Fahrten.

Ärztlicher Notdienst (Legevakt): Vestre Strømkai 19, Tel. 113 und 55 56 87 00, ganztägig geöffnet.

Zahnärztlicher Notdienst: Vestre Strømkai 19, Tel. 55 56 87 17, Mo–Fr 18–20.30, Sa, So 15.30–20.30 Uhr.

Ausflüge von Bergen

Die bekanntesten Sehenswürdigkeiten in der weiteren Umgebung Bergens sind das Lysekloster und die Villa Ole Bulls auf Lysøen. Es empfiehlt sich, dorthin ab der E 39 etwa 1 km südlich von Bergen die Straßen 546 und 553 über Fana und das Fanafjell zu wählen.

In **Fana,** ca. 15 km südlich von Bergen, befinden sich die Mitte des 12. Jh. erbaute Steinkirche (Di–Fr 10–14 Uhr) sowie das **Hordamuseum** (Hordamuseet). Sehenswert ist eine Sammlung von Bildteppichen mit mittelalterlichen Motiven aus Zeichnungen von Gerhard Munthe (Di, Do, Fr 12–15, Mi 12–18, Sa, So 12–16 Uhr; Anreise von Bergen nach Stend mit Bus Nr. 20 und 560 vom Busbahnhof Gleis 19 und 20). Kurz vor dem Museum liegt rechts ein viel besuchter, sehr schöner Badeplatz.

Ab Fana führt die Straße zum bewaldeten Fanafjell (231 m) hoch. Das zum Hordamuseum gehörende **Vestlandske Setermuseum** (seter = Alm) umfasst neben einem kleinen Freizeitpark für Kinder etwa zehn am Hang verstreute Almhütten, Cafeteria.

Vom Fanafjell geht es hinunter zum Lysefjord (Anreise von Bergen mit dem Bus ca. 50 Min. ab Busbahnhof, Bahnsteig 19 u. 20), in dem die Insel **Lysøen** liegt, auf der der weltberühmte Geiger Ole Bull um 1870 ein mit Giebeln, Holzschnitzereien und Zwiebelkuppeln verziertes Sommerhaus mit Musikhalle errichten ließ. Die Architektur der Villa vereint maurische und europäische Stilrichtungen. Die Insel ist nur mit dem Boot zugänglich. Mitte Mai–Ende Au-

Autowandern in Hordaland

Der Fremdenverkehrsverbund Hordaland og Bergen Reiselivsråd hat acht Rundreisen zusammengestellt, bei denen man Autofahren mit Wandern kombinieren kann: Die jeweiligen Autostrecken und die dazugehörige 1–3-stündige Wanderung findet man inkl. Infos über Sehenswertes auf dem jeweiligen Kartenblatt, erhältlich an Hotelrezeptionen und in Touristenbüros.

gust verkehrt das Motorboot ›Ole Bull‹ (Mo–Sa 12–15, So 11–16 Uhr zu jeder vollen Stunde, Führungen nach Ankunft). Am Anleger befindet sich ein kleines Café, Bademöglichkeit.

In einem stillen, grünen Tal, knapp 1,5 km vom Lysefjord entfernt, liegen die sehenswerten Ruinen des **Lyseklosters,** im Jahre 1146 von englischen Mönchen gegründet und das erste Zisterzienserkloster in Norwegen. In seiner Glanzzeit gehörten etwa 200 Höfe dazu. Nach der Reformation verfiel das Kloster und diente als Steinbruch. Die Steine des Lyseklosters wurden u. a. zum Aufbau des Rosenkrantzturms in Bergen und für das Kronborgschloss in Helsingør (Dänemark) verwendet. Die um 1930 restaurierten Ruinen gewähren einen Einblick in das Leben der Mönche – eine Orientierungstafel informiert über die Klosterräumlichkeiten und deren Funktionen. Das Gelände ist frei zugänglich (tgl. 8–20 Uhr).

DER HARDANGERFJORD

Der ›König der Fjorde‹ wird für seine weiß und rosa blühenden Obstgärten, das milde Klima, die schneeweiße Eiskappe des Folgefonn-Gletschers, die leuchtend grünen Wiesenhänge und imponierenden Wasserfälle gepriesen. Berühmt ist die Region aber auch für ihre lebendigen Kulturtraditionen: die klangvolle Hardangerfiedel und die wunderschöne Hardangertracht.

Über das Haukelifjell zum Fjord

Reiseatlas: S. 234, C 4

Bereits in den Islandsagas erwähnt ist der Gebirgspass über das Haukelifjell an den Hardangerfjord. Der Verkehr

Wanderung auf der Hardangervidda

Ein Wandertipp für Autofahrer, die sich für drei Tage vom Auto trennen wollen und Wanderstiefel sowie einen Schlafsack im Gepäck haben: Die Wanderung auf Europas größtem Gebirgsplateau führt von Hütte zu Hütte. Ausgangspunkt ist Haukeliseter an der E 134 (Info, Übernachtung und Verpflegung). Am ersten Tag geht es nach Hellevassbu (Dauer 6–7 Std.), am zweiten Tag von Hellevassbu nach Middalsbu (6–7 Std.), am dritten Tag von Middalsbu zurück nach Haukeliseter (8 Std.).

von Süden über das Gebirge nahm zu, als sich die etwa 40 km von Odda am Rande der Hardangervidda gelegene Stabkirche in **Røldal** im 14. Jh. zu einem Pilgerziel entwickelte. Der vermutlich Anfang des 13. Jh. errichtete Sakralbau beherbergt ein Kruzifix aus der Mitte des 13. Jh., das angeblich Wunder bewirkte. Und so wurden bis 1835 in der Johannisnacht trotz wiederholter Verbote heimliche Messen für Kranke abgehalten (Juni und Aug. tgl. 10–17, Juli 9–19 Uhr).

Die Weiterfahrt an den Hardangerfjord führt durch das landschaftlich reizvolle **Oddadalen.** Einer der fünf imponierenden Wasserfälle, die hier zu Tal stürzen, ist der **Låtefossen** direkt an der R 13, etwa 15 km südlich von Odda. Er besteht eigentlich aus zwei Wasserfällen, die vom See Låtevatn hinabfließen und einen mächtigen Tropfenschleier über die Straße und den kleinen Kiosk werfen.

Røldal Turistkontor: 5760 Røldal, Tel. 53 64 20 33, Ende Juni–Mitte Aug. tgl. geöffnet.

Røldal Hyttegrend og Camping: 5760 Røldal, Tel./Fax 53 64 71 33, www.roldal-camping.no. Hütten, Plätze für Wohnmobile und Wohnwagen, Spielplatz, Badeteich, Grillplatz am Fluss.
Skysstasjonen Hytter: 5760 Røldal, Tel. 53 64 73 85, Fax 53 64 73 44, www.skysstasjonen no, ganzjährig. Komfortable Hütten 400–880 NOK. Für Nichtraucher. Sauna am Fluss, Fahrrad- und Skiverleih, gute Angelmöglichkeit. Hübsch ist das Røldalsstue-Café mit grasbewachsenem Dach.

In Røldal wird **Ziegenkäse** hergestellt, Verkauf, Café, Mitte Mai–Sept.

Odda und Umgebung

Reiseatlas: S. 234, C 4
Die ›Hauptstadt‹ des Hardanger (ca. 7500 Einw.) liegt idyllisch am inneren Ende des Sørfjords, eines sich tief in die 1200–1300 m hohe Bergwelt einschneidenden Seitenarms des Hardangerfjords, eingerahmt vom Folgefonn-Gletscher und den steilen Berghängen der Hardangervidda. Weniger idyllisch als die einzigartige Umgebung sind die Schmelzhüttenschlote mitten in der Stadt sowie in den benachbarten Ortschaften Tyssedal und Eitrheimsnes, in deren Werken jahrzehntelang u. a. Karbid, Ilmenit, Zink, Kadmium und Schwefelsäure produziert wurden bzw. werden (s. S. 108). Sehenswert sind die restaurierten **Arbeiterwohnungen** in der Folgefonngata aus der Zeit um 1910, 1920, 1930 und 1950. Sie gehören zum ausgesprochen sehenswerten **Norwegischen Wasserkraft- und Industriemuseum** im benachbarten **Tyssedal** (Mitte Mai–Anf. Sept. tgl. 10–17, sonst

Di–Fr 10–15 Uhr, Führungen, der Eintrittspreis gilt auch für die Arbeiterwohnungen in Odda, Tel. 53 65 00 55, www.nvim.no).

Hardanger Info: Destination Hardanger Fjord AS, Hardanger Brygge, 5600 Norheimsund, Tel. 56 55 38 70, Fax 56 55 38 71, www.hardangerfjord.com.
Odda Turistkontor: im Zentrum, 5750 Odda, ganzjährig Mo–Fr 7.30–16 Uhr, im Sommer Mo–Fr 9–20, Sa 10–17, So 11–18 Uhr, Tel. 53 64 40 05, Fax 53 67 40 01, www.visitodda.com.

Tyssedal Hotel: 5770 Tyssedal, Tel. 53 64 00 00, Fax 53 64 69 55, www.tyssedal-hotel.no. Großes traditionsreiches, etwas verblichenes Hotel in Holz mit Kunst und Kultur an den Wänden. Interessante Lage an der Kirche oberhalb von Tyssedals Industriekomplex, EZ 950, DZ 1050 NOK.

Am Hardangerfjord

GEKRÖNTE HÄUPTER UND RAUCHENDE SCHLOTE – ODDA AN DER WELTSPITZE

Um 1900 war Odda das beliebteste Ziel wohlhabender Sommergäste im Fjordland, ja sogar das meistbesuchte Norwegens. Damals ließen sich englische Lords, amerikanische Millionäre, Könige und Kaiser die gewaltige Schönheit der westnorwegischen Natur vor Augen führen. Von 1891 bis 1914 kam der deutsche Kaiser Wilhelm jeden Sommer nach Odda und in seinem Fahrwasser zahlreiche europäische Fürsten und Könige. Die Herrschaften wurden mitten in der Erntezeit von den Fjordbauern zum Buerbreen oder zu gewaltigen Wasserfällen kutschiert und in palastartigen Hotels bewirtet. Im Winter fiel Odda zurück in seinen Dornröschenschlaf, die Hotels blieben geschlossen. In Heimarbeit wurden Souvenirs für die Touristen gefertigt. Die Armut war trotz der Sommereinkünfte groß, Acker- und Weideland, sprich ertragreiche Höfe waren knapp; viele hatten kein regelmäßiges Einkommen. Und so setzten die Einwohner Oddas große Hoffnung auf die Schaffung neuer Arbeitsplätze, als 1906 der erste Spatenstich zum Bau eines Wasserkraftwerks in Tyssedal gemacht wurde und die Grundlage für die Schwermetallindustrie schuf. Im Ortszentrum entstanden Karbid- und Cyanamidfabriken. Hunderte von Arbeitern strömten nach Odda und Tyssedal. Innerhalb von drei bis vier Jahren wuchs die Bevölkerung in Tyssedal von 30 auf 1000, in Odda von 600 auf 4000 Einwohner an.

Mit der Bauern- und exklusiven Ferienidylle war es spätestens mit dem Ausbruch des Ersten Weltkrieges vorbei. In Odda rauchten die Schlote, und in den Fjord flossen über 80 Jahre lang die Abfälle der Schwermetallproduktion: Blei, Arsen, Kadmium, Quecksilber, Kupfer, Zink, Titan, Cyanid, um nur einige zu nennen. Der Sørfjord, einst für seine landschaftliche Schönheit weltberühmt, wurde erneut an die Weltspitze katapultiert: diesmal mit Negativ-Schlagzeilen als schwermetallhaltigster Fjord der Welt. Anfang der 1970er Jahre, als die Vernichtung allen Lebens im Fjord abzusehen war, wurde ein Umweltschutzkomitee in Odda gegründet, das mit der Unterstützung aus Politik, Wirtschaft und Wissenschaft nach neuen Wegen einer umweltfreundlicheren Schwermetallproduktion suchte: So lagert man etwa seit Mitte der 1980er Jahre einen Großteil der Abfallprodukte in Hallen, die extra für diesen Zweck in den Berg gesprengt wurden. Keineswegs eine ideale Lösung, aber besser, als den Fjord als Müllkippe zu missbrauchen. Die Löcher im Berg auf der anderen Seite des Fjords kann man vom Industristadmuseum in Tyssedal erkennen. Das von 1906 bis 1918 erbaute, heute unter Denkmalschutz stehende Elektrizitätswerk war bis 1989 in Betrieb. Für ein Industriegebäude ist es mit bemerkenswerten Details ausgestattet: Farbig gefliste Fußböden, in Marmor gefasste Schaltschränke, kunstvoll in Gusseisen gearbeitete Galerien und Treppengeländer verschönerten den Arbeitsalltag. Großflächige Glasfronten bieten einen freien Blick über den Fjord hinauf zum schneebedeckten Folgefonn-Gletscher.

Camping/Hütten:
Odda Camping: 5750 Odda, Tel. 41 32 16 10. Schöner Platz mit vielen Grasflächen und einigen Hütten oberhalb von Odda auf dem Weg zum Buerbreen am See Sandvinsvatnet.
Hildal Camping: 5750 Odda, 9 km südlich von Odda im wasserfallreichen Oddadal, nur im Sommer geöffnet. Wiesenplatz zum Zelten und sechs Hütten, Tel. 53 64 50 36, Fax 53 64 26 72, gute Angelmöglichkeit.

Wanderung zum Gletscher Buerbreen: Südlich von Odda gelangt man auf einer schmalen Straße durch das äußerst malerische Buertal zu einem Parkplatz (6 km), von dem aus der Aufstieg zum Gletscher beginnt. Der ausgeschilderte Weg führt über mehrere schmale Brücken sowie einige glatte, abfallende Felskuppen, die mit Seilen abgesichert sind. Nichts für die ganz Kleinen, aber größeren Kindern macht die Tour wegen der abwechslungsreichen Landschaft großen Spaß. Feste Schuhe sind empfehlenswert, die Hin- und Rücktour dauert etwa 3 Std. Geführte Berg- und Gletschertouren im Folgefonn Nationalpark und auf der Hardangervidda, Info in der Touristeninformation Odda, Tel. 53 65 40 05, www.oddafjelltur.no.

Nach Utne

Reiseatlas: S. 234, C 3
Auf der Westseite des Sørfjords führt die gut ausgebaute R 550 immer am Fjordufer entlang. Weite Obstplantagen ziehen sich die Berghänge hinauf. Idyllisch und ruhig liegen die Höfe oberhalb der auch Folgefonn-Straße genannten Strecke. Ein paar Kilometer nördlich von Odda zweigt die neue

Straße, die unter dem Gletscher hindurchführt, ins Kvinnherad ab, ein lohnender Tagesausflug von Odda (Maut).

Auf dem Weg weiter nach Utne bietet das Dorf **Aga** wunderschöne Fotomotive mit den denkmalgeschützten, nur im Sommer bewohnten Hofanlagen **Agatunet,** 28 km nördlich von Odda (Mitte Mai–Mitte Aug. tgl. 10–17 Uhr, Führungen jede volle Stunde, Kinder freier Eintritt; Galerie, Café).

Agatunet hat sich im Verlauf von Jahrhunderten vom Einhof zum Dorf entwickelt, 1938 wurden hier insgesamt neun Höfe bewirtschaftet. Von den ehemals etwa 60 aneinander geschmiegten Gebäuden sind heute nur noch 30 erhalten. Sie stammen aus unterschiedlichen Zeiten, bilden aber mit ihren mit Schieferplatten gedeckten Dächern eine malerische Einheit. Das älteste Gebäude des Dorfes ist die gegen Ende des 13. Jh. errichtete Lagmannsstova (*lagmann* = Rechtsprecher).

Utne, ein idyllischer Ort an der Nordspitze der Folgefonn-Halbinsel, war –

Utne Hotel

Schräg gegenüber vom Fähranleger befindet sich das älteste Hotel Norwegens, das seit über 200 Jahren, mittlerweile in der fünften Generation, von derselben Familie betrieben wird. Ein Großteil der gemütlichen Original-Möbel ist noch erhalten, und so ist es auch heute noch ein Genuss, sich hier einen Hardanger Apfelwein oder einen Kaffee mit Waffeln zu gönnen.

als die Fjorde noch die Hauptverkehrsstraßen bildeten – wichtigster Verkehrsknotenpunkt im Innern des Hardanger und bot bereits Anfang des 18. Jh. Unterkünfte für Reisende an.

Lohnend ist ein Spaziergang zum 1911 gegründeten **Hardanger Folkemuseum.** Auf dem Museumsgelände hat man ein Dorf aufgebaut, wie es Mitte des 19. Jh. ausgesehen haben könnte. Dazu gehören neben Wohnund Wirtschaftsgebäuden eine Schmiede, eine Schule und eine vermutlich aus dem 13. Jh. stammende *årstove* (Rauchlochstube), ein Blockhaus mit offener Feuerstätte (Mai tgl. 10–16, Juni–Aug. tgl. 10–17 Uhr, sonst Mo–Fr 10–15 Uhr; Führungen jede volle Stunde, Juli Di Backtag 12–15 Uhr; Café; www.hardanger.museum.no).

Utne Hotel: 5778 Utne, Tel. 53 66 64 00, www.utne-hotel.no. Klein (24 Zimmer), aber fein und aus Holz, seit 1722 in Betrieb, EZ 895, DZ 1300 NOK.
Hardanger Gjestegard: Alsåker, 5778 Utne, Tel. 53 66 67 10, Fax 53 66 66 66, www.hardanger-gjestegard.no. Hübsches Holzhaus am Fjord mit großem Kai und Boot. DZ mit Frühstück 850–1250 NOK, Wohnungen für 2–5 Personen (2 Pers. 3700–6500 NOK/Woche).

Camping/Hütten:
Lothe Camping: Lothe, 5778 Utne, Tel. 53 66 66 50, Fax 53 66 30 58, www. lothecamping.no. Sonniger, von Obstbäumen gesäumter Campingplatz an der R 550 direkt am Fjord mit Bootsplatz und Badestelle, Hütten und Wohnungen für bis zu 5 Pers. 350–700 NOK, ca. 5 km vom Fähranleger in Utne.

Bus: nach Odda, Bergen, Voss, Geilo.

Fähren: Kvanndal–Utne–Kinsarvik, 8 x tgl.; Utne–Kvanndal, 20 Min., 20–26 x tgl.

Nach Jondal

Reiseatlas: S. 234, C 3

Ausgesprochen schön ist die Strecke zwischen Utne und Jondal um die Nordspitze der Folgefonn-Halbinsel. Die Straße ist schmal und daher für Wohnwagengespanne nicht geeignet. Zuerst führt sie durch Obstplantagen, später steigt sie an, verläuft durch Wald und mündet erst bei **Herand** wieder in eine größere Ortschaft. Etwa 1 km oberhalb des Zentrums an der R 550 Richtung Utne befindet sich unweit der Straße ein eingezäuntes Feld mit bronzezeitlichen Felszeichnungen (jederzeit zugänglich).

Jondal ist ein hübscher Fährort, der schon früh von ausländischen Urlaubern entdeckt wurde, sich aber nie zum Touristenzentrum entwickelt hat. Im Jondal Gjestgjevarstad werden seit 1853 Gäste bewirtet (Tel. 53 66 85 63).

Die Jondal-Kirche, auch **Hardangerkathedrale** genannt, wurde 1888 fertig gestellt und soll die größte in Hardanger sein (im Sommer tgl. geöffnet).

Sehenswert ist **Viketunet,** der um 1600 erbaute, restaurierte Hof des *Lensmannen (lensmann* = Amtsmann).

Durch das Krossdalen (Maut) gelangt man zum **Folgefonna Sommerskizentrum,** das auf 1200 m Höhe am Fuße des Folgefonn liegt (Skischule, organisierte Touren, Verleih von Skiern, Snowboard und Schlitten, Juni–Sept.,

Am Buerbreen-Gletscher

Tel. 53 66 80 28, www.folgefonna.no).
Im Juli verkehrt ein Bus von Jondal,
vormittags hin, nachmittags zurück.
Bus von Bergen gegen 7.30 Uhr, zurück gegen 16 Uhr.

Jondal Touristinformation: 5627
Jondal, Tel. 53 66 85 31, www.jon
dal.no, Mitte Juni–Mitte Aug. tgl. 9.30–16,
im Juli bis 17.30 Uhr.

Bakketun Overnatting: 5628 Her-
and, Tel. 53 66 81 59, Fax 53 66 81
87. Zwei gemütliche Wohnungen und ein
hübsches Ferienhaus, Platz für 3–6 Pers.,
ab 300–500 NOK, Boot am Fjord.

Camping/Hütten:
Folgefonn Hytte- og Gardscamping:
5627 Jondal, Tel. 53 66 84 23. Wohnungen für 2–10 Pers., sechs Campinghütten
für 4 Pers., Platz für Zelte und Wohnmobile, Boot auf dem Espelands-See.
Vassel Hytter & Camping: 5628 Herand,
Tel. 53 66 81 78, Fax 53 66 81 21. Campingplatz am idyllischen See Herandsvat-
net, 1,5 km vom Fjord entfernt; auch Hütten und Wohnungen für 3–6 Pers. 350–
700 NOK.

Geführte Gletscherwanderungen
auf dem Folgefonna: Mitte Juli–Mitte Aug. tgl. zwei Wanderungen, Mindestalter 12 Jahre. Mitzunehmen sind
warme, wind- und wasserdichte Kleidung, Mütze, Handschuhe und ausrei-
chend Proviant, Verleih von Schuhen
möglich. Anmeldung in der Touristeninformation oder Tel. 52 29 89 21, www.
folgefonni-breforarlag.no.

Fähre Jondal–Tørvikbygd, 20 Min.,
ca. 15 x tgl.
Bus Odda–Utne–Jondal 1 x tgl.

Lofthus

Reiseatlas: S. 234, C 3
Ost- und Westseite des Sørfjords sind
gleichermaßen schön. Die Ostseite ist
vielleicht noch ein wenig berühmter für
ihre Obstplantagen und den Blick über
den Fjord hinauf zu den schneebedeckten Höhen der Folgefonn-Halbinsel. Lofthus, das wie Kinsarvik und Utne zur Gemeinde Ullensvang gehört,
wird auch der ›Obstgarten des Hardanger‹ genannt, weil hier über 20 % aller
Obstbäume in Norwegen stehen. Auf
dem Hof **Opedal** bei Lofthus pflanzten
Mönche des Zisterzienserordens schon
im 13. Jh. die ersten Obstbäume.

Von den Hofgebäuden und der Ka-
pelle sind keine Spuren erhalten, aber
die 616 Stufen, die von Lofthus zur
Hardangervidda hinaufführen, die so
genannte Mönchstreppe, erleichtern
noch heute den Aufstieg am steilen, bewaldeten Berghang zum Nosi (850 m).

An der Mündung des Opo liegt die
zwischen 1250 und 1300 erbaute **Ul-
lensvang-Kirche,** die 1309 erstmals
schriftlich erwähnt wurde (Mai Mo–Fr
10–15, Juni–Aug. tgl. 10–19 Uhr; etwa
einstündige Konzerte Juni–Aug. jeden
Do, nach dem Konzert Kirchenführung
auf Norw., Deutsch und Engl.). Berühmtheit erlangte der ›Hardanger-
dom‹ durch das Gemälde ›Brautfahrt
im Hardanger‹ von Tidemand und Gude, den Hauptvertretern der national
gefärbten Romantik.

Bereits im Jahre 1846 wurde das erste offizielle Hotel in Lofthus gegründet,
das **Hotel Ullensvang** wird mittlerweile in der vierten Generation von der Familie Utne betrieben. In dem modernen

Hotelkomplex mit Schwimmhalle und überdachtem Tennisplatz sind nur noch wenige, allerdings liebevoll gehütete Relikte der älteren Gebäude erhalten. Im Garten steht die winzige und unscheinbare Komponistenhütte, in der Edvard Grieg, der mehrere Sommer lang in Ullensvang wohnte, Teile der ›Peer-Gynt-Suite‹ zu Papier brachte.

Am alten Weg zwischen Lofthus und Ernes, 3 km nördlich von Lofthus, liegt das Freilichtmuseum **Skredhaugen,** eine Privatsammlung des Künstlers Bernhard Greve und seiner Frau Ingrid, sowie eine umfassende Kollektion norwegischer Gemälde. Das schön gelegene Haus diente der Greve-Familie lange Jahre als Sommerdomizil (Juli–Mitte Aug. Sa, So 12–17 Uhr).

 Hotel Ullensvang: 5787 Lofthus, Tel. 53 67 00 00, Fax 53 67 00 01, www.hotel-ullensvang.no. Rauchfreies Hotel. DZ ab 1590 NOK.
Ullensvang Gjesteheim: 5787 Lofthus, Tel. 53 66 12 36, Fax 53 66 15 19, www.ullensvang-gjesteheim.no. Gemütliches Gästehaus am südlichen Ortseingang. EZ ab 440 NOK, DZ ab 660 NOK.

Camping/Hütten:
Lofthus Camping: 5787 Lofthus, Tel. 53 66 13 64, Fax 53 66 15 00, www.lofthus camping.no. Berühmt für seine schöne Lage unter Obstbäumen mit Panoramablick über Fjord und Folgefonn, beheiztes Schwimmbad. Hütten für 2 und 4 Pers., 390/480 NOK.

Wanderungen: Ein günstiger Startpunkt für Wanderungen ist der Campingplatz oberhalb von Lofthus. Von hier ist der teilweise steile Weg über die Mönchstreppen zum Nosi (›Nase‹, 950 m) ausgeschildert (ca. 4 Std. hin und zurück). Der Weg hinauf zur Stavali-Touristenhütte

Im Freilichtmuseum Skredhaugen

(1024 m) auf der Hardangervidda dauert 8–9 Std.

Kinsarvik

Reiseatlas: S. 234, C 3
Das Verwaltungszentrum Kinsarvik gehört auch zur Ullensvang-Gemeinde und bildete schon in vorchristlicher Zeit ein bedeutendes Zentrum im inneren Hardanger mit einem Gerichtsplatz *(ting)*, einem Markt *(kaupang),* einer religiösen Kultstätte sowie einem Standort der königlichen Kriegsflotte *(leidang).* Das in königlichem Dienst stehende Kriegsschiff lag von etwa 900 bis 1350 im Skiparstod, einem Bootshaus, dessen Reste – von der Kirche kommend – links vom Fähranleger zu besichtigen sind.

Die **Kirche** Kinsarviks wurde vermutlich Mitte des 12. Jh. von schottischen Baumeistern im normannisch-romanischen Stil mit Rundbogenfenstern und -türen errichtet. Die Natursteinmauern der Kirche sind bis zu 1,8 m dick. Die Kalkmalereien, die bei der Restaurierung teils wieder zum Vorschein kamen, wurden wahrscheinlich im 13. Jh. in Auftrag gegeben (Juni–Aug. tgl. 10–19 Uhr). Im 17. und beginnenden 18. Jh. war Kinsarvik der wichtigste Holzausfuhrhafen im Hardanger, und im 19. Jh., als der Maler, Musiker und Dichter Lars Kinsarvik (1846–1925) die alten Handwerkstraditionen wiederbelebte, entwickelte sich der Ort zu einem bekannten Zentrum der Holzschnitzkunst.

Für Kinder erlebenswert ist der **Hardanger Ferienpark** mit Tieren, Rutschen, Booten etc. oberhalb vom Fähr-

anleger (Juni–Mitte Aug. tgl. 10.30–18.30 Uhr, www.park.hardanger.net).

Wanderung durchs Husedal

Für Spaziergänge und Wanderungen bietet sich das **Husedal** an, durch das sich der reißende Kinso über mehrere Wasserfälle von der Hardangervidda hinab seinen Weg zum Fjord bahnt. Das Husedal zieht sich von Kinsarvik zur Hardangervidda hinauf. Auf bequemen Wegen passiert man innerhalb von 3 Std. vier imponierende Wasserfälle.

Vor fast 100 Jahren wurde am ersten der vier Kinso-Wasserfälle, dem **Tveitofossen,** ein kleines Kraftwerk gebaut. Die Autostraße führt zwar direkt bis zum Wasserfall, wegen fehlender

Wendemöglichkeit sollte man das Auto aber am Parkplatz stehen lassen (ca. 4 km vom Zentrum, hin und zurück ca. 2 Std.). Vom Tveitofossen passiert man auf dem Weg zur Stavali Touristenhütte auf der Hardangervidda drei weitere Wasserfälle: Nyastølsfossen, Nykkjesøyfossen und den Søtefossen.

🛈 **Turistinformasjon Ullensvang:** im Zentrum, 5780 Kinsarvik, Tel. 53 66 31 12, Fax 53 66 32 03, www.visitullensvang.no, in der Hauptsaison tgl. 9–19 Uhr, Vor- und Nachsaison Mo–Fr 9–16 Uhr.

🛏 **Kinsarvik Fjord Hotel:** 5780 Kinsarvik, Tel. 53 66 31 00, Fax 53 66 33 74, www.kinsarvikfjordhotel.no. Großer Hotelkomplex direkt am Fähranleger, 70 Zimmer, DZ ab 1400 NOK. Wellnessbereich mit Sauna, Solarium und Fitness, Cafeteria, ab und an Livemusik und Tanz.

Camping/Hütten:
Hardangertun: Tel. 53 67 13 13, Fax 53 67 13 14, www.hardangertun.no. Camping und 27 komfortable Ferienhütten für bis zu 8 Pers. in unmittelbarer Nähe des Hardanger Ferienparks, 950–1200 NOK. Schwimmbecken, Sauna, Verleih von Kajaks, Kanus, Ruder- und Motorbooten.
Kinsarvik Camping: Tel./Fax 53 66 32 90, www.kinsarvikcamping.no. 33 einfach ausgestattete Hütten sowie komfortable Ferienhäuser mit Sauna, für 4–8 Pers. 350–990 NOK, 50 m vom Fjord entfernt.

🛍 Mehrere große **Kunstgewerbeläden** bieten reiche Auswahl an Hardanger-Kunst und Kunsthandwerk.
Fabrikverkauf von Hardangerbesteck: Besichtigung beim größten Besteckproduzenten Norwegens (www.hardangerbestikk.no, Führung Juni–Aug. Mo–Fr 13.30 Uhr, Dauer 30–45 Min., gratis, Treffpunkt im Zentrum bei Hardanger Souvenir). Berühmt ist das Königsbesteck aus Zinn mit historischen Motiven.

🚢 **Fähren:** Kinsarvik–Utne–Kvanndal, 50 Min., ca. 8 x tgl., Bruravik–Brimnes, 10 Min., 42 x tgl.

Eidfjord

Reiseatlas: S. 235, D 3
Eidfjord ist Verwaltungs- und Versorgungszentrum der gleichnamigen Gemeinde. Die alte **Kirche** (Kirchenschlüssel im Touristenbüro) aus dem ersten Jahrzehnt des 13. Jh. ist dem Apostel Jakob geweiht.

Lachsfluss im Husedal bei Kinsarvik

Die größten Attraktionen Eidfjords, das im Sommerhalbjahr von vielen Kreuzfahrtsschiffen angelaufen wird, findet man in der näheren Umgebung. Eine gut ausgebaute Straße führt etwa 6 km am Simafjord entlang zum 1983 fertig gestellten **Sima-Kraftwerk.** Die Maschinenhalle des Werks wurde 700 m in den Fels hineingesprengt; sie ist 200 m lang, 20 m breit und 40 m hoch. Der jährlich produzierte Strom von etwa 2700 Mio. kWh macht annähernd anderthalbmal den Jahresverbrauch einer Stadt wie Bergen aus. Im Sommer werden u. a. deutschsprachige Führungen angeboten (Mitte Juni–Mitte Aug. tgl. 10, 12 u. 14, im Juli auch 15.30 Uhr, Info Tel. 53 67 34 00). Beeindruckend ist der Film über den Bau der Anlage, deren Wasserreservoirs in der Hardangervidda liegen.

Kurz bevor man zum Kraftwerk kommt, zweigt die Straße nach **Kjeåsen** ab. Der seit dem 14. Jh. bewohnte Berghof klammert sich etwa 600 m über dem Fjord an den abschüssigen Wiesenhang. Der harte Kampf um das tägliche Brot war vermutlich weniger paradiesisch als die Aussicht von hier oben. Bis die Bewohner im Jahre 1974 im Rahmen des Kraftwerkausbaus eine Straßenanbindung erhielten, mussten sie den steilen Pfad vom Simafjord mit allem auf dem Rücken, was sie zum Leben brauchten, hinaufsteigen. Den alten Fußpfad zum Hof gibt es noch, der Aufstieg (Abzweig nahe dem Kraftwerk) dauert ca. 2 Std.; Bus von Eidfjord (Hinfahrt zu jeder vollen, Rückfahrt zu jeder halben Stunde; Autofahrer sollten sich diesem Rhythmus anpassen, da die Straße teilweise einspurig verläuft.).

Am oberen Ende des Sees Eidsfjordvatnet liegt **Øvre Eidfjord** mit etlichen schön gelegenen Campingplätzen. Das **Naturzentrum der Hardangervidda** mit Hardangerviddahalle (Restaurant/Souvenirs) informiert über Natur und Lebensbedingungen in den Fjorden, Seen und Tälern Westnorwegens sowie über das arktische Ökosystem der Hardangervidda (auch Touristinfo, Tel. 53 66 59 00, Fax 53 66 59 84, www.hardangervidda.org, Juni–Aug. tgl. 9–20, April, Mai, Sept., Okt. 10–18 Uhr).

Spannend ist eine Fahrt durch das wilde und unwirtliche **Hjølmodal** (insgesamt ca. 10 km, für Wohnwagen nicht geeignet). Etwa 4 km hinter Øvre Eidfjord passiert man den Vedalsfossen mit einer Gesamtfallhöhe von 650 m. Am Parkplatz kurz vor dem Ende der befahrbaren Straße im Hjølmodalen führt ein markierter Wanderweg zum grandiosen Wasserfall Valurfossen, die Wanderung dorthin dauert etwa 1,5 Std. Von Hjølmoberget am Ende der befahrbaren Straße geht es auf markiertem Pfad in ca. 1,5 Std. zur Viveli-Hütte (880 m), ein guter Ausgangspunkt für mehrtägige Wandertouren über die Hardangervidda.

Eidfjord Turistinformasjon: Eidfjord, Tel. 53 67 34 00, Fax 53 67 34 01, www.visiteidfjord.no, Mitte Juni–Mitte Aug. Mo–Fr 10–20, Sa, So 10–19 Uhr, Vor- und Nachsaison etwas reduziert, Okt.–April Mo, Mi und Fr 9–16 Uhr. In Øvre Eidfjord: im Naturzentrum (s. o.).

Vik Pensjonat og Hyttetun: 5783 Eidfjord, Tel. 53 66 51 62, Fax 53 66 51 51, www.vikpensjonat.com. Hübsche Pension mit Café im Zentrum von Eidfjord, DZ ab 900 NOK, außerdem Hütten und Wohnungen für 2–6 Personen mit Dusche und WC, ab 650 NOK.

Camping/Hütten:
Eidfjord Hyttegrend: 5783 Eidfjord, Tel. 53 66 53 40, Fax 53 66 54 04, www.eidfjord.com. Netter Platz mit Hütten (2–3 Schlafräume, in der Hauptsaison ab 800 NOK) am Hang oberhalb des Eidfjordsvatnet, mit Boot und Angelmöglichkeit.
Sæbø Camping: 5784 Øvre Eidfjord, Tel. 53 66 59 27, www.saebocamping.com. Schöne Lage am Eidfjordsee, 13 Hütten (4–8 Betten) für 320–750 NOK, Wiesenplatz für Zelte und Wohnmobile, Spielplatz, Bootsvermietung, Angelmöglichkeit.

Zum Vøringfossen

Reiseatlas: S. 235, D 3
Eng, dunkel, unwegsam und steil ist das **Måbødal,** das von Eidfjord zum berühmten Vøringfossen am Rande der Hardangervidda führt. Die erste Straße durch das Måbødal entstand 1887–1914 und wurde regelrecht in den Berg gesprengt. Wanderer, Radfahrer und Passagiere des **Trollzuges** *(Trolltoget)* können die wild-schöne Landschaft auf der alten Straße (heute für Autos gesperrt) genießen (Juni–Aug. Abfahrt des Zuges vom Måbøgård zu jeder halben Stunde, Abfahrt vom Vøringfoss zu jeder vollen Stunde). Die neue, 1986 fertig gestellte R 7 führt durch insgesamt vier lange Tunnel.

Der etwa 10 km von Eidfjord entfernte **Måbøgård** stammt noch aus der zweiten Hälfte des 18. Jh. und gewährte vor allem den Reisenden zwischen Ost- und Westnorwegen Unterkunft und Verpflegung. Der bis zum Jahre 1970 bewohnte Hof bildet einen Teil des **Kulturlandschaftsmuseums**

Blick auf den Vøringfossen

Blicke auf den Vøringfossen

Aus dem Måbødal kommend, weist ein Schild an der R 7 zum Vøringfossen (Parkstreifen). Von hier aus kann man zum Wasserfall gelangen und ihn – wie einst die ersten Touristen im 19. Jh. – von unten bewundern, hin und zurück ca. 1,5 Std. Ein Stück weiter Richtung Fossli Hotel lässt sich bei Fossatromma (*foss* = Wasserfall; *trom* = Kante) der Wasserfall von oben betrachten (Souvenirverkauf, Cafeteria). Vom Hotelparkplatz des Fossli Hotels hat man Zugang zum wohl schönsten Blick über das Måbødal und den Vøringfossen.

(Kulturlandskapsmuseum) im Måbødal, das in anschaulicher Weise auf insgesamt über 20 Informationstafeln entlang der Straße die Weg- und Kulturgeschichte dieser Region schildert, Dauer ca. 2 Std. pro Strecke.

Der Wasserfall **Vøringfossen,** der heute neben dem Holmenkollen in Oslo und dem Trollstigen zu den drei bekanntesten und meistbesuchten Sehenswürdigkeiten Norwegens zählt, gehört zu den für das Sima-Kraftwerk regulierten Gewässern und ist nur in der Touristensaison zu bewundern (1. Juni–15. Sept.). Nachdem mehr als 100 000 Menschen mit ihren Unterschriften gegen den Ausbau des Wasserfalls protestiert hatten, einigte man sich schließlich darauf, den Touristen eine Mindestwassermenge von 12 Ku-

bikmetern pro Sekunde vorzuführen, was zwar während der Schneeschmelze im Frühjahr einiges weniger, im Sommer aber durchaus mehr ist als in Zeiten vor der Regulierung.

Gegen Ende des 19. Jh. zog es trotz der sehr beschwerlichen Anreise immer mehr Touristen zum Vøringfossen. Um 1890, als sich Ola Garen an den Bau eines Hotels oberhalb des Wasserfalls machte, entstand der erste Reitweg hinauf zum Hochplateau der Hardangervidda. Das im Jahre 1891 fertig gestellte **Fossli Hotel** wird heute bereits in der vierten Generation geführt.

Fossli Hotel: 5785 Vøringfoss, Tel. 53 66 57 77, www.fossli-hotel.com. Traditionsreiches Hotel in grandioser Lage oberhalb des Vøringfossen am Rand der Hardangervidda, EZ ab 620, DZ ab 960 NOK.
Garen Gaard & Hyttesenter: Tel. 53 66 57 21, Fax 53 66 51 95, E-Mail: garen. gaard@c2i.net, zwölf winterisolierte Familienhütten am Vøringfossen, 50/60 m^2, 3 Schlafzimmer mit 5–7 Betten, Bad mit Dusche und WC, ab 700/800 NOK.

Über die Hardangervidda

Reiseatlas: S. 235, D 2–E 3
Die R 7, die direkt über die Hardangervidda führt, ist die kürzeste Verbindung (allerdings nicht fährfrei) zwischen Oslo und Bergen. Auch diejenigen, die nicht wandern wollen, können die endlose Weite dieses faszinierenden Hochgebirgsplateaus erleben. Wanderern bieten sich fantastische Möglichkeiten für Touren jeder Länge.

Und auch für Angler, Reiter und Mountainbiker ist die Hardangervidda ein Eldorado. Von **Haugastol** (Station der Bergenbahn), auf 1000 m Höhe, führt der **Rallarvegen,** der alte, für Wanderer und Radfahrer instand gehaltene Transportweg, der einst die Erbauer der Bergenbahn nutzten, über Finse nach Myrdal (70 km) bis hinunter nach Flåm (ab ca. 15. Juli geöffnet).

Das nur mit der Bahn zu erreichende winzige Dorf **Finse** am höchstgelegenen Bahnhof Norwegens (1222 m) mitten in der kargen, arktisch anmutenden Hardangervidda entstand mit dem Bau der Bergenbahn zu Beginn des 20. Jh., als entlang der Bahnstrecke staatliche Herbergen *(Statens Fjeldstuer)* errichtet wurden. Hier haben die Polarforscher Nansen, Scott und Amundsen für ihre Expeditionen trainiert. Finse ist nach wie vor ein populäres Ziel für Wanderer und Skifahrer. Zunehmender Beliebtheit erfreut sich in den letzten Jahren auch die auf Skiern veranstaltete Parade zum Gletscher Hardangerjokulen, die am 17. Mai, dem norwegischen Nationalfeiertag, stattfindet. Die Bewohner Finses sind für die Räumung der Bahnstrecke zuständig, die in den Wintermonaten ihren Einsatz rund um die Uhr erfordert. Die einzigartige Geschichte des Bahnbaus und der kleinen Bahnstation Finse ist im **Eisenbahnmuseum** (Rallarmuseet) dokumentiert (Juli–Sept. tgl. 10–22 Uhr, www.rallar museet.no).

Finse 1222 AS: 5719 Finse, Tel. 56 52 71 00, Fax 56 52 71 10, www.fin se1222.no. Das in 1222 m Höhe gelegene Berghotel gibt es so lange wie die Bergenbahn. DZ ab 1800 NOK.

Ulvik

Reiseatlas: S. 235, D 2

Der liebliche Fjordort Ulvik (*ulv* = Wolf), dessen Bewohner überwiegend vom Obstbau, der Schafzucht und der Forstwirtschaft leben, ist einer der traditionsreichsten Touristenorte in Norwegen. Durch sein mildes Klima, die blühenden Obstgärten und seine großzügige Gastfreundschaft hatte er sich bereits gegen Ende des 19. Jh. einen weithin gerühmten Namen gemacht.

Die Kirche wurde 1859 fertig gestellt und 1923 mit Bauernmalereien des einheimischen Künstlers Lars Osa dekoriert (im Sommer tgl. geöffnet). Die Ursprünge der 1901 gegründeten **Staatlichen Gartenbauschule in Hjeltnes** gehen auf Norwegens älteste, bereits im Jahre 1765 ins Leben gerufene Obstbaumschule zurück.

Im Nachbardörfchen **Osa** findet man außer einer Kunstgalerie (Hjadlande Galleri for Samtidskunst, Mai–Sept. tgl. geöffnet) ein bemerkenswertes Kunstwerk unter freiem Himmel: **Stream Nest,** die aus 23 000 Mauersteinen und 3000 Baumstämmen erbaute Olympiaskulptur, wurde nach der Olympiade in Lillehammer 1994 hierher gebracht und vor grandioser Bergkulisse samt Musik installiert. In der Anlage findet man außerdem einen Kräutergarten sowie ein Schwimmbecken (Mitte Mai–Anf. Sept. Di–So 10.30–16 Uhr, Eintritt).

Ulvik Turistkontor: im Zentrum, 5730 Ulvik, Tel. 56 52 63 60, Fax 56 52 66 23, www.visitulvik.com, Mitte Mai–Mitte Sept. Mo–Sa 8.30–17, So 13–17 Uhr, sonst Mo–Fr 8.30–13.30 Uhr. Auch Verleih von Fahrrädern.

Rica Brakanes Hotel: 5730 Ulvik, Tel. 56 52 61 05, Fax 56 52 64 10, www.brakanes-hotel.no. Modernes, gepflegtes Hotel mit 142 Zimmern und großer Terrasse direkt am Fjord, Restaurant, Schwimmbad, Fitnessraum, Wellness-Bereich. EZ 1045, DZ 1650 NOK.

Ulvik Fjord Pensjonat: 5730 Ulvik, Tel. 56 52 61 70, www.ulvikfjordpensjonat.no. Hübsches Holzhotel, Bootsverleih, durch die Hauptstraße vom Fjord getrennt, Restaurant, Mai–Sept. DZ ab 840 NOK. Gegenüber **Ulvik Camping,** Tel. 91 17 96 70, www.ulvikcamping.no.

Bed and Breakfast: Die Touristeninformation vermittelt Privatunterkünfte, es gibt einen ausführlich bebilderten Ordner mit vielen attraktiven Angeboten.

Husflidsnovæ: Verkauf von Holzarbeiten, Hardanger-Stickerei, Silberschmuck, Bildern, (Wand-) Teppichen – mehr als 30 Handwerker aus der Region haben sich in der Ortsmitte zusammengetan. In Ulvik arbeiten mehrere Weberinnen, Besuch der Werkstätten nach Absprache möglich, Info im Touristenbüro.

Ulvik und Umgebung: Hier wurden mehrere Kulturlandschaftspfade angelegt, deren Attraktionen in einem Handbuch beschrieben sind. Beschreibungen einzelner Wanderungen erhältlich in der Touristeninformation.

Osa: Mitte Mai–Mitte Aug. Mo–Fr Minibus in die kleine Ortschaft Osa. Preis inkl. Eintritt in die Hjadlane Galerie und Stream Nest. Es bleibt Zeit für einen Spaziergang im Tal Norddalen. Abfahrt an der Ulvik Touristeninfo gegen 11.30 Uhr, Rückfahrt ab Osa gegen 14 Uhr.

Ornithologentreff: Vogelbeobachtung *(fuglekikking),* Hardangervidda (Juli) und Voss (Mai–Sept.), Halb- bzw. Ganztagestouren, Anmeldung in der Touristeninformation, Tel. 56 52 63 60. Auf der Hardangervidda findet man typische Fjellvögel wie Goldregenpfeifer, Berglerche, Spornammer, in Voss Sumpf- und Waldvögel wie Blaukehlchen, Weißrückenspecht und Gelbspötter.

Granvin

Reiseatlas: S. 234, C 2

Der ruhige, von Weiden, Äckern und bewaldeten Hängen umgebene Ort am Granvinfjord bietet keine spektakulären Sehenswürdigkeiten. Mitten im Zentrum befindet sich der **Granvin Bygdatun,** ein alter Hof mit fünf Gebäuden, das älteste ist die Holvenstova aus dem 18. Jh. Ein Gedenkstein erinnert an den Meisterspieler: Anders Kjerland, (Mitte Juni–Mitte Aug. oder nach Absprache, Tel. 56 52 40 00). Die Hardangerfiedel im Gemeindewappen weist auf die lange Tradition berühmter Fiedelspieler hin.

Die Kirche liegt einige Kilometer vom Ort entfernt sehr idyllisch am Granvin-See. Sie stammt aus dem frühen 18. Jh., das Taufbecken aus dem Mittelalter und das Kruzifix aus dem Spätmittelalter. Die mittelalterlichen Glocken gelten als Norwegens älteste (geöffnet nach Absprache, Tel. 56 52 51 14).

Granvin Turistkontor: Postboks 8, 5733 Granvin, Tel. 56 52 53 60, Fax 56 52 53 31, www.granvin.kommune. no, Mai–Sept. tgl. 11–20, sonst 11–15 Uhr.

Jaunsen Hotell & Gjestgjevarstad: 5736 Granvin, Tel. 56 52 51 15, www.jaunsen.no. An der Straße Richtung Voss, seit 1674 werden hier Gäste bewirtet, kleiner gemütlicher Familienbetrieb, 7 Zimmer mit Bad, DZ 980 NOK.

Camping/Hütten:
Espelandsdalen Camping: 5736 Granvin, Tel. 56 52 51 67, www.espelandsdalencamping.no. Am See Espelandsvannet, an der seit der Eröffnung des Granvintunnels ruhig gewordenen R 572, Hütten mit Aussicht auf den See für 250 NOK.

 Landwirtschaftliche Produkte aus der Region: selbstgebackenes Flatbrød/›Flachbrot‹, Ziegenkäse, Gemüse, Obst bei **Kjerland Gardsbutikk,** Granvin, Tel. 56 52 53 36, Mo–Fr 9–17, Sa 9–14 Uhr.

Mit den **Fähren** Kinsarvik–Utne–Kvanndal, 50 Min., 8 x tgl.; Bruravik–Brimnes, 10 Min., 42 x tgl.

Von Kvanndal nach Bergen

Reiseatlas: S. 234, C 3
Vom Fährort Kvanndal führt die R 7 bis Norheimsund immer am Samlafjord entlang. Der Fjord ist weit und von bewaldeten Hügeln gesäumt, die Straße zum Teil kurvig und schmal, Zugänge direkt zum Wasser oder Bademöglichkeiten sind rar.

Zusammen mit Norheimsund (ca. 3200 Einw.) bildet **Øystese** (ca. 3000 Einw.) das relativ dicht besiedelte Zentrum der Kvamgemeinde im mittleren Hardanger. Øystese liegt im Innern einer breiten Bucht mit Blick auf den Folgefonn-Gletscher. Im **Kvam Bygdemuseum** findet man neben historischen Sammlungen von Gebrauchs- und Schmuckgegenständen auch verschiedene Wohn- und Wirtschaftsgebäude, von denen die ältesten aus dem 17. Jh. stammen (Mitte Juni–Mitte Aug.

Mi 12–16 Uhr oder nach Absprache, Tel. 56 55 30 00).

Im **Ingebrigt-Vik-Museum** (an der R 7) sind ca. 140 Skulpturen des aus Øystese stammenden Bildhauers untergebracht. Trotz großer Aufträge – etwa die Statue des Musikers Edvard Grieg in Bergen oder die des Malers Hans Gude in Oslo – stand Ingebrigt Vik (1867–1927) wie viele seiner Zeitgenossen im Schatten seines Kollegen Gustav Vigeland (in der Saison Di–So 10–15 Uhr).

Die größte Sehenswürdigkeit von **Norheimsund** ist der Wasserfall **Steindalsfossen,** der etwa 3 km vom Ortszentrum entfernt an der R 7 Richtung Bergen liegt. Ein Fußweg führt unter dem Wasserfall hindurch.

In der **Museumswerft Hardanger Fartøyvernsenter** am Fjord werden alte Boote restauriert. Wer sich dafür interessiert, kann während der normalen Arbeitszeiten sicherlich viel Wissenswertes erfahren. Es werden auch 2-Stunden-, Tages- und Wochen-Fahrten mit Traditionsschiffen angeboten (s. u., Ende Mai–Ende Aug. tgl. 10–17 Uhr, Tel. 56 55 33 50, www.fartoyvern.no). Zu Mittsommer findet hier ein großes Holzbootfestival statt.

Øystese Turistinformasjon: 5610 Øystese, Tel. 56 55 59 10, Fax 56 55 84 40, www.kvam-reiselivskontor.no, Hauptsaison Mo–Fr 9–20, Sa 9–18 Uhr.
Norheimsund Turistinformasjon: 5600 Norheimsund, Tel./Fax 56 55 19 88, Sommer Mo–Fr 10–18, Sa 10–16 Uhr.

Hardanger Feriesenter: 5600 Norheimsund, Tel. 56 55 13 84, Fax 56 55 13 64, www.hardangerferiesenter.no, ganzjährig. Ferienhäuser und Bootsverleih am Fjord zwischen Norheimsund und Øystese, 600–1400 NOK; das Ferienzentrum ist bestens für Angler ausgestattet: Boote für 3–5 Pers., Filetierbank, Tiefkühltruhe, Angelausrüstung.

Camping/Hütten:

Mo Camping: 5600 Norheimsund, Tel. 56 55 17 27. Hübscher Campingplatz am See Movatn etwa 1 km von Norheimsund an der R 7 Richtung Bergen, auch Zimmer mit Küche für 4 Pers.

Oddland Camping: Vikøyvn., 5600 Norheimsund, Tel. 56 55 16 86, April–Okt. Hütten für 2–4 Pers. 250–500 NOK. Mit Fjordblick und eigenem Strand, Ruderbootverleih. 4 km von Norheimsund.

Fjordtour durch den engen **Fyksesund,** von Norheimsund nach Botnen: Fr und So, Info Tel. 56 55 57 44. Das Boot hat morgens Anschluss an den Bus aus Bergen.

Reiten auf dem Børve Gard: Øystese, 1 km vom Rv 7, ganzjährig geöffnete Reitschule, kurze und lange Touren, Info und Anmeldung Tel. 56 55 54 27.

Schnellfähre: Norheimsund–Utne–Kinsarvik–Lofthus–Ulvik–Eidfjora, 1 x tgl., nur im Sommer, www.hsd.no.

Voss

Reiseatlas: S. 234, C 2

Idyllisch am Ostende des Sees Vangsvatnet eingebettet, liegt das stadtähnliche Verwaltungs-, Schul- und Handelszentrum Voss (ca. 5000 Einw.), das sich im vergangenen Jahrzehnt zu einem sommers wie winters attraktiven Touristenort entwickelt hat. Der Ortskern wurde im April 1940 durch einen Bombenangriff der Deutschen zerstört und bietet daher wenig Sehenswertes. Schön sind die Grünanlagen am See, an dem auch der Campingplatz liegt. Hier kann man Ball spielen, sich sonnen oder spazieren gehen.

Die Vosser sollen im Jahre 1023 von Olav dem Heiligen bekehrt worden sein. Aus dieser Zeit stammt wahrscheinlich das **Olavskreuz** zwischen dem Tinghus (Rathaus) und dem dahinter liegenden Postamt. Die 1277 eingeweihte **Vangs-Kirche** wurde im frühgotischen Stil errichtet, ihre Mauern sind stellenweise über 2 m dick, (Juni–Aug. 10–16 Uhr).

Imponierend ist die zweistöckige mittelalterliche Halle **Finnesloftet** (etwa 1 km westlich vom Bahnhof direkt an der Straße) aus der Mitte des 13. Jh., das einzig intakte Gebäude des Hofes Finne. Im Mittelalter war dies ein bedeutender Großgrundbesitz (für Gruppen auf Anfrage geöffnet, Tel. 56 51 16 75).

Etwa 1 km südlich vom Zentrum befindet sich das **Dagestad-Museum,** das die vielseitigen Arbeiten des Kunsthandwerkers Magnus Dagestad (1865–1957) zeigt. Dagestad war Leiter einer Tischler- und Holzschnitzerschule in Voss, später Direktor der norwegischen Kunsthandwerksschule (Mai Di–Do 10–14, Juni–Aug. Di–Sa 10–14 Uhr).

Mit der Gondel der **Hangursbahn** nördlich vom Bahnhof gelangt man sehr bequem auf den Gipfel des 660 m hohen Hanguren (im Sommer tgl. 11–17 Uhr alle 15 Min.; Panoramacafé). Die Fahrt hinauf lohnt allein schon wegen der prächtigen Aussicht, bietet sich aber auch hervorragend für diejenigen an, die gern wandern, sich aber einen steilen Aufstieg ersparen wollen (s. Wanderungen).

Ausgesprochen sehenswert ist der zum **Voss Folkemuseum** gehörende, bis 1927 bewirtschaftete Hof **Mølstertunet,** der einen weiten Blick über die landwirtschaftlich genutzten Hänge, die bewaldeten Berghöhen und freundlichen Täler eröffnet. Mølster wurde spätestens seit Beginn des 16. Jh. bewirtschaftet. Die insgesamt 16 bis zu 400 Jahre alten Gebäude sind noch original erhalten. Im Hauptgebäude kann man eine sehr schöne Sammlung mit etwa 18 000 kunsthandwerklichen Ausstellungsstücken bewundern. Der geschnitzte ›Reitende Hochzeitszug aus Voss‹ von Gudleik Brekkhus ist sicherlich eines der faszinierendsten Objekte (Mitte Mai–Mitte Sept. tgl. 10–17 Uhr, sonst Mo–Fr 10–15, So 12–15 Uhr; Café). Das Museum ist zu Fuß von Voss (2 km) oder mit dem Auto zu erreichen (3,5 km).

Voss Turistinformasjon: im Rathaus, Uttrågate, 5700 Voss, Tel. 56

Vorfahrt für Ziegen und Schafe: Vikafjellstraße zwischen Voss und Sognefjord

52 05 00, Fax 56 52 08 01, www.visitvoss.
no, Juni–Aug. Mo–Fr 8–19, Sa 9–19, So
14–19, sonst Mo–Sa 8.30–15.30 Uhr.

Fleischer's Hotel: 5700 Voss, Tel.
56 52 05 00, Fax 56 52 05 01, www.
fleischers.no. Traditionsreiches Prachthotel in Bahnhofsnähe direkt am See.
Schwimmbad, Sauna, Aktivitäten für Kinder, DZ 1490 NOK; Appartements mit
Balkon für 2–4 Pers. 395–495 NOK pro
Pers.

Voss Vandrerhjem: Evangervegen 68,
5700 Voss, Tel. 56 51 20 17, Fax 56 51 08
37, www.vossvandrerhjem.no. Direkt am
Vangsvatnet, 40 Zimmer, mit Fahrrad-,
Boot- und Kanuverleih, EZ 445 (475 NOK
für Nichtmitglieder), DZ 590 (640 NOK), im
Mehrbettzimmer 215–255 NOK pro Pers.

Eenstunet: 5710 Skulestadmo, Tel. 56 51
68 34, www.eenstunet.no. Idyllischer Hof
6 km nördlich von Voss. Man wohnt im
Bualoftet aus dem frühen 19. Jh. Schön
ausgestattete Wohnungen für 4–9 Pers.
ab 500 NOK.

Mjølfjell Ungdomsherberge: Mjølfjell,
5700 Voss, Tel. 56 52 31 50, www.mjol
fjell.no. Jugendherberge und Berggasthof
zwischen Voss und Finse (38 km ab Voss-
Zentrum), am Rallarvegen und der Bergenbahn, bestens für Naturaktive: Fahr-
rad- und Pferdevermietung, geführte
Wander- und Angeltouren, ab 310 NOK
pro Pers.

Camping/Hütten:

Voss Camping: 5700 Voss, Tel. 56 51 15
97, www.vosscamping.no. Camping am
See, auch Hütten für 4 Pers. (450 NOK),
5 Min. zu Fuß ins Zentrum, Bootsverleih.

Voss ist ein Eldorado für Aktive, die
Palette reicht vom Segelflug, über
Paragliding und Fallschirmspringen zu
Raften und Kajakfahren.

Rafting-/Adventure-Touren: Wildwas-
serfahrten für Anfänger und Fortgeschrittene, Schluchtwandern, Wasserfallklet-
tern, Angel- und Bergausflüge (Halb- und
Ganztagestouren mit ortskundigem Berg-
führer und Verpflegung) sowie Angel- und
Kanufahrten für die ganze Familie. Info:
Voss Rafting, Tel. 56 51 05 25, www.voss
rafting.no.

Reiten in den Bergen und Erlebnishof:
Voss Fjellhest und Engjaland Gard, 5713
Vossastrand, Tel. 56 51 91 66, 90 75 48 40,
www.fjellhest.com. Der Engjaland Gard
bietet auf einem weitläufigen, familien-
freundlichen Gelände verschiedene Pfer-
derassen, Minischweine, Hühner, Schafe,
Gänse und Kaninchen, einen Reitplatz für
die Kleinsten, Hofrestaurant im Juli und
August, Voranmeldung erwünscht, Eintritt.
Kürzere und längere Bergtouren per Pferd,
mit Übernachtung in der Berghütte oder
im Wildnis-Zeltlager.

Meeres-/Fjordpaddeln: Meeres-Kajak-
Touren mit Führung, Halbtages- oder Ta-
gestouren, auch 2-tägige Touren; Verleih
von Kajaks und Ausrüstung. Info Nordic
Ventures As, Tel. 56 51 00 17 oder 95 20
80 36, www.nordicventures.no.

Parasailing auf dem Vangsvatn: Touren
Mai–Okt. Mo–Sa 9–23, So 12–20 Uhr, Info Nordic Ventures, Tel. 56 51 00 17, 95
20 80 36, www.nordicventures.com.

Paragliding: Voss gilt als einer der besten
Orte in Norwegen fürs Paragliding mit
leicht zugänglichen Startplätzen und guter Thermik, Info Nordic Ventures, s. o.

Wintersport: Oberhalb von Voss – zwischen Hanguren und Bavallen – erstreckt
sich ein schönes Skigebiet, für Alpinfah-
rer und Langläufer. Im Gebiet des Hanguren führen mehrere Sessellifte in die Berge hinauf, die von Ende Nov. bis Ende
April in Betrieb sind. Die **Skischule Voss**
befindet sich in der Gipfelstation der Han-
gurenbahn. Unterricht in Alpin, Telemark
und Snowboard, Skiverleih. Das Tou-

ristenbüro verschickt eine gesonderte Winter-Broschüre.

Wanderungen: Als Abstieg vom **Hanguren** werden zwei Routen empfohlen: über Bavallen nach Voss (Zentrum), 3,5–4 Std., und nach Raugstad/Mølster, 2,5–3 Std. Den Weg über Mølster kann man mit einem Besuch im Museum verbinden.

 Der Bahnhof in Voss ist Ausgangspunkt für Bahn- und Busreisen. **Bahn:** tgl. mehrere Verbindungen nach Bergen und Oslo.

Expressbusse: tgl. u. a. nach Bergen, Lillehammer und Sogndal (dort umsteigen nach Oslo).

Fahrplanauskunft öffentlicher Transport: Tel. 177, außerhalb von Hordaland oder vom Handy Tel. 55 55 90 70.

Krankenhaus (sykehus), Sykehusvegen (nördlich des Stadtzentrums), Tel. 56 53 35 00.

Zum Sognefjord

Reiseatlas: S. 234, C 2

Auf dem Weg Richtung Sognefjord lohnt ein Abstecher zum Museumshof **Nesheimtunet,** der sehr malerisch oberhalb des Sees Lønavatnet, 16 km nördlich von Voss, liegt. Auf dem Nesheimhof mit seinen insgesamt zwölf Gebäuden (das älteste stammt aus dem Jahr 1688) wirtschaftete nur ein Bauer.

In **Vinje,** 18 km nördlich von Voss, muss man sich für eine Route zum Sognefjord entscheiden. Die R 13 führt in nördlicher Richtung ohne Umwege über das karge, faszinierende **Vikafjell** nach Vik und weiter zum Fährort Vangsnes am mittleren Sognefjord. Die im Winter gesperrte Vikafjellstraße, die

gerne von Ziegen belagert wird, erreicht nach grandiosen Serpentinen in 986 m Höhe ihren höchsten Punkt, gleichzeitig die Provinzgrenze zwischen Hordaland und Sogn og Fjordane.

Die andere Route verläuft auf der E 16 von Vinje nach **Gudvangen** am Nærøyfjord, einem Arm des Sognefjords. Einige Kilometer hinter Vinje zweigt die Straße zum 300 Jahre alten **Oppheim-Pfarrhof** ab, der zum Voss Folkemuseum gehört. Im Sommer werden an einzelnen Tagen Führungen durch die Hofgebäude angeboten, eine Besichtigung der äußeren Hofanlage ist jederzeit möglich (Info über Öffnungszeiten/Führungen im Voss Folkemuseum).

Ein Abstecher, der Nerven kostet – Fahrern mit Wohnwagen im Schlepptau ist davon abzuraten –, führt in 13 Haarnadelkurven hinauf nach **Stalheim.** Grandios sind die Wasserfälle Stalheimfossen und Sivlefossen. Über der Schlucht thront das 1960 erbaute Stalheim Hotel, von dem aus sich eine atemberaubende Sicht über das enge Nærøytal und den zuckerhutförmigen Jordalsberg eröffnet (Zugang auch für Nicht-Hotelgäste). Das erste Hotel an dieser Stelle wurde im Jahre 1885 errichtet. Auf Grund der einzigartigen Lage zog das an der Poststraße Christiania/Oslo–Bergen gelegene Hotel schon bald Touristen aus ganz Europa an, unter ihnen auch Kaiser Wilhelm II., der 25 Jahre in Folge zu den erlauchten Gästen zählte. Im **Stalheim Folkemuseum** gegenüber vom Hotel sind etwa 25 alte Häuser aus dem 17./18. Jh. zu besichtigen (www.stalheim.com, Führungen nach Absprache mit dem Hotel).

Sogn og Fjordane – Am Fuße des Gletschers

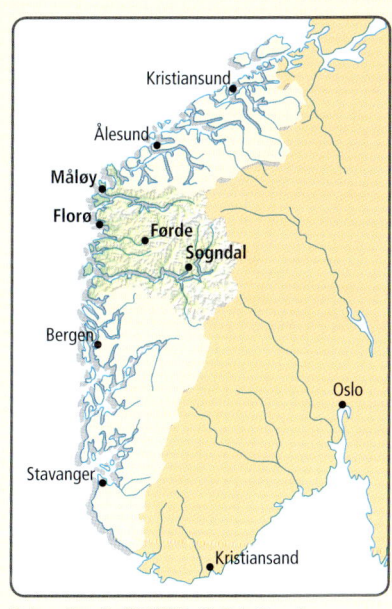

Am Fuße des
Briksdalsbreen

Reiseatlas S. 234/235, C–E 1–2 und
S. 236/237, A–D 2–4

DER SOGNEFJORD

Norwegens längster Fjord am Fuße des mächtigen Gletschers Jostedalsbreen ist ein Fjord der Superlative – breit und karg an seinem Ausgang, wild und dramatisch im Innern. Die älteste und die schönste aller Stabkirchen findet man an seinen Ufern. Eine Gletschertour auf dem Nigardsbreen und ein Ausflug in die Bücherstadt Fjærland sorgen für Abwechslung.

Vik und Vangsnes

Reiseatlas: S. 234/5, C/D 1

Vik liegt eingebettet zwischen bewaldeten Hügeln und Wiesen in einer geschützten Bucht am Sognefjord. Das alte Strandviertel **Vikøyri** (øyr, ør = Sandbank) mit seinen kleinen Holzhäusern, Gärtchen und bunten Bootsschuppen lohnt einen Spaziergang. Vikøyri entwickelte sich im Laufe des 17. Jh. zu einer kleinen Siedlung, in der sich die so genannten Strandsassen (Tagelöhner ohne eigenes Land) niederließen. Viele von ihren Nachfahren spezialisierten sich im Laufe des 19. Jh. auf ein Handwerk.

Berühmt ist Vik für seine Kirchen. Oberhalb des Ortszentrums stehen zwei Sakralbauten, die – obwohl zeitlich kurz nacheinander entstanden und nur knapp 1 km voneinander entfernt – unterschiedlicher nicht sein könnten. Dass beide erhalten sind, verdanken sie dem Architekten Peter Blix, der die vom Abriss bedrohten Kirchen gegen Ende des 19. Jh. kaufte und die Restaurierung aus eigener Tasche finanzierte. Die steinerne **Hove-Kirche** (Sommersaison 10–16 Uhr, Führungen) aus der zweiten Hälfte des 12. Jh. steht im ›Ruhmesschatten‹ der um 1130 erbauten **Hopperstad-Stabkirche**, einer ›klassischen‹ Stabkirche mit furchterregenden Drachenköpfen an den Firstenden und steilen Schindeldächern, die sich pyramidenartig aufeinander türmen (Mai–Sept. tgl. 10–17, Hochsaison tgl. 8–20 Uhr).

Neben der Touristeninformation in Vikøyri befindet sich das ›**Kristianhus**‹, eine Boots- und Motorensammlung mit einer Darstellung des Lebens am Fjord in alter Zeit (Mai–Aug. tgl. nach Absprache, Tel. 57 69 56 86).

Der winzige Fährort **Vangsnes,** dessen Umgebung heute für Erdbeer- und Himbeeranbau bekannt ist, machte bereits in einer um 1300 auf Island niedergeschriebenen Saga als Residenz Fridtjofs des Kühnen (Fridtjof den frøkne) von sich reden. Der mutige Sagaheld, dessen Existenz historisch nicht belegt ist, imponierte dem deutschen Kaiser Wilhelm II. so sehr, dass er ihm 1913 ein Denkmal stiftete (s. S.

130). Die 12 m hohe Fridtjof-Statue, die oberhalb vom Dorf auf einem 14,5 m hohen Granitsockel steht, blickt kühn über den Sognefjord nach Balestrand. Mehrere Grabhügel deuten darauf hin, dass es im Vangsnes der Wikingerzeit einen Häuptlingssitz gab.

Turistinformasjon: in Vikøyri, 6893 Vik i Sogn, im Sommer tgl. geöffnet, Tel. 57 69 56 86.

Hopstock Hotel und Motel: 6893 Vik i Sogn, Tel. 57 69 65 50, www.hopstock.no, ganzjährig geöffnet. Hotel im Zentrum, das Hauptgebäude stammt aus dem 19. Jh. 122 Betten, DZ 740–1200 NOK, viele Aktivitätsangebote wie Lachse-Fischen, geführte Wanderungen, Fjordfahrten und Helikoptertouren, Bistro, Sauna.

Solvang Camping, Hytter & Motell: 6894 Vangsnes, Tel. 57 69 66 20, www.solvang camping.com, zwischen Vik und Vangsnes am Fjord, ganzjährig geöffnet. Appartementhotel mit schöner Aussicht und moderaten Preisen. 12 Zimmer/Appartements 350–650 NOK, 4 Hütten (4–6 Pers.) 370–600 NOK pro Tag, Platz für 10 Zelte.

Camping/Hütten:
Vik Camping: 6893 Vik i Sogn, Tel. 57 69 51 25, Mai–Sept. Wiesenplatz an der Uferstraße Richtung Vangsnes, 8 unterschiedlich komfortable Hütten am Fjord 250–500 NOK, Platz für 35 Zelte.
Djuvik Camping: 6894 Vangsnes, Tel. 57 69 67 33, Fax 57 69 67 44, www.dju vikcamping.no, Mai–Sept. Einfacher Platz am Fjord, mit Badeplatz, 22 Hütten, 250–500 NOK.
Tveit Camping: 6894 Vangsnes, Tel. 57 69 66 00, Fax 57 69 66 70, Mai–Sept. Kleiner, gut ausgestatteter Platz am Fjord, 10 Hütten, 250–500 NOK.

Vangsnes am Sognefjord

KAISER WILHELM II.
UND DIE NORDLANDROMANTIK

In Vangsnes am Sognefjord erhebt sich in riesenhafter Größe die Statue eines Helden aus der Saga-Zeit. Es ist Fridtjof, Sohn Torsteins, Häuptling in Framnes (Vangsnes). In Balestrand, auf der anderen Seite des Fjords, wohnte König Bele, Vater der schönen Ingebjørg. Der Häuptlingssohn Fridtjof entbrannte in Liebe zur Königstochter, die seine Liebe erwiderte. Erst nach viel Missgeschick findet die Geschichte ein glückliches Ende.

Die rührselige Sagathematik beeindruckte den deutschen Kaiser Wilhelm so nachhaltig, dass er beschloss, dem Titelhelden ein Denkmal zu setzen.

»Den Norwegern. Kaiser Wilhelm II. 1913«, lautet die dem nordischen Runenalphabet nachempfundene deutsche Sockelinschrift. Der Kaiser war ein Bewunderer der norwegischen Natur und ein Kenner der nordischen Sagas. In seiner pathetischen Rede zur Enthüllung der Fridtjof-Statue verweist er – im Jahr der 25. Nordlandfahrt – auf seine Reisen gen Norden: »Um Ruhe und Erholung nach schwerer verantwortungsvoller Arbeit zu finden, wandte ich mein Schiff nach Norden. Mit echt altdeutscher Gastfreundschaft empfing mich das norwegische Volk.« Die Statue »soll ein Kennzeichen sein für Skandinavier, Deutsche, Angelsachsen und alle Stämme, die sich mit Stolz als ein Teil der mächtigen Gruppe des indogermanischen Volkes betrachten ... sie daran erinnern, dass sie von einem Stamm und Blute sind«.

Des Kaisers Liebe für die skandinavischen Völker galt ihrer ruhmreichen Vergangenheit. Das Idealbild der Gesellschaft – geprägt von der »Treue der Mannen gegen den König und des Königs gegen die Mannen« – fand er in der Wikingerzeit. Diese lang vergangene Geschichtsepoche lag ihm bisweilen näher als die Gegenwart. Einem Freund schreibt er 1888 über einen Besuch in Stockholm: »Mir ist das ganze Stockholm wie ein Traum erschienen, denn ich lebte derweilen in der Zeit von Erik, Hokan und Fritjof und vergaß darob fast der Lebenden.« Auch seine Truppen schloss er in seinen germanischen Heroenkult ein: »Welch ein Gefühl das ist, diese Truppen meine zu nennen! König Erik oder Hokan könnten keinen stolzeren Heeresbann zusammenbringen.«

Gegen die Denkmalstiftungen (auch König Bele erhielt ein Denkmal, es befindet sich in Balestrand) erhoben sich vereinzelt kritische Stimmen, die darauf verwiesen, dass diese »gänzlich überflüssigen Denkmäler« große Ausgaben erforderten, noch dazu in einer Zeit, in der sich in der norwegischen Presse die unfreundlichen Kommentare über die deutschen Flottenbesuche mehrten. Die Enthüllung der Statue erntete negative Kritik, in einem Drontheimer Blatt war zu lesen: »Wir wünschen keine deutsche Siegesallee in den norwegischen Fjorden.« Zum ungünstigen Gesamteindruck hatte vor allem die deutsche Flottendemons-

tration im Sognefjord anlässlich der Einweihungsfeier beigetragen. Der norwegische Gastgeber König Haakon VII. schien wie ein Gast im eigenen Land. Knapp
27 Jahre später musste er sich dem deutschen Angriff auf sein Land entziehen.

Die Fridtjof-Statue in Vangsnes wurde vom deutschen Kaiser Wilhelm II. gestiftet

Beim **Goldschmied** gegenüber vom Hafen in Vik gibt es Kopien der in den Hügelgräbern der Gegend gefundenen Schmuckstücke (Juni–Aug.).

Gamalost: Der ›alte Käse‹, eine traditionsreiche Spezialität mit nur 1 % Fett, wird ausschließlich in Vik produziert. Infos und Geschmacksproben im Besucherzentrum der Meierei Tine im Zentrum.

Julehus og Gallerie: Gamle Trevaren, 6893 Vik, Tel. 57 69 75 10, www.jj.design. no. Kunstgalerie von Johnnie Jacobsen, der sich auf Weihnachtskunst spezialisiert hat. Auch Malereien, Skulpturen und Drucke zum Angucken und Kaufen.

 Jedes Jahr im Mai findet das **Vik Skifestival** statt; im schneereichen Vikafjell kann man bis weit in den Sommer Ski fahren.

Gamalost-Festival: Der *gamalost* (alter Käse), der in Vik hergestellt wird, steht im Mittelpunkt der sommerlichen Festtage im Juni mit Markt und einem bunten Unterhaltungsprogramm (www.gamalostfestivalen.no).

Der Weg über das **Vikafjell** ist Dez./Jan.–April (je nach Schneeverhältnissen) gesperrt.

Fähren: Vangsnes–Dragsvik, 25 Min., 23 x tgl.; Vangsnes–Hella, 15 Min., 20 x tgl.

Gudvangen

Reiseatlas: S. 235, D 1/2

Am Ende des 18 km langen **Nærøyfjords,** des schmalsten Europas, liegt der von über 1000 m hohen Bergen umgebene Fährort Gudvangen als Eingang des wilden Nærøydal. Durch die berühmte Stalheim-Schlucht des Tals verlief von Mitte des 17. Jh. bis zum Beginn des 20. Jh. der Postweg zwischen Christiania (Oslo) und Bergen. So unzugänglich der Fjord mit seinem unwegsamen Hinterland und steilen Uferhängen auch wirken mag, hat es doch neben Gudvangen noch einige andere Siedlungen gegeben. Interessant ist ein Bootsausflug zum Hof **Styvi** auf der Ostseite des Nærøyfjords. Hier befindet sich ein kleines Bauernhofmuseum mit Gerätesammlung und Information über den Postverkehr von 1647 bis 1909. Ein Wanderweg führt von Styvi nach Bleiklindi, ein Abschnitt des alten Königlichen Postweges zwischen Oslo und Bergen (pro Strecke 4 km, Dauer ca. 2 Std., Anreise mit dem Schiff von Gudvangen oder Aurland/Flåm).

Am Fährhafen ist es seit der Eröffnung des Tunnels zwischen Gudvangen und Flåm im Jahre 1991 stiller geworden. Das Gudvangen Fjordtell dient heute zugleich als Hotel und Reisezentrum sowie als Touristeninformation (Cafeteria, Souvenirs).

Zwischen den Tunneln, durch die die Straße von Gudvangen nach Flåm führt, befindet sich der Abzweig nach **Undredal.** In diesem winzigen Ort an der Westseite des Aurlandsfjords steht die im Jahre 1147 errichtete kleinste Kirche Skandinaviens (nur 3,7 m breit). Seine jetzige Form erhielt das als Stabkirche errichtete Gotteshaus vermutlich um 1722 (im Sommer tgl. Führungen). Am Kai gibt es ein Café, man kann auch Zimmer mieten.

Touristeninfo in der Hauptsaison am Fähranleger, Tel. 57 63 37 88, sonst nebenan im Gudvangen Fjordtell; Info s. a. Aurland, S. 135.

Preisgekrönter Ziegenkäse

In Undredal wird Ziegenkäse – Geitost – hergestellt, der 2001 zum besten norwegischen Käse gekürt wurde. Im ›Underdals Buic‹, einem Kramladen mit Postabteilung, kann man verschiedene Sorten kaufen. Beim jährlichen Käsefestival können Käseliebhaber zwischen Deftigem, Mildem und Süßem wählen. Info: www.undredal.no.

 Gudvangen Fjordtell: 5717 Gudvangen, Tel. 57 63 39 29, Fax 57 63 39 80, www.gudvangen.com, April–Mitte Okt. Edle Architektur, Möbel im Wikingerdesign. In der Cafeteria Essen mit Fjordblick und großer Außenterrasse, Hauptgerichte ab 89 NOK. EZ 790, DZ 1150 NOK.

 Camping: Beide Campingplätze liegen vor dem Ortseingang, nicht am Fjord.
Gudvangen Camping: 5717 Gudvangen, Tel. 57 63 39 34, Mitte Mai–Ende Sept. 9 Hütten, 345–1000 NOK.
Vang Camping: 5717 Gudvangen, Tel. 57 63 39 26, Fax 57 63 39 26, 10 einfache Hütten 350 NOK.

 Zwei 5 und 11 km lange Tunnel verbinden Gudvangen und Flåm.
Autofähre auf dem Nærøyfjord: Lærdal–Kaupanger–Gudvangen, Mai–Sept. 5 x tgl., Platzbestellung für Pkw, Tel. 55 90 70 70.
Expressboot: Flåm–Gudvangen, www.fjord1.no, 1–4 x tgl.
Sognefjordcruise: Flåm–Undredal–Nærøyfjorden–Styvi: Kreuzfahrt mit vielen Zwischenstopps, die es erlauben unterwegs auszusteigen, mit der Flåmbahn zu fahren, Ziegenkäse zu probieren oder zu angeln. Fahrplan und Bestellung in der Touristeninfo oder bei Sognefjorden AS, Tel. 57 66 00 55, www.sognefjordencruise.com.
Norway Fjord Cruise: Fjordkreuzfahrt Gudvangen–Flåm mit Besuch der Dörfer Styvi und Undredal, Info und Tourangobote Tel. 57 65 69 99, www.fjordcruise.com.

Flåm

Reiseatlas: S. 235, D 2
Die Endstation der berühmten Flåmbahn befindet sich, eingerahmt von gewaltigen Bergen, am innersten Ende des Aurlandsfjordes. Hier wimmelt es von Touristen aus aller Welt. Fähren und Ausflugsschiffe passieren die engsten Fjorde der Welt, Züge schnaufen hinauf zur Hardangervidda, vorbei an spektakulären Wasserfällen.

Im **Flåmsbanemuseet** (Nähe Bahnhof) erfährt man alles Wissenswerte über die ›schönste und aufregendste Eisenbahnstrecke der Welt‹ (Mai–Sept. tgl. 10–17 Uhr, www.flaamsbanen.no). In der bestens ausgestatteten Touristeninformation am Bahnhof kann man auch im Internet surfen.

Das sich landeinwärts anschließende Flåmsdal – Flåm kommt von altnordisch *flá* und bedeutet flache Ebene – zog schon lange vor dem Bau der Bahn Touristen an. Zu den großen Attraktionen des Tales gehören die imposanten Wasserfälle **Rjoandefossen** (Fallhöhe 390 m) und **Kjosfossen** (225 m). Flåms Umgebung ist von relativ dichter Streusiedlung, Weiden und Ackerlandschaft geprägt. Die innen reich dekorierte **Kir-**

Den Aurlandsfjord befahren auch Kreuzfahrtschiffe

che wurde im Jahre 1667 errichtet, schriftliche Quellen erwähnen aber bereits um 1320 ein Gotteshaus in Flåm.

Touristeninformation Mai–Sept. im Flåm Bahnhof, Tel. 57 63 21 06.

Fretheim Hotel: 5743 Flåm, Tel. 57 63 63 00, Fax 57 63 64 00, www. fretheim-hotel.no. Traditionsreiche ›englische Villa‹ plus moderner Anbau, 118 Zimmer, EZ 1290, DZ 1490 NOK.
Flåm Camping og Vandrerhjem: 5743 Flåm, Tel. 57 63 21 21, Fax 57 63 23 80. Jugendherberge und Zimmer mit Gemeinschaftsküche, Übernachtung ab 130 NOK, DZ 350–400 NOK.

Camping/Hütten:
Campingplatz auf demselben Grundstück wie die Jugendherberge, 50–150 m zu Schiff, Bus und Bahnhof, Mai–Sept., in der Saison Massenandrang. Platz für Wohnwagen und Wohnmobile, 14 Hütten 475–750 NOK.

Zug: Flåmbahn Flåm–Myrdal, tgl. 4–10 Abfahrten, Dauer hin und zurück ca. 2 Std. inkl. Fotostopp am Wasserfall Kjosfossen und 10 Min. Pause in Myrdal. Es gibt eine ausführliche mehrsprachige Broschüre über die Flåmbahn mit allen wichtigen Stationen und Aussichten. Infos im Bahnhofszentrum, Tel. 57 63 21 00, Fax 57 63 23 50, www.flaamsbana.no. Die Flåmbahn hat in Myrdal Anschluss an die Bergenbahn Oslo–Bergen, im Winter 5 x tgl., im Sommer öfter.
Bus: Øst-Vestekspressen: Bergen–Voss–Flåm–Lærdal–Fagernes–Lillehammer 1 x tgl.; Sognebussen: Bergen–Voss–Aurland–Lærdal–Øvre Årdal/Sogndal, www.

nor-way.no; Lokalbusse mehrmals tgl. nach Gudvangen, Aurland, Lærdal, Borgund, Årdal, Turtagrø, www.ruteinfo.net; www.sognbillag.no.

Schiff: Fjordkreuzfahrt auf dem Nærøyfjord: Flåm-Aurland-Gudvangen, 1–4 x tgl. www.fylkesbaatane.no; Sognefjordcruise s. S. 133, Gudvangen; Express-Schiff von Bergen: morgens von Bergen über Balestrand nach Flåm, Fahrtdauer 5 Std. 40 Min., nachmittags zurück nach Bergen, Mai–Sept. 1 x tgl., Tel. 55 90 70 70, www.fjord1.no.

Aurland

Reiseatlas: S. 235, D 1

Auf halbem Wege zwischen Flåm und Aurland thront weit oben über der Straße die aus insgesamt 27 Häusern bestehende Hofsiedlung **Otternes Bygdetun,** die einen Abstecher (nicht für Wohnwagenanhänger) schon wegen der grandiosen Aussicht über den Aurlandsfjord lohnt. Der Hof war vermutlich schon vor der Pest (im 14. Jh.) besiedelt. Die dicht beieinander liegenden Gebäude haben seit dem 19. Jh. kaum Veränderungen erfahren. Den ganzen Sommer über werden hier verschiedene Aktivitäten wie Spinnen, Weben, Backen von Knäckebrot, Wollfärben und Brauen angeboten. Juni–Mitte Sept. tgl. 10–18 Uhr, Führungen 11, 13, 15, 17 Uhr, Info: Otternes Bygdetun, www.otternes.no oder Fjord Adventures, Tel. 57 63 32 00, www.fjordadventures.no. Von Flåm führt ein Wander- und Radweg nach Otternes, ca. 3,5 km.

Aurland, das Verwaltungszentrum der gleichnamigen Gemeinde ist ein hübscher Fjordort mit einigen schönen alten Häusern. Zu den historischen Bauten im Zentrum gehört das Vangen-Motell aus dem Jahre 1770.

Aus dem frühen 13. Jh. stammt die gotische **Kirche,** auch Sognedom genannt. Bei der letzten Restaurierung 1926 wurden die nach der Reformation übertünchten Wandmalereien wieder freigelegt, und Emanuel Vigeland erhielt den Auftrag, die Kirchenfenster mit Glasmalereien zu schmücken (Juni–Aug. tgl. ganztags geöffnet).

Das **Heradshuset** neben der Kirche beherbergt ein kleines Heimatmuseum und die **Galerie Vinjum** mit Bildern des Künstlers Johannes Vinjum sowie wechselnden Kunstausstellungen.

Aurland Reiselivslag/Turistinformasjon: im Heradshus im Zentrum, 5741 Aurland, Juni–Aug. Mo–Fr 8.30–19, Sa/So 10–17, sonst Mo–Fr 8.30–15.30 Uhr; Tel. 57 63 33 13, Fax 57 63 11 48, Aurland/Lærdal im Internet: www.alr.no.

Aurland Fjordhotell: 5745 Aurland, Tel. 57 63 35 05, Fax 57 63 36 22, www.aurland-fjordhotel.com, Mai–Sept. Zentral gelegenes Hotel mit Restaurant, Café, Bar, Sauna, EZ 690–810, DZ 940–1180 NOK.

Vangsgaarden: 5745 Aurland, Tel. 57 63 35 80, Fax 57 63 35 95, www.vangsgaarden.no, Mitte April–Ende Okt. Die ältesten Teile der aus mehreren Holzhäusern bestehenden Anlage stammen aus dem 18. Jh. DZ 575–825 NOK, auch *Rorbuer* (Fischerhütten) für 4 Personen in einer Reihe am Fjord 975 NOK.

Camping:
Lunde Camping: Tel. 57 63 34 12, Fax 57 63 31 65, www.camping.aurland.no,

VIER MONATE UNTER FREIEM HIMMEL – VIEHTRIEB

Als sich in der ersten Hälfte des 17. Jh. die Städte Südostnorwegens zu florierenden Holzumschlagplätzen entwickelten und die Silbergrube in Kongsberg ihren Betrieb aufnahm, stieg der Bedarf an Großvieh, vor allem Pferden, sprunghaft an. In Ostnorwegen gab es zwar weite Wälder und gutes Ackerland, aber kaum ausreichende Sommerviehweide, wohingegen das westliche Fjordland, zwar arm an fruchtbarem Ackerboden, über unendliche Fjellweiten als Weidefläche verfügte.

Es waren vor allem Bewohner aus Sogn, Voss und Hardanger, die den Viehhandel und Viehtrieb aufzogen. Der in der Regel von zwei Männern organisierte und begleitete Viehtrieb begann in den ersten Junitagen. Das Vieh, meist Kühe und Pferde, ab Ende des Jahrhunderts auch Schafe, wurde von Sunnmøre über den Nordfjord, den Sognefjord nach Uppsete und weiter nach Hallingskeid auf der Hardangervidda getrieben. Hier verbrachten die Viehtreiber die Zeit von Anfang Juli bis in den September. Im Herbst trieben sie ihr Vieh über Geilo an den Oslofjord oder durch das Numedal nach Kongsberg, wo meist schon Käufer auf sie warteten. Bevor es im Fjordland Zeitungen, Radios oder einen nennenswerten Handel über Land gab, waren es die Viehtreiber, die Neuheiten verbreiteten. So soll z. B. der erste Schleifstein um 1770 von einem Viehtreiber nach Voss gebracht worden sein. Mit dem Bau der Bergen- und der Dovrebahn ging eine Ära zu Ende. Das Vieh wurde fortan mit der Bahn transportiert.

Mai–Sept. Am Aurlandsfluss, 1,4 km von Aurland, 16 Campinghütten in Reih und Glied, 450–900 NOK, schöner Zeltplatz mit einigen Picknicktischen, auch Spielplatz, Minigolf, Webstube.

Die Serpentinenstraße **Snøvegen** (›Schneeweg‹; geöffnet Juni–Okt.) von Aurland Richtung Lærdal bietet im ersten Abschnitt wunderschöne Haltepunkte mit fantastischer Aussicht über den Fjord und führt in eine grandiose, auch im Hochsommer noch schneebedeckte Hochgebirgslandschaft. Die Alternative: 24,5 km langer Tunnel, ausgestattet mit speziell beleuchteten, in den Berg gesprengten Hallen, von Aurland ins Lærdal, gebührenfrei.

Bus und Schiff: s. S. 134f., Flåm

Das Aurlandsdal

Reiseatlas: S. 235, D/E 2

Die R 50, die von Aurland Richtung Osten durch das von Wanderfreunden schon im 19. Jh. gepriesene **Aurlandsdal** führt, wurde in den 1970er Jahren im Rahmen des Wasserkraftausbaus angelegt und verbindet West- mit Ostnorwegen. Das Tal wurde seit alters her als Vieh- und Handelsweg genutzt. Als das Elektrizitätswerk Ende der 1960er Jahre die Pläne zum Ausbau des bis dahin von Straßen und Stromleitungen unberührten Aurlandsdals vorlegte, hagelte es Proteste, die bewirkten, dass der unterste Abschnitt des Tales von Østerbø (Østvebo) bis Vassbygda von direkten Eingriffen verschont blieb.

Im Aurlandsdal bieten sich die Touristenhütten Steinbergdalen und Østerbø (Østvebo) als Ausgangspunkt für berühmte, ›klassische‹ **Wanderrouten** an – mehrtägige Wanderungen von Hütte zu Hütte oder kürzere Touren sind möglich (3 x tgl. Bus von Flåm/Aurland). Sehr schön ist z. B. die Wanderung von Østerbø nach Vassbygda (Wanderzeit 6–7 Std., Anfahrt auch mit dem Bus, der im Sommer an beiden Hütten hält). Tourenübersicht auf der vom DNT herausgegebenen Plankarte ›Finse-Bygdin‹, erhältlich in allen Touristenhütten.

Alle Unterkünfte liegen an der R 50 in Aurland, sind mit Cafeteria ausgestattet und gehören zum norwegischen Wanderverein DNT (s. S. 47), d. h. Mitglieder zahlen weniger:
Steinbergdalen Turisthytte: Tel. 57 63 11 90, www.steinbergdalen.no, Juni–Sept. Haus von 1895, 36 km von Aurland. 28 Zimmer ab 250 NOK, Hütten 400 NOK.
Østerbø Fjellstove: 31 km von Aurland, Tel. 57 63 11 77, Fax 57 63 11 52, www.aurlandsdalen.com. 42 Zimmer, auch für Familien, EZ 740, DZ 1080 NOK, im Mehrbettzimmer zahlt man mit eigenem Bettzeug etwa 250 NOK; Kaminzimmer, Sauna, außerdem neue Hütten mit Dusche, WC, Sauna ab 850 NOK, auch Platz für Wohnmobile und Zelte.
Østerbø Turisthytte: Tel. 57 63 11 41, Fax 57 63 11 18, www.osterbo-turisthyt

te.no, Mitte Mai–Anf. Okt., 31 km von Aurland, 36 Zimmer, Übernachtung ab 350 NOK, fünf ›Stabburhütten‹ (3–10 Personen) 500–1750 NOK.

Lærdal

Reiseatlas: S. 235, E 1

An der Mündung des berühmten Lærdalselva, des Königs unter Norwegens Lachsflüssen, liegt **Lærdalsøyri**. Im 19. Jh. entwickelte sich der kleine Ort am Fjord wegen seiner verkehrsgünstigen Lage zu einem Knotenpunkt des Handels zwischen Ost- und Westnorwegen. Schön ist ein Spaziergang durch das alte Lærdalsøyri (Gamle-Øyri). Die ca. 160 Boots- und Wohnhäuser des historischen Dorfkerns stehen heute unter Denkmalschutz. Gleich an dieses alte Lærdalsøyri schließt sich das neue Geschäftszentrum mit Supermärkten und modernen Betonbauten an.

Am Ufer des Lærdalselva, 300 m von Gamle-Øyri, wurde im Sommer 1996 das **Norwegische Wildlachs-Center** eröffnet. Größte Attraktion sind die Lachse – auf ihrem Weg flussaufwärts über eine Lachstreppe, Stromschnellen und einen Wasserfall (Mai tgl. 10–18, Juni, Aug. tgl. 10–19, Juli tgl. 10–22 Uhr, Sept. tgl. 11–17 Uhr, Tel. 57 66 67 71, www.norsk-villakssenter.no).

Lærdal Reiselivslag/Turistinformasjon: Øyragt. 18, 6887 Lærdal, im alten Zentrum Lærdalsøyri, Tel. 57 64 12 07, www.alr.no, Mitte Juni–Mitte Aug. tgl. 8.30–19, sonst Mo–Fr 8–14 Uhr.

Lindstrøm Hotel: 6886 Lærdal, Tel. 57 66 69 00, Fax 57 66 66 81, www.lindstroemhotel.no, Mai–Sept. Be-

zauberndes Hotel im alten Stadtteil Lærdalsøyri, das älteste im Schweizerstil errichtete Gebäude stammt von 1840, das neueste von 1985, 86 Zimmer mit Bad und Telefon, EZ 815, DZ 1050 NOK, gepflegter Garten, Cafeteria.

Sanden Pensjonat: Øyragata 9, 6887 Lærdal, Tel. 57 66 64 04, Fax 57 66 61 22, www.sandenpensjonat.no. Gemütliche Pension mitten im alten Stadtteil. DZ 300–500 NOK ohne Frühstück.

Hønjum Gard: 6887 Lærdal, Tel. 57 66 91 18, Mai–Sept. Alter Hof mit mehreren Hofgebäuden mit Grasdach. Übernachten in einem Haus aus dem 18. Jh. sowie in zwei neueren Hütten, 300–600 NOK, 17 km von Poersdalsøyri Richtung Oslo.

Camping/Hütten:

Lærdal Ferie og Fritidspark: 6886 Lærdal, Tel. 57 66 66 95, Fax 57 66 87 81, www.laerdalferiepark.com, ganzjährig. Moderne, große Ferienanlage am Fjord ca. 400 m vom Dorf; Hütten 710–895, Wohnungen 565–615, Zimmer 275–495 NOK.

Vindedal Camping og Hytter: 6887 Lærdal, Tel. 57 66 65 28, Juni–Aug. 14 Hütten mit schöner Aussicht über den Sognefjord, ab 350 NOK, 10 km westlich von Lærdal.

Potter's Kafé: Øyragt. Freundliches Café in altem Holzhaus in Lærdalsøyri. Ein guter Platz, um die ausgezeichneten Broschüren über Gamle Lærdalsøyri zu lesen. Süße und deftige Kleinigkeiten, Salat, Pizza, Forelle ab 50 NOK.

Bus: Lærdal–Oslo 3 x tgl.
Fähren: Fodnes–Mannheller, 30 Min., 26 x tgl; Gudvangen–Kaupanger–Lærdal, Mai–Sept. 5 x tgl., Platzbestellung für Auto, Tel. 55 90 70 70, Fax 55 90 70 71.

Die Stabkirche von Borgund beeindruckt durch reiches Schnitzwerk

Nach Borgund

Fjordland–Reiseatlas: S. 235, E 1

Seit Ende des 18. Jh. verlief der so genannte Königsweg von Christiania (Oslo) über das **Filefjell** nach Lærdal, wo Fracht und Passagiere auf Dampfern nach Gudvangen und von dort weiter nach Bergen befördert wurden.

Auf dem Weg durch das Lærdal trifft man auf viele interessante kulturhistorische Zeugnisse: In **Bjørkum** finden sich noch Reste der Wassergräben *(vassveite)*, die in den Jahren zwischen 1900 und 1960 zur künstlichen Bewässerung der Felder gedient haben. Lærdal gehört mit nur 400 mm Regen pro Jahr zu den niederschlagsärmsten Regionen Norwegens. Seit alters her wurden das dank des milden Klimas besonders ertragreichen Felder künstlich bewässert.

Interessant sind auch die Überbleibsel der alten Transportwege, die durch das Lærdal führten, den Einwohnern jahrhundertelang Arbeit boten und Steuerbefreiung einbrachten. Die für Wanderer instandgehaltene alte Straße führt am 1947 verlassenen Hof **Galdane** vorbei, den man auch von der E 16 aus oben am Hang liegen sieht (Parkplatz).

Beliebte Wanderwege im Lærdal sind **Sverrestigen** und **Vindhellavegen** zwischen Husum und Borgund. Der Sverrestigen erhielt seinen Namen, weil der Überlieferung zufolge König Sverre im Jahre 1177 auf diesem Teil des alten Königsweges über das Gebirge unterwegs war. Der erste Vindhellavegen wurde 1793 angelegt, als der alte Königsweg ausgebessert und zu einem

Fahrweg für Reisende mit Pferd und Kutsche erweitert wurde. Vindhellavegen und Sverrestigen ergeben eine schöne 1–2-stündige Rundtour. Es gibt zwei Ausgangspunkte: entweder die Stabkirche in Borgund (großer Parkplatz) oder Husum mit dem wunderschönen, um 1900 erbauten weiß gestrichenen Husum Hotel, ein typischer und gut erhaltener Repräsentant des populären Schweizerstils (s. S. 151).

Die **Borgund-Stabkirche** lohnt den hohen Eintrittspreis und lockt jährlich Hunderttausende von Touristen an. Der ›Geniestreich in Kiefernholz‹, wurde in der Mitte des 12. Jh. errichtet und seither kaum verändert. Die Kirche, für deren Bau nicht ein einziger eiserner Bolzen oder Nagel verwendet wurde, diente bei der Restaurierung verschiedener mittelalterlicher Stabkirchen als Vorbild. An den Wänden des Laufgangs *(svalgang)* kann man mehrere Runeninschriften entdecken. Das Innere der Kirche wirkt heidnisch – am oberen Ende der tragenden Säulen starren Masken von Tieren und einem Einäugigen (möglicherweise der heidnische Gott Odin) hinab in den dämmrigen Kirchenraum. Vom mittelalterlichen Inventar ist nichts erhalten. Der frei stehende Glockenturm ist wohl genauso alt wie die Stabkirche selbst (Mitte Juni–Mitte Aug. tgl. 8–20, Vor- und Nachsaison tgl. 10–17 Uhr).

Der Gebirgsübergang über das **Filefjell** ist typisch fürs Fjordland: Vom Fjord kommend, wird die Vegetation niedriger, am Ende ist sie alpin und karg. Bis in den Hochsommer hinein liegt noch Schnee auf den Höhen, dümpeln Eisschollen auf den Seen.

Borlaug Turist- og Vandrarheim: 6888 Steinklepp, Tel. 57 66 87 80, Fax 57 66 87 44, E-Mail: borvh@online. no, ganzjährig. Einfache Unterkunft zwischen Borgund und Borlaug in Steinklepp, Jugendherberge mit 50 Betten, Übernachtung für Mitglieder ab 135 NOK, EZ ab 225, DZ ab 340 NOK.

Camping/Hütten:
Borgund Hyttesenter og Camping: Borgund, 6888 Steinklepp, Tel./Fax 57 66 81 71, www.hyttesenter.com. Direkt an der E 16, 2 km östlich der Borgund Stabkirche, Mitte Mai–Mitte Okt. Wiesenplatz mit 10 Hütten, 375–700 NOK.
Maristuen Fjellferie AS: 6888 Steinklepp, Tel./Fax 57 66 87 11, www.maristuen.no, ganzjährig. 830 m über dem Meeresspiegel ist die Gegend schon vom faszinierend kargen Fjell geprägt. Campingplatz und sechs gut ausgestattete Hütten für 4–6 Personen, 530–580 NOK, Ostern das Doppelte.

Årdal

Reiseatlas: S. 237, E–F 4
Die Anreise von Tyin (R 53), die ihren höchsten Punkt am See Tyinvatn in 1117 m Höhe erreicht, lockt mit fantastischer Aussicht auf das Reich der Riesen (= Jotunheimen), enttäuscht aber im letzten Abschnitt – nach einigen extremen Serpentinen – mit dem Blick auf den Industrieort **Øvre Årdal** (mit Årdalstangen 6000 Einw.) und sein Hydro Aluminium/Årdal Verk, eines der größten Aluminiumwerke Europas (im Sommer Werksführungen, Tel. 57 64 90 00). Exportiert wird über das 11 km entfernte Årdalstangen, wo auch die importierten Rohstoffe gelöscht werden.

Årdal war schon zur Wikingerzeit besiedelt. 1964 grub man im Moadalen (oberhalb von Norsk Hydro in Øvre Årdal) die **Wikingersiedlung** Ytre Moa mit Resten von sechs Häusern aus der Zeit um 900 aus. Zu sehen ist nicht viel oinige grasüberwachsene Grundrisse im Wald. Dennoch kann man sich gut in die Zeit der Wikingersiedlung hoch über dem Fjord zurückversetzen. Gleich hinter der Brücke an der Straße nach Hjelle geht's rechter Hand zum großen Teil über Treppen ca. 15 Min. bergauf.

In **Hjelle,** nordöstlich von Øvre Årdal, zweigt ein Weg ab, der durch das für seine schöne und ursprüngliche Natur berühmte **Utladalen** führt. Vom Parkplatz am Ende der befahrbaren Straße folgt man dem bequemen, auch für Kinderwagen und Rollstuhlfahrer geeigneten ›Folkevegen‹. Zu Beginn des Weges passiert man das ›Utladalen Naturhaus‹ mit Café sowie Ausstellung und Info über das Gebirgsmassiv Jotunheimen. (Vom Wasserfall Avdalsfossen führt ein Pfad steil hinauf zum Hof Avdal Gard, Dauer ca. 30 Min., Bewirtung und Übernachtung möglich, Info im Touristenbüro.) Der bequeme Hauptweg führt weiter bis zur Touristenstation Vetti (Bewirtung). Die Wanderung dauert hin und zurück ca. 3 Std. Von hier erreicht man in 30 Min. den Wasserfall **Vettisfossen,** mit 275 m Nordeuropas höchster frei fallender Wasserfall. Im Utladalen gibt es mehrere steile, aber faszinierende Einstiege nach Jotunheimen.

Wie Øvre Årdal ist auch der Nachbarort **Årdalstangen** von der Industrie geprägt, das Zentrum ist jedoch eine freundliche norwegische Kleinstadt mit vielen Holzhäusern. Noch im 18. Jh. wurde hier Kupferbergbau betrieben. Das **Koparhuset** (Grubenhaus), eine zweistöckige, aus Holz errichtete Kupferhütte, die klein und verloren vor mächtigen Industrieanlagen in Årdalstangen steht, stammt noch aus dieser Zeit: Hier ist die Geschichte des Kupferbergbaus dargestellt (auf Anfrage Führungen, Info im Touristenbüro).

Auf der Nordseite des schmalen Årdalsfjords liegt der Hof **Indre Ofredal.** Die bis 1980 bewohnte Siedlung mit insgesamt zehn Gebäuden gibt Einblick in das Leben der Menschen am Fjord in der Übergangszeit von Bauernwirtschaft zur Industrialisierung: Darunter sind eine Mühle aus der Zeit um 1900, ein Sägewerk von 1865 sowie mehrere um 1860 erbaute Seehäuser *(sjøhus)* – große Bootshäuser, die als Speicher und Übernachtungsmöglichkeit für die Fischer dienten. Hier wurde schon früh Wasserkraft genutzt, um eine Industrie (Sägewerk/Mühle) zu betreiben, wurde das erste Mal in der Gegend Lohnarbeit geboten. Die Anfahrt von Årdalstangen ist zwar auch per Auto möglich (15 km: Steil geht's im letzten Abschnitt zum Fjord hinunter, am Ende qualmen die Bremsen), der Ofredaltunnel ist allerdings finster und schmal, deshalb reist man besser per Boot an (Führung und Übernachtung möglich).

 Turistinformasjon: 6884 Øvre Årdal, Tel. 57 66 35 62 (Juni–Aug.), www.ardal.no.

Klingenberg Hotell: 6885 Årdalstangen, Tel. 57 66 58 00, Fax 57

66 01 35, www.klingenberghotel.no. Am Fjord gelegenes Komforthotel mit 50 Zimmern, DZ ab 1100 NOK.

Camping/Hütten:
Utladalen Camping: 6884 Øvre Årdal, Tel. 57 66 34 44, Fax 57 66 30 46, ganzjährig. Am Weg zum Vettisfossen, 14 Hütten, ab 350 NOK, Platz für Wohnmobile und Zelte.

 Freibad in Øvre Årdal tgl. 13–19; in Årdalstangen tgl. 12–18 Uhr.

Die schmale, ab Mitte Mai geöffnete, gebührenpflichtige **Straße Turtagrøveien** von Øvre Årdal nach Turtagrø oberhalb des Lusterfjords ist wegen der engen Kurven im ersten Abschnitt Wohnwagenfahrern nicht zu empfehlen; höchster Punkt: über 1300 m. Die Aussicht auf die Hurrungane im Osten ist fantastisch.
Bus: Anf. Juli–Anf. Sept. Årdalstangen–Øvre Årdal–Turtagrø.
Fähre: Mannheller–Fodnes, 30 Min., 26 x tgl.

Schnee!

Die Anreise von Lom im Gudbrandsdal über das **Sognefjell** zum Sognefjord (R 55) gehört zu den schönsten und auch für Kinder spannendsten Möglichkeiten, ins Fjordland zu gelangen. Die zur nationalen Touristenstraße gekürte Straße führt bis auf 1440 m hinauf, nach schneereichen Wintern (Wintersperre Anfang Dez.–Mitte Mai) ist sie noch im Sommer von meterhohen Schneewänden gesäumt.

Luster

Reiseatlas: S. 237, D–E 4
Dort, wo der Sognefjord am weitesten ins Land hineinreicht, liegt die Gemeinde Luster. Diese umfasst neben dem gleichnamigen Fjordarm auch die Hälfte von Norwegens größtem Gletschermassiv, dem Jostedalsbreen, sowie den westlichsten und wildesten Teil von Jotunheimen, der als Nationalpark geschützt ist.

Der kleine Ort **Skjolden** liegt am innersten Zipfel des Sognefjords, der über 200 km lang und damit der längste Fjord der Welt ist. Im Zentrum am Fjord befindet sich die ›Fjordstova‹ mit Café, Post, Bibliothek, Kletterwand, Badeanlage und Touristeninformation (Tel. 57 68 67 50).

Das quer verlaufende Mørkridsdal ist ein guter Ausgangspunkt für Wanderungen in **Breheimen** mit Norwegens größtem Gletscher, dem Jostedalsbreen – ein mindestens ebenso schönes, aber weniger besuchtes Gebiet als Jotunheimen. In Skjolden zweigt die 32 km lange, sehr schmale Fjordstraße zur Stabkirche von **Urnes** (s. S. 148) ab, die am Wasserfall Feigefossen (218 m freier Fall) vorbeiführt.

Die Fahrt von Skjolden weiter Richtung Sogndal führt am Fjord entlang. Bewaldete Berghänge wechseln mit grünen Wiesen und kleinen Siedlungen. Im eher unscheinbaren Fjorddorf Luster ist die um 1250 in gotischem Stil erbaute **Dale-Kirche** mit ihren Fresken sehenswert (im Sommer tgl. geöffnet). Von dem kleinen Fjordnest **Nes** aus bietet sich ein schöner Blick über den Sognefjord zum Wasserfall Feigefossen.

In **Gaupne,** dem Verwaltungszentrum der Lustergemeinde, kann man bequem Besorgungen erledigen: Das moderne Zentrum ›Pyramiden‹ vereint Post, Buchladen, Bibliothek mit Internet, Touristeninformation, Supermarkt, Café usw. unter einem Dach (im Sommer Mo–Sa 10–18 Uhr). Auf einer Anhöhe oberhalb des Zentrums steht die im Innern reich mit Rankenmalereien geschmückte **Gamle Kyrkje** aus der Mitte des 17. Jh. (1. 7.– ca. 10. 8. tgl. geöffnet).

Touristeninformationen: in Skjolden, Fjordstova, Tel. 57 68 67 50; in Gaupne, Tel. 57 68 15 88; www.lustertourist.com; Juni, Aug. tgl. 14–19, Juli tgl. 11–19 Uhr.

Munthehuset: Kroken, 6876 Skjolden, Tel./Fax 57 68 37 25. www.munthehuset.no. Wohnen auf dem Gehöft Ytre Kroken, in schöner Lage am Fjord, u .a. im gut 200 Jahre alten herrschaftlichen Holzhaus. DZ im Muntehuset 600–800 NOK, DZ im Haupthaus des Kroken Gard 500 NOK (WC/Dusche im Gang). Frühstück auf Wunsch, Küche kann benutzt werden.
Turtagrø Hotel: 6877 Fortun, Tel. 57 68 08 00, www.turtagro.no. Übernachtung in 2–5-Bettzimmern in der Schweizer Villa ab 285 NOK pro Pers. ohne Frühstück, Bettwäsche bzw. Schlafsack muss mitgebracht werden; im Haupthaus EZ 1010, DZ 1340 NOK, Turmzimmer noch etwas mehr. Auch Campen/Zelten ist möglich. In der ›Garage‹ gibt's eine Kletterwand. Angeboten werden Kletterkurse, Ski- und Gletschertouren. Turtagrø ist ein guter Ausgangspunkt für Skitouren (April–Juni).
Sognefjell Turisthytte: 2687 Bøverdalen, Tel. 61 21 29 34, Fax 61 21 29 33, geöffnet Ostern sowie Mitte Mai–Sept. Berghütte an der R 55 (ca. 35 km nordöstl. von Skjolden), 90 Betten, **Sommerskizentrum,** im Sommer tgl. Führungen auf die Gletscher Fannaråkbreen und Smørstabbreen.

Camping/Hütten:
Vetle-Kroken: 6876 Skjolden, an der Straße Skjolden–Urnes, Tel. 57 68 37 50, www.vetle-kroken.com. Unterkunft auf einem Bauernhof, Hütte 400–600 NOK, Vormietung von Kajaks, Organisation von Kajaktouren u. a. zur Stabkirche von Urnes.
Vassbakken Kro og ToppCamping: 6877 Fortun, Tel. 57 68 61 88, Fax 57 68 61 85, www.skjolden.com/vassbakken. An der R 55, 3 km von Skjolden Richtung Sognefjell im Fortunsdalen. 13 Hütten für 2–5 Pers. 350–700 NOK, Platz für ca. 50 Zelte, Wohnwagen und Wohnmobile. Kiosk mit Lebensmitteln, im grasbedeckten Gasthaus norwegische Hausmannskost.
Pluscamp Sandvik: 6866 Gaupne, Tel. 57 68 11 53, Fax 57 68 16 71, www.pluscamp.no/sandvik. Familiencampingplatz etwa 500 m von Gaupne, mit Spielplatz, Ballwiese, Bootsverleih. Platz für 50 Zelte und Wohnwagen, 8 komfortable Hütten mit Dusche/WC, 12 einfache Campinghütten, 320–1000 NOK.
Nes Camping: 6875 Høyheimsvik, Tel. 57 68 64 74. Kleiner Campingplatz am Sognefjord mit Blick zum Feigefossen. 8 Hütten für 4 Pers. ca. 300 NOK, Platz für 20 Zelte, Bootsverleih.

Kajaktouren auf dem Sognefjord, geführte Bergwanderungen, Kurse in Paddeltechnik, Verleih von Kajaks samt Ausrüstung, (s. Unterkunft Vetle-Kroken).
Wanderungen: Die Sognefjell-Turisthytte und Turtagrø (s.o.) sind beste Ausgangspunkte für Wander- und Klettertouren im **West-Jotunheimen-Nationalpark.**
Sognefjell Sommerskizentrum: Skjolden, www.skjolden.com/sommarski. Ski-

GRÜSSE AUS DER EISZEIT?

Gletscher werden im Norwegischen mit *bre, jøkul* oder *fonn* bezeichnet. Die mächtigsten Gletscher des Fjordlandes tragen diese Namen: Der **Jostedalsbreen** zwischen Sogne- und Nordfjord, ist das größte Gletschermassiv auf dem europäischen Festland. Seit 1991 ist ein Großteil der Eiswelt des Jostedalsbreen Nationalpark. Der **Hardangerjøkulen** ist zwar ›nur‹ der sechstgrößte Gletscher Norwegens, besticht aber durch seine exponierte Lage auf der Hardangervidda. Seit es die Bergenbahn gibt, ist es möglich, in Finse am Fuße des Gletschers aus der Bahn zu steigen. Der **Folgefonna** thront zwischen Hardangerfjord und einem seiner vielen Seitenarme, dem Sørfjord. Berühmte Kontraste bildet die blauweiße Eiskappe zu den blühenden Obstbäumen und bunten Blumenwiesen am Fjord.

Die Gletscher sind vermutlich nicht, wie früher angenommen, Reste eiszeitlicher Gletschermassen. Nach dem Ende der vorerst letzten großen Kälteperiode vor 10 000 Jahren folgte eine Warmzeit, die vermutlich innerhalb von 2000 Jahren das letzte Inlandeis zum Schmelzen brachte. Vor etwa 6000 Jahren begann sich das Klima dann wieder zu verschlechtern. Während der so genannten kleinen Eiszeit im 18. Jh. wuchsen vor allem die in den niederschlagsträchtigen Zonen Westnorwegens liegenden Gletscher drastisch an. Jahrhundertelang kultiviertes Land und Höfe wurden zerstört.

Eisfelder/Gletscher entstehen dort, wo der Schnee ganzjährig liegen bleibt und durch Niederschlag in Form von Schnee immer neue Auflagen erhält. Durch den eigenen Druck verwandelt er sich zu Eis. Nach vielen schneereichen Jahren wird der Druck des Eises so groß, dass es sich wie eine zähe plastische Masse der Schwerkraft folgend langsam nach unten bewegt. Die auf diese Weise vorrückenden Gletscherzungen führen Geröll- und Sandmassen mit, die sich bei Stillstand oder Rückgang in Moränen ablagern, die noch Jahrhunderte später Auskunft über die Bewegungen des Gletschers geben können. Ein Paradebeispiel dafür findet man im Tal des **Nigardsbreen:** Um 1700, zu Beginn der Kleinen Eiszeit, begann sich der Gletscher auszudehnen und wuchs bis 1748 um fast 3 km. Die Eismassen wälzten sich – einer Woge gleich – in das Tal, in dem seit Jahrhunderten Menschen auf dem Nigardshof siedelten. Das bedrohliche Vorrücken des Gletschers wurde von Mathias Foss – von 1741 bis zu seinem Tod im Jahre 1792 Gemeindepfarrer im Jostedal – ausführlich dokumentiert. Um 1742 notierte er, dass sich das Eis bis auf hundert Armlängen an die Felder des Nigardshofes herangeschoben hatte. Im August des folgenden Jahres war es dann soweit. Lange befürchtet und am Ende doch überraschend, erfasste die Gletscherzunge den Hof und »riss die Häuser fort, warf sie herum und wälzte sie vor sich her mit einer ungeheuren Menge von Erde, Kies und großen Felsbrocken … die Hofbewohner mussten mit ihren Besitztümern hastig das Feld räumen und Unterkunft suchen, wo immer es möglich war.« Um 1748 hatte der Gletscher seine größte Ausdehnung erreicht und begann sich zunächst nur langsam wieder zurückzuziehen. In manchen Jahren kam es dennoch erneut zu Vorstößen der Eismassen, so 1845, 1873, 1910 und 1930.

Die Geschichte des Rückzugs dokumentieren die Endmoränen auf dem Weg durch das Gletschertal. 1750–1975 schmolz der Nigardsbreen um insgesamt 4,5 km. Durch das Schmelzwasser bildete sich zwischen Gletscherrand und dem vorerst letzten größeren Moränenrücken von 1930 der See Nigardsbrevatn. Als Reaktion auf die schneereichen 1960er Jahre wachsen die Küstengletscher erneut, während die niederschlagsärmeren Inlandgletscher, beispielsweise in Jotunheimen, eher zurückweichen. Auf Grund ihrer unterschiedlichen topografischen Gegebenheiten weisen die einzelnen Gletscherarme sehr individuelle Reaktionszeiten auf. Der Nigardsgletscher reagiert beispielsweise relativ langsam auf Klimaveränderungen, – etwa mit einer Verzögerung von 20–30 Jahren. Schneller reagiert der **Briksdalsbreen**, ebenfalls ein Ausläufer des mächtigen Jostedalsbreen. Hier sind die Auswirkungen der schneereichen Winter am Ende der 1980er Jahre schon jetzt zu messen. Allein 1987/88–1995 wuchsen sowohl der Briksdalsbreen wie auch der benachbarte Kjenndalsbreen um über 400 m.

Gletscherwanderung am Briksdalsbreen

gebiet für Langläufer an der Sognefjell-hütte, R 55, 1400 m.ü.M. Im Sommer werden die Skiloipen tgl. gespurt, Verleih von Ausrüstung im Skizentrum.

 Busse: mehrmals tgl. Expressbus von Oslo.

Das Jostedalen

Reiseatlas: S. 237, D 3–4

Das schmale, in weiten Teilen bewaldete Tal (weniger als 500 Einw.) erstreckt sich von Gaupne am Lusterfjord knapp 40 km Richtung Norden zu den Ausläufern des Jostedalsgletschers, dessen reißendes Schmelzwasser sich im grünen, vom mitgeführten Kies milchigen Jostedalsfluss sammelt. Die Stra-

Aufs Eis geführt

Juni–Mitte Sept. werden auf dem Nigardsbreen geführte Wanderungen veranstaltet. Empfehlenswert für Familien mit Kindern ab fünf Jahren sind die gut einstündigen leichten Familientouren im Juli/Aug. 12 Jahre ist das Mindestalter für die 3–5-stündigen Blaueiswanderungen. Warme Kleidung, Sonnenbrille, festes Schuhwerk sind erforderlich, der Rest der Ausrüstung wird gestellt. Info/Buchung im Breheimsenter (siehe rechts) und unter www.jostedalen-breforarlag. no. (Kajaktouren auf dem Gletschersee bietet das Unternehmen Icetroll an, Info: www.icetroll.com.)

ße durch das Tal wurde als Transportweg für den Ausbau des Wasserkraftwerks im oberen Jostedal und Jostedalsbreen angelegt. In **Gjerde** zweigt die Straße ins grüne Krundal ab, an dessen Ende sich der steilste Gletscherarm des Jostedalsbreen, der **Bergsetbreen,** ins Tal ergießt. Das Krundal und das quer verlaufende Røykjedal eignen sich für Familienspaziergänge durch die schöne Almlandschaft.

Die größte Attraktion des Jostedal ist der **Nigardsbreen,** der den Betrachter beim Näherkommen mit seinen haushohen Spalten, spitzen Eistürmen, schwarz gähnenden Gletschertoren, reißenden Schmelzwasserbächen und unergründlichen blauen Tiefen in den Bann schlägt. Die 3 km lange, gebührenpflichtige Straße führt zu einem Parkplatz am Gletschersee **Nigardsvatnet.** Im ersten Abschnitt verläuft sie durch niedrige Birken- und Kiefernwälder, die zum Teil die beeindruckenden Endmoränen verdecken. Diese entstanden seit Mitte des 18. Jh. durch zeitweiligen Stillstand, Vorrücken und erneuten Rückzug der Gletscherzunge (s. S. 144f.). 1985 wurden der untere Teil des Nigardsbreen und der obere Bereich des Nigardstals zum Naturschutzgebiet erklärt. Am Eingang zum **Jostedalsbreen Nationalpark** befindet sich das **Breheimsenter** (Gletscherzentrum), in dem anschaulich das Naturphänomen Gletscher erläutert wird (Juni–Aug. tgl. 9–19 Uhr, Mai u. Sept. 10–17 Uhr, Tel. 57 68 32 50, www.jostedal. com; Cafeteria, Touristeninformation).

 Jostedal Hotell (früher Solvang Kafe & Pensjonat): Gjerde, 6871

Jostedal, Tel. 57 68 31 19, Fax 57 68 31 57, www.jostedalhotel.no. Freundlich geführtes kleines Hotel mit 17 Zimmern, DZ 850–950 NOK.

Camping/Hütten:
Gjerde Camping: 6871 Jostedal, Tel. 57 68 31 54, Fax 57 68 31 57. 5 km vor dem Gletscher, einfacher aber netter Platz, 10 Campinghütten, ca. 300 NOK, Platz für Wohnmobile und Zelte.
Nigardsbreen Camping: 6871 Jostedal, Abzweig von der Straße zum Nigardsbreen, Tel. 57 68 31 35. Wiese am rauschenden Fluss, 9 Hütten, ca. 300 NOK.

Gletscherbus tgl. von Sogndal über Gaupne zum Nigardsbreen und zurück, letzte Juniwoche bis Ende Aug. 8.45 Uhr ab Sogndal, 17 Uhr Rückfahrt vom Gletscherzentrum. Die Zeit reicht locker für eine geführte Gletschertour. Es ist auch möglich in Solvorn auszusteigen, dort die Fähre nach Urnes zu nehmen und die Stabkirche zu besichtigen (s. S. 148). Über den See verkehrt das **Boot** ›Jostedalsrypa‹ (im Sommer tgl. 10–18 Uhr), von dort gelangt man in etwa 15 Min. zu Fuß an die Gletscherzunge, am See entlang dauert die Wanderung zum Gletscher etwa 40 Min.

Hafslo

Reiseatlas: S. 237, D 4
Freundliches, weites Bauernland mit Höfen, Wiesen und sanft abfallenden Hängen prägt die Umgebung des lang gestreckten Dorfes. Bereits vor 2000 Jahren war diese Gegend dicht besiedelt. Oberhalb liegen in etwa 500 m Höhe die Almgebiete der Höfe im Tal. Grab- und Mauerfunde deuten darauf hin, dass zur Zeit der Wikinger das ganze Jahr dort oben Menschen wohnten.

Von Hafslo führt eine 35 km lange Straße, immer am lang gestreckten Veitastrondvatnet entlang, nach **Veitastrond** und weiter (gebührenpflichtig) zur Tungestølen Turisthytte, dem Ausgangspunkt für Touren zu einem weiteren Gletscherarm des Jostedalsbreen, dem **Austerdalsbreen,** den der englische Kletterpionier W. C. Slingsby als »the finest ice scenery in Europe« beschrieb.

In 1,5–2 Std. kann man zu den Gletscherzungen ›Thor‹ und ›Odin‹ wandern. Die Bewohner des Tals waren vor dem Bau des Tunnels im Winter durch Lawinen oft mehrere Wochen (bis zu 100 Tage!) von der Außenwelt abgeschnitten.

Hafslo Gjestehus: 6869 Hafslo, Tel. 57 68 65 75. www. hafslogjesthus. com. Einfache Pension mit Blick auf den See Hafslovatnet, 3 Hütten für 2–3 bzw. 3–5 Pers., ab 150 NOK pro Pers.

Camping/Hütten:
Marifjøra Sjøbuer: 6873 Marifjøra, Tel. 57 68 74 05, www.rorbu.net. 4 hübsche Reihenhütten für 5 Pers. im Rorbu-Stil über zwei Etagen, ausgestattet mit Dusche, TV, kleinem Gefrierschrank, zum nächsten Laden sind es 3 km, 650 NOK.
Gløtten Hytter: 6869 Hafslo, Tel. 57 68 44 44, Fax 57 68 14 48, www.hafslohytter.no. 3 komfortable Hütten im Blockhausstil mit Balkon zum See und Boot, ca. 550 NOK/Tag, 3700 NOK/Woche, gute Möglichkeiten zum Forellenangeln.
Tungestølen Turisthytte: 6878 Veitastrond, Tel. 94 18 90 29. 4 Zimmer 110–150 NOK, Platz für Zelte, im Sommer an den Wochenenden Führungen zu den

Gletscherzungen, Bewirtung; tgl. Busverbindung von Sogndal und Hafslo.

Urnes

Reiseatlas: S. 237, D 4
Der idyllische Fährort **Solvorn,** den so mancher Reisende nur ansteuert, um zur Stabkirche nach Ornes/Urnes überzusetzen, überrascht durch seine malerische Lage und seine hübschen Holzhäuser. Die Autostraße endet am Fjord.

Auf der anderen Fjordseite führt die Straße vom Fähranleger durch Kirsch- und Apfelplantagen mit weitem Blick über den Lusterfjord in etwa 15 Min. zur Urnes **Stabkirche.** Das in den Jahren 1130–1150 errichtete Gotteshaus mit den drei übereinander gebauten Holzschindeldächern und den winzigen Giebeln wirkt von außen eher bescheiden. Für den Bau griff man zum Teil auf das Material einer älteren Kirche zurück, so auch für das berühmte Nordportal, das oben und unten mit der Axt zurechtgestutzt und um etwa 80 cm verkürzt wurde. Auf ihm ringen schmale, ineinander verschlungene Fabeltiere in einem zornigen Kampf. Im Innern überraschen die warmen goldbraunen Töne, die zahlreichen Schnitzereien und Kunstschätze. Die Stabkirche steht auf der UNESCO-Liste der schützenswerten Kulturdenkmäler (www.urnes.no, Anf. Juni–Ende Aug. tgl. 10.30–17.30 Uhr).

 Walaker Hotell: 6879 Solvorn, Tel. 57 68 20 80, Fax 57 68 20 81, www. walaker.com. Traditionsreiches, charmantes Hotel mit einem hübschen Rosengarten und Galerie, 24 Zimmer mit 45 Betten, DZ ab 1350 NOK (DZ mit historischem Interieur 1900 NOK).

Die **Fähre** ›M/S Urnes‹ fährt von Solvorn nach Urnes, die Mitnahme von Autos ist möglich; Anf. Juni–Ende Aug. 9 x tgl., Anf. Sept.–Anf. Juni 3–4 x tgl., Überfahrt 15–20 Min.

Sogndal/Kaupanger

Reiseatlas: S. 237, D 4
Sogndal, das auf Grund seiner günstigen Lage am Fjord schon relativ früh dicht besiedelt war, ist das Versorgungs-, Ausbildungs- und Kulturzentrum für den gesamten Inneren Sogn. Moderne Beton- und Glasbauten dominieren das Ortsbild entlang der Hauptstraße, unten am Fjord sind dagegen mehrere alte Holzgebäude erhalten. Wer noch etwas für die Weiterreise braucht – seien es Infos, Lebensmittel, Ausrüstung – sollte sich in Sogndal versorgen. Im Kulturhaus liegen Zeitungen aus.

Zwischen Sogndal und Kaupanger liegen die sehenswerten **Heibergske Samlinger/Sogn Folkemuseum.** Das Freilichtmuseum umfasst die kulturhistorischen Sammlungen des Gutsbesitzers Gert Falch Heiberg und dokumentiert das Leben der Sogndaler seit dem 16. Jh. Auf dem großen, mit lichtem Kiefernwald bewachsenen Museumsgelände sind außerdem über 20 Gebäude aus der Sogn-Region aufgestellt, selbst die zu einem Hof gehörenden Tiere wie Fjordpferde, Schafe, Schweine und Hühner findet man hier, ebenso wie Picknickplätze und Kinderspielplatz, viele Aktivitäten für die ganze Familie (Juni–Aug. tgl. 10–17 Uhr; Mai u. Sept. tgl. 10–15 Uhr. Der Eintritt gilt auch für das Sogn Fjordmuseum in Kaupanger, s. u.).

Seine wohl bedeutendste Zeit erlebte das im Innern der Amlabucht gelegene **Kaupanger** (*kaupang* = Handels- und Umschlagplatz) im Mittelalter. Im 16. Jh. geriet es als Markt- und Handelsort immer mehr in den Schatten von Lærdalsøyri auf der anderen Seite des Fjords. In der um das Jahr 1200 errichteten **Stabkirche** werden heute noch Gottesdienste abgehalten. Die Kirchenschiff und -chor schmückenden Malereien mit dem interessanten Notenband stammen aus dem frühen 17. Jh. (im Sommer tgl. 9.30–17.30 Uhr). Direkt am Fähranleger befindet sich das **Sogn Fjordmuseum**. Die

Sammlung umfasst neben Frachtseglern und Fischkuttern auch Kirchruderer und Eisboote mit Kufen aus der Zeit von 1800 bis ca. 1920 (Juni–Aug. tgl. 10–17 Uhr, Eintritt s. Heibergske Samlinger/Sogn Folkemuseum).

Etwas oberhalb des Fjords liegt der Bauernhof **Amla Nedre.** Der ehemalige Amtshof von 1840 steht unter Denkmalschutz. Heute ist seine Haupteinnahmequelle ökologische Fleisch-, Obst- und Holzproduktion. Unterhalb des Hofes befinden sich eine Badestelle, Picknicktische/-wiese sowie ein schlichter Campingplatz (nur Toiletten und kaltes Wasser).

Sognefjorden AS/Turistinformasjon: im verglasten Kulturhaus, 6852 Sogndal, Tel. 57 67 30 83, Fax 57 67 28 06, www.sognefjorden.no; Hauptsai-

Im Freilichtmuseum Sogn Folkemuseum

son Mo–Fr 9–20, Sa 9–17, So 15–20 Uhr, sonst Mo–Fr 10–16 Uhr.

Hofslund Fjord Hotel: 6856 Sogndal, Tel. 57 62 76 00, www.hofslund-hotel.no. Weißer, großer und doch ein wenig verspielter Hotelkomplex mit dem Rücken zur befahrenen Hauptstraße. Garten mit im Sommer beheiztem Schwimmbad direkt am Fjord. 100 Betten, DZ 800–860 NOK, 4 Hütten mit je 4 Betten für 500–600 NOK.

Amble Gård Feriehus: 6854 Kaupanger, Tel. 57 67 81 70, Mobil 41 24 53 51, www.amblegaard.no, Vermietung nur im Sommerhalbjahr. Fünf liebevoll renovierte Ferienhäuser mit Panoramablick und Platz für 4–12 Pers., 5600–12 000 NOK pro Woche, Ruderboote stehen zur freien Verfügung.

Sognal Vandrarheim: 6856 Sogndal, Tel. 57 67 20 33, Fax 57 67 31 45, Mitte Juni–Mitte Aug. Jugendherberge an der Straße Richtung Kaupanger, 33 Zimmer, ab 160 NOK pro Pers.

Camping/Hütten:

Stedje Camping: 6856 Sogndal, Tel. 57 67 10 12, Fax 57 67 11 90, www.scamping.no, Mitte Mai–Ende Aug. Hütten und Wohnungen inmitten von Obstbäumen in Fjordnähe, an der R 55 in Richtung Hella, etwa 1 km von Sogndal Zentrum, 250–600 NOK.

Alf Kollsete Hytter: 6856 Sogndal, Tel. 57 67 99 14, Ostern, Mitte Mai–Ende Aug. Acht komfortable Hütten mit 4–8 Betten und Kamin, 2500–3400 NOK pro Woche, einsame Lage in den Bergen an der R 5 Richtung Fjærland, mit grandioser Aussicht, 1 km zum Alpin-Skigebiet, gute Wandermöglichkeiten.

Vesterland Feriepark: 6852 Sogndal, Tel. 57 62 71 00, Fax 57 62 72 00, www.vesterland.no, ganzjährig. Große Anlage, ca. 6 km außerhalb an der Straße von Sogndal nach Kaupanger, 107 Hütten und Woh-

nungen, für 2–3 Pers. ab 885 NOK, für 4–5 Pers. ab 1150 NOK, im Meditationshaus findet man Sauna, Dampfbad, Sprudelbad …, es gibt Tennisplätze, Minigolf und einen großen Spielbereich für Kinder.

Flug: Von Sogndal Flüge nach Bergen und Oslo mit www.videroe.no.
Express-Busse nach Florø/Førde, Oslo, Bergen, Lillehammer.
Expressschiff: Bergen–(Balestrand)–Sogndal, 1x tgl.; Sogndal–Selje, 1 x tgl.
Fähren: Fodnes–Mannheller, 30 Min., 26 x tgl.; Lærdal–Kaupanger–Gudvangen, nur Mai–Sept., Reservierung für Pkw Tel. 55 90 70 60.

Von Sogndal nach Hella

Reiseatlas: S. 236/237, C–D 4

Mit ihren über 80 000 Obstbäumen zählt die Leikanger-Gemeinde zu den sechs größten Fruchtproduzenten Norwegens. Ab Mitte Mai sind die Orte Hermansverk und Leikanger von einem Blütenmeer umgeben. Das Klima ist so mild, dass hier sogar Pfirsich-, Aprikosen- und Walnussbäume gedeihen. Die Straße zum Fährort Hella führt immer direkt am Fjord entlang.

In **Hella** endet die Straße. In dem winzigen Fährort im Herzen des Sognefjords gibt es wenig mehr als einen Kiosk und den Fähranleger.

Sognefjord Hotell: 6863 Leikanger, Tel. 57 65 11 00, www.sognefjord.com, ganzjährig. Moderner Hotelkomplex mit Hallenbad und Sauna, 55 Zimmer, EZ ab 900, DZ ab 1100 NOK.

Leikanger Fjord Hotel: 6863 Leikanger, Tel. 57 65 36 22, Fax 57 65 40 30, www.leikanger-fjordhotel.no, April–Okt. Seit

1920 im Familienbesitz, 50 Zimmer am Fjord, wie so häufig im Fjordland gibt es einen neuen Trakt und ein altes hübsches Haupthaus, EZ ab 970, DZ ab 1200 NOK, mindestens 2 Nächte.

 Fähre Hella–Vangsnes, 15 Min., 20 x tgl.; Hella–Dragsvik, 10 Min., 31 x tgl.

Balestrand

Reiseatlas: S. 236, C 4
Schon im 19. Jh. zog der hübsche Fährort Maler aus ganz Europa an. Im Ort entdeckt man noch einige im Schweizerstil erbaute **Künstlervillen.**

Nur wenige Gehminuten vom Fähranleger entfernt befindet sich die 1897 im ›Drachenkopfstil‹ erbaute **St. Olavs Church.** Sie wurde auf Initiative einer englischen Pfarrerstochter, die nach Balestrand geheiratet hatte, für die zahlreichen englischsprechenden Touristen errichtet.

Einen Überblick über die Geschichte des Fremdenverkehrs bietet das im Aufbau befindliche **Vestnorsk Reiselivsmuseum** (Westnorwegisches Touristikmuseum) mit Kunst- und Themenausstellungen. Im 19. Jh. trugen vor allem norwegische Künstler, die den Sommer im Fjordland verbrachten, den Rest des Jahres aber an deutschen Kunstakademien lernten und lehrten, die Kunde von der Schönheit Westnorwegens ins Ausland (Öffnungszeit über Touristenbüro).

Im erlebenswerten **Sognefjord Aquarium** direkt am Fjord im Ortszentrum kann man neben Fischen und Seetieren, die im Sognefjord zu finden sind, auch eine Diashow ›Balestrand im

Schweizerstil

Gegen Ende des 19. Jh. gewann in der norwegischen Architektur eine Stilrichtung an Einfluss, die der traditionellen Freude an der Schnitzkunst fantastische Ausdrucksmöglichkeiten bot: der so genannte Schweizerstil. Gebäude wurden mit verzierten Geländern und Balkonen, Erkern und Giebeln ausgestattet. Unbedingt ansehen sollte man **Kvikne's Hotel** in Balestrand, Nordeuropas größtes Holzgebäude.

Wechsel der Jahreszeiten‹ sehen (im Sommer tgl. 10–18, Vor- und Nachsaison 10–16 Uhr, Café mit feinster Fjordaussicht, Bootsverleih).

Viele archäologische Funde, vor allem in den zahlreichen Grabhügeln, deuten darauf hin, dass Balestrand in der Völkerwanderungs- und der Wikingerzeit dicht besiedelt war. Die üppigen Grabbeigaben (darunter eine Weinkaraffe aus dem Frankenreich) lassen auf wohlhabende und einflussreiche Familien schließen. Beeindruckend sind die **Belehaugane,** zwei Grabhügel an der Fjordstraße Richtung Süden, 5–10 Min. zu Fuß vom Hafen entfernt. Auf einem der Grabhügel thront der legendäre Wikingerkönig Bele, die Statue wurde im Jahre 1913 vom sagabegeisterten Kaiser Wilhelm II. gestiftet (s. S. 130f.).

Von Balestrand führt die Fjordstraße (R 13) über das wilde **Gaularfjell.** Auf alten Pfaden abseits der Hauptstraße

151

Am Fjærlandsfjord

verläuft der **Fossestien** (Wasserfall-pfad) vom Gaularfjell hinab ins Viksda-len. Der 23 km lange Wanderweg pas-siert 14 Wasserfälle und sieben Seen (500 m Höhenunterschied). Fünf Aus-gangspunkte sind ausgeschildert.

Turistinformasjon: am Hafen, Tel. 57 69 12 55, im Sommer tgl. geöff-net, im Winter Mo–Fr.
Sognefjord Destination: P. O. Box 53, 6898 Balestrand, Tel. 57 69 16 17, Fax 57 69 14 31, www.sognefjord.no.
Durch das Ortszentrum von Balestrand führt ein Kulturlehrpfad zu verschiedenen Kulturdenkmälern. Eine Broschüre ist in der Touristeninfo erhältlich. Es werden auch geführte Rundgänge angeboten.

Kvikne's Hotel: 6899 Bale-strand, Tel. 57 69 42 00, Fax 57 69 42 01, www.kviknes.no. Histori-sches Prachthotel am Fjord, 200 Zimmer, Bed & Breakfast DZ ab 1530 NOK.
Askelund Futegard: 6899 Balestrand, Tel. 57 69 12 02, Fax 57 69 21 24, www. askelund.no. Denkmalgeschütztes Haus aus dem Jahre 1790, edel und schön, 10 Zimmer in der 2. Etage, EZ 700, DZ 1000 NOK, Essen wird drinnen oder draußen serviert.
Midtnes Pensjonat: 6899 Balestrand, Tel. 57 69 11 33, Fax 57 69 15 84, www. midtnes.no. Pension im Zentrum mit 32 Zimmern (die meisten mit Fjordblick), EZ 610–675, DZ 770–880 NOK, Boots- und Fahrradverleih, Billard und Dart.
Balestrand Hotel: 6899 Balestrand, Tel. 57 69 11 38, www.balestrand.com, Mai–Sept. Pension mit modernem Anbau, ins-gesamt 30 Zimmer, 15 davon mit Balkon und Fjordblick, DZ 790–940 NOK, mind. 2 Nächte.

Camping/Hütten:
Sjøtun Camping: 6899 Balestrand, Tel. 57 69 12 23, www.sjotun.com, Juni–Sept. Schöne Fjordlage, ca. 1 km von Bale-strand, elf Hütten mit 4–6 Betten, 240–320 NOK, 40 Plätze für Wohnmobile, 30 für Zelte, Bademöglichkeit.
Veganeset Camping: Veganeset, Drags-vik, 6899 Balestrand, Tel. 57 69 16 12, Fax 57 69 16 12, www.veganesetcamping.no, Mitte Mai–Mitte Sept. 9 km von Bale-strand, in der Nähe des Fähranlegers in Dragsvik. Hütten 240–490 NOK, eigener Fjordstrand mit Bademöglichkeit.

Haukås Emaillewerkstatt in Drags-vik, Mo–Fr 10–17 Uhr. Emaille-Schmuck und Bilder.

Bus: Sommerbus Balestrand–Moskog–Sandane/Stryn.

Expressboot: Bergen–Balestrand–Sogndal, 1 x tgl.
Fähren: Dragsvik–Vangsnes, 25 Min., 23 x tgl., Dragsvik–Hella, 10 Min., 30 x tgl.

Fjærland

Reiseatlas: S. 237, D 4
Am Ende des schmalen, 25 km langen Fjærlandsfjords, nur knapp 10 km von den Gletscherzungen des Jostedalsbreen entfernt, liegt der kleine Ort Fjærland, der ›Straßengeschichte‹ geschrieben hat: Erst 1986/87 erhielt er durch den 6 km langen Tunnel, der unter dem Gletscher hindurch nach Jølster führt, Straßenanbindung.

Fjærland entwickelte sich schon früh zu einem Zentrum des Gletschertourismus. Ein Besuch im **Norwegischen Gletschermuseum** (Bremuseum) ist auch für Kinder spannend und lehrreich: alles Wissenswerte rund um Gletscher, Eis und Schnee. Fantastisch ist der Panoramafilm, hautnah fliegt man über die Furcht einflößenden Eisspitzen und durch die Eisschluchten des Jostedalsbreen. Mit Café (3 km nördlich von Fjærland, Tel. 57 69 32 88, www.bre.museum.no, Juni–Aug. tgl. 9–19, April/Mai, Sept./Okt. 10–16 Uhr).

Von Fjærland aus sind zwei Gletscherarme bequem mit dem Auto zu erreichen. Zum **Suphellebreen** gelangt man über eine 5 km lange Seitenstraße zu einem Parkplatz. Weit oben türmen sich die gewaltigen und wilden Eismassen des Hauptgletschers auf. An der Flatbrehytta, die in 2–3 Std. vom Parkplatz aus zu erreichen ist, beginnen geführte Gletschertouren auf den **Flatbreen.** Von der Hütte bietet sich ein fantastischer Blick über den Fjærlandsfjord (Übernachtung in der Flatbrehytta möglich, 1000 m Höhenanstieg zur Hütte!). Geführte Wanderungen dauern insgesamt 6–8 Std., Info in der Touristeninfo Fjærland.

Der **Bøyabreen** liegt unmittelbar neben der Hauptstraße, die hier in den Tunnel führt. Im Sommer kommt es häufig zu Schnee- und Eisabbrüchen, deren dumpfes Grollen durch das friedliche grüne Tal dröhnt. Vom Parkplatz an der Brævasshytte mit Restaurant/Souvenirladen gelangt man in wenigen Minuten auf schmalen, durch Birkenwald führenden Trampelpfaden bis zum Gletschersee.

Fjærland Reisehuslag: 6848 Fjærland, Tel. 57 69 32 33, Fax 57 69 12 78, www.fjærland.org.

Hotel Mundal: 6848 Fjærland, Tel. 57 69 31 01, Fax 57 69 31 79, www.fjordinfo.no/mundal, Mai–Sept. Schönes, 1891 im Schweizerstil erbautes Holzhaus, meist ausgebucht, 35 Zimmer, EZ 920, DZ 1390–1720 NOK.

Camping/Hütten:
Bøyum Camping: Tel. 57 69 32 52, Mai–Sept. Moderne Anlage am Gletschermuseum, Hütten mit 1 oder 2 Schlafzimmern für 680 bzw. 950 NOK, Unterkunft auch im Schlafsaal unterm Grasdach, Platz für 95 Wohnmobile und 95 Zelte, Bootsverleih.
Flatbrehytta: Info auch im Gletschermuseum, Mai–Okt. Zwei Hütten mit 18 Betten, für den Aufstieg vom Hof Øygarden (Lage 1000 m über dem Meeresspiegel) muss man 2–3 Std. rechnen, Tel. 57 69 32 29.

Pkw: Bei der Planung von Tagesausflügen bitte bedenken: Die Maut für die Tunnelstrecke Fjærland–Sogndal beträgt pro Pkw ca. 160 NOK, macht hin und zurück 320 NOK!
Bus: Seit der Eröffnung des Tunnels zwischen Fjærland und Sogndal fahren die Expressbusse von/nach Oslo über Fjærland 3 x tgl.
Boot: Im Sommer Autofähre von Fjærland nach Balestrand, Hella und Vangsnes. Expressboot Fjærland–Balestrand, Mai–Sept. 2–3 x tgl., Info: www.fjord1.no. Im Sommer fährt ein Bus vom Anleger zum Gletschermuseum und zu den Gletschern.

Bokbyen

Seit 1996 findet man in dem 300-Seelen-Dorf Fjærland Skandinaviens erste und Europas achte Bücherstadt. Zahlreiche Antiquariate mit einer Themenpalette von Krimis über Geschichte bis Kinderliteratur sind in Holzhäusern und Fischerschuppen untergebracht, hauptsächlich norwegische Titel, das Angebot englischer und deutscher Titel nimmt aber zu (Mitte Mai–Anf. Sept. tgl. 10–18 Uhr, Tel. 57 69 22 10, www.booktown.net, www.bokbyen.no).

DER NORDFJORD

Fern dem Meer verzaubert Jølster mit traumhaft schöner, von Wiesen, Wald und Bauernhöfen geprägter Landschaft. Über Byrkjelo geht es zu verträumten Dörfern am Nordfjord. Durch spektakuläre Moränenlandschaften zu den Gletschern Briksdalsbreen, Kjenndalsbreen, Bødalsbreen bis nach Stryn.

Jølster

Reiseatlas: S. 236, C 3–4

Rund um den 30 km langen See **Jølstravatnet,** der für seinen Forellenreichtum bekannt ist (Bootsverleih in den Übernachtungsbetrieben), erstreckt sich die Gemeinde Jølster, die als einzige des Fjordlands keinen Zugang zum Salzwasser hat. Der See Jølstravatnet ist umgeben von fruchtbaren Wiesen, Bauernhöfen und bewaldeten Hügeln. Im Süden und Osten erheben sich gewaltige Berge mit den Ausläufern des Jostedalsbreen – eine Bilderbuchlandschaft, die viele Künstler inspiriert hat.

In Vassenden, am Westende des Sees, befindet sich das **Jølstra-Museum,** eine inmitten eines Birkenwaldes angelegte Sammlung alter Hofgebäude sowie von Gegenwartskunst und Kunsthandwerk (im Sommer tgl. 12–17 Uhr; die Kunstwerke stehen auch zum Kauf).

In Ålhus auf der Nordseite des Sees stellt die **Eikaasgalleriet** die Sammlungen des in Jølster geborenen Malers Ludvig Eikaas aus (Mitte Juni–Mitte Aug. tgl. 11–17 Uhr, sonst reduzierte Öffnungszeiten, Jan.–März geschl.).

Auf der Südseite des Sees liegt der idyllische Hof **Astruptunet.** Der bis etwa 1950 bewirtschaftete Hof bietet eine schöne Aussicht auf den Jølstra-See. Wie der Name sagt, handelt es sich um den Sitz des bekannten westnorwegischen Malers Nikolai Astrup (1880– 1928), dessen Bildmotive fast ausschließlich in der Umgebung von Jølster zu finden sind. Die verschiedenen Wohn- und Wirtschaftsgebäude des Hofs samt liebevoller Einrichtung geben einen guten Eindruck vom beengten Leben der neunköpfigen Familie. Einige der Zimmer sind noch im Originalzustand erhalten, wie man auf den Gemälden von Astrup erkennen kann (Ende Mai–Anf. Sep. tgl. 11–17, Hochsaison 10–18 Uhr, www.astruptunet.no; Führungen, Film, Café).

Skei am Ostende des Sees war bereits vor 100 Jahren ein beliebtes Ziel ausländischer, vornehmlich englischer Touristen. Der Ort ist für sein seit Jahrhunderten überliefertes Kunstgewerbc bokannt. Bereits zu Beginn des 19. Jh. begann die Weberin Olina Fossheim, alte Muster zu sammeln, die später in der **Audhild Vikens Vevsto-**

ve (an der Straße nach Byrkjelo) als Vorlage dienten. Heute stricken und weben ca. 150 Frauen in Heimarbeit für diese Webstube. Im Eldorado des Kunsthandwerks wird dem Touristen alles offeriert, was er sich unter ›echt norwegischem‹ Souvenir nur vorzustellen vermag. Ganzjährig geöffnet ist ›Julebutikken‹, der Weihnachtsladen; Cafeteria.

Jølster Reiseliv: 6841 Skei i Jølster, Tel. 57 72 85 88, Fax 57 72 19 55, www.jolster.com, in der Hochsaison Mo–Fr 9–19, Sa 10–16, So 15–19 Uhr, im Winter Mo–Fr 8–15.30 Uhr.

Skei Hotel: 6843 Skei i Jølster, Tel. 57 72 78 00, Fax 57 72 78 01, www. skeihotel.no. 210 Betten in modernem Hotelkomplex mit Schwimmbad, Sauna und Solarium, DZ ab 1420 NOK, für den schönen Blick über den See und Balkon muss man noch ein paar Kronen drauflegen, DZ ab 1590 NOK.

Camping/Hütten:
Pluscamp Jølstraholmen: 6847 Vassenden, Tel. 57 72 89 07, Fax 57 72 75 05, www.pluscamp.no/jolstraholmen. Ganzjährig geöffneter familienfreundlicher, großer Campingplatz mit Laden, Tankstelle, Café. 21 Hütten und Wohnungen (3–7 Pers.) für 290–825 NOK, zuzüglich Endreinigung; Minigolf, Wasserrutsche und Spielplatz für die Kleinen.
Jølsterlia Hyttetun: Årdal, 6843 Skei, Tel. 57 72 66 30, Fax 57 72 68 33, www.jolsterlia.no. Fünf Hütten (56–73 m^2) mit zwei oder drei Schlafzimmern, große überdachte Terrasse mit Panoramablick über das Tal, den See, die Gletscher und umliegende Berge, 500–700 NOK/Tag.
Hamnavika Feriehytter Dvergsdalen: 6843 Skei, Tel. 57 72 82 27/91 78 74 99, www.hamnavika.no. Zwei grasbedachte Komforthütten für 6–8 Pers. ab 800 NOK pro Tag, 5400 NOK pro Woche, Kaminofen, Waschmaschine, große Terrasse, an der Südseite des Sees, 35 m zum Wasser, 4 km zum Kaufmann, Boot inkl.
Dvergsdal Feriehytter: 6843 Skei, Tel. 57 72 81 26, Fax 57 72 81 53. Komfortable und großzügig verteilte Hütten und Ferienhäuser für 4–8 Pers. an der Südseite des Sees, Wochenpreise ca. 5600–7000 NOK.

Angeln: hervorragende Angelmöglichkeiten im See Jølstravatnet und im Fluss Jølstraelva. Das Norsk Fiskesenter in Vassenden organisiert Angelausflüge. Für Ausrüstung und Angelschein wird gesorgt. Ortskundige Führer garantieren erfolgreichen Fang. Auskünfte in der Touristeninfo.
Rafting: zum Raften bieten sich die Flüsse Stardalselva (für Anfänger) und Jølstra (für Fortgeschrittene) an. Der Jølstra gilt als einer der besten Raftingflüsse Skandinaviens, Info und Buchung: Jølster Rafting AS, Skei i Jølster, Tel. 90 06 70 70, www.jolster-rafting.no.

Bus: Expressbus Sogn og Fjordaneekspressen Florø/Førde–Høyanger/Skei–Sogndal–Gol–Oslo, 2 x tgl.

Byrkjelo

Reiseatlas: S. 236, C 3
Die schon zur Wikingerzeit dicht besiedelte Umgebung von Byrkjelo gehört zu den fruchtbarsten Gebieten in Fjordane. Große Bauernhöfe, saftiges Weideland und Heuwiesen prägen die grünen Höhen. Unten im Tal befindet sich das Zentrum an der Kreuzung der E 39 mit

der R 60. Die E 39 führt nach Westen via Sandane nach Nordfjordeid und auf der R 15 weiter nach Måløy, die R 60 über die Berge gen Norden nach Stryn.

Von Byrkjelo nach Stryn steigt die R 60 zunächst zum **Utvikfjell** hinauf, das einen grandiosen Blick über den Nordfjord bietet. Bei einem Stopp im Hotel Karistova (Tel. 57 87 65 13) lässt sich bei Kaffee und Waffeln der Panoramablick genießen.

Durch Kiefernwald geht es vom Utvikfjell in Serpentinen hinab zum Fjord in das verträumte **Utvik,** dessen Häuser sich um die aus dem 19. Jh. stammende Kirche drängen. Auch das 7 km entfernte **Innvik** am gleichnamigen Fjord ist ein eher verschlafener Ort, der nur im Sommer aus der Ruhe erwacht.

Turistinformasjon: Byrkjelo Zentrum, 6826 Byrkjelo, Tel. 57 86 73 01, nur im Sommer Mo–Fr 10–17, Sa 11–18 Uhr.

Sandal Gardsturisme: 6826 Byrkjelo, Myklebustdalen, Tel./Fax 57 86 88 21, www.breim.net/gardsturisme. Bauernhof in einem Seitental ca. 5 km von Byrkjelo, Blick über den See Sandalsvatn, mit kleinem Museum und Kräutergarten, diverse Aktivitäten wie Almbesuch, Angeln und Backen, Häuser für 8 Pers. 6400 NOK pro Woche.
Innvik Fjordhotel (IMI): 6793 Innvik, Tel. 57 87 42 52, Fax 57 87 43 95, www.innvikfjordhotell.no. Hotel mit 34 Betten, keine architektonische Meisterleistung aber gute Lage am Fjord, Sauna, Solarium, Fitness. EZ 705, DZ 950 NOK.

Camping/Hütten:
Byrkjelo Camping & Hytter: 6826 Byrkjelo, Tel. 91 73 65 97. Im Ortszentrum an

der E 39, mit beheiztem Schwimmbad, Campinghütten 690 NOK.
Fransøyra Hytteutleige: 6797 Utvik, Tel. 57 87 65 44. Zwei gut ausgestattete Hütten für 2–8 Pers, schöne Fjordaussicht, ca. 400 m westl. des Zentrums, 500 NOK.

Reiten: Norsk Fjordhestgard, 6827 Breim, Tel. 57 86 83 15, www.fjordhestgarden.no. **Unterricht** und **Ausritte** auf Fjordpferden in Breim westlich von Byrkjelo Richtung Sandane. In Sandane befindet sich das Freilichtmuseum **Nordfjord Folkemuseum** mit vielen Häusern aus dem 18. und 19. Jh. (Mitte Mai–Mitte Sept. Mo–Fr 9–16, Anfang Juli–Mitte Aug. auch So 13–16 Uhr).

Bus: Expressbusse von Byrkjelo 2–03 x tgl. nach Oslo, Florø, Bergen, Ålesund und Trondheim.

Olden

Reiseatlas: S. 237, D 3

Das am südlichsten Fjordzipfel gelegene Olden ist vor allem als Ausgangspunkt für Ausflüge zu einem der schönsten Gletscherarme Norwegens, dem **Briksdalsbreen,** bekannt. In dem fruchtbaren, etwa 20 km langen Oldedalen, das bis unmittelbar an die Ausläufer des Jostedalsbreen heranreicht, liegen zahlreiche Bauernhöfe. Seit Menschengedenken werden im Tal *Fjordinge,* ruhige stämmige Nordfjordpferde, gehalten, die nicht nur als Arbeitstiere in der Landwirtschaft von Nutzen waren, sondern bereits im 19. Jh. im Rahmen des florierenden Gletschertourismus eine bedeutende Rolle spielten. Mehr als 100 Jahre lang konnte man sich von der Briksdalsbre Fjellstove (Souvenirverkauf

und Cafeteria sowie Unterkunft) mit einachsigen Pferdekutschen bis kurz vor den Gletscher fahren lassen, heute haben die neuen ›Trollautos‹ den Transport übernommen. Nach wie vor kann man sich aber auf der gleichen Route zu Fuß aufmachen (etwa 1 Std.). Vom oberen Parkplatz sind es noch ca. 20 Min. Fußweg durch Birkenwald zum Gletschersee und den imponierenden Eismassen.

Briksdalsbreen Touristinformation: 6792 Briksdalsbre, Tel. 57 87 68 00, Fax 57 87 68 01, wwww.briksdalsbre.no.

Olden Fjordhotel: 6788 Olden, Tel. 57 87 04 00, Fax 57 87 04 01, www. olden-hotel.no, Mai–Mitte Sept., Hotel am Fjord zw. Olden und Loen, alle Zimmer mit Fjordblick, ab 650 NOK pro Pers. im DZ.
Melkevoll Bretun: 6792 Briksdalsbre, Tel. 57 87 38 64, Fax 57 87 38 90, www.mel kevoll.no. Am Talende mit Gletscherblick,

Früher machte man sich mit der Kutsche auf den Weg zum Briksdalsbreen

nirs, Touristinfo. EZ 550, DZ 850 NOK, Hütte 400 NOK, Ausgangspunkt für Gletschertouren.

Camping/Hütten:
Oldevatn Camping: 6788 Olden, Tel. 57 87 59 15, www.oldevatn-camping. com. In idyllischer Lage zwischen zwei Seen, 13 km von Olden, 9 km von Briksdal. Campinghütten für 4 Pers. 550–700 NOK in der Hauptsaison, Spielplatz.
Gryta Camping: 6788 Olden, Tel./Fax 57 87 59 36, www.gryta.no, Mitte Mai–Sept. Schöner Platz am See Oldevatn mit Traumaussicht auf Gebirge und Gletscher, Hütten 450–600 NOK, Minizoo, Spielplatz, Bootbenutzung gratis für Gäste, 10 km zum Gletscher Briksdalsbreen.

Mit ›Trollautos‹ zum Gletscher Briksdalsbreen: Treffpunkt Briksdalsbreen Fjellstove. Info: Oldedalen Skysslag, 6792 Briksdalsbre, Tel. 57 87 68 00, www.briksdalsbre.no.
Gletscherwanderungen: Olden Aktiv bietet 2–4-stündige Wanderungen auf den Briksdalsbreen an (davon ca. 2 Std. auf Eis), Eisklettern auch für Anfänger, Mindestalter ist 10 Jahre. Anmeldung und Abmarsch tgl. in der Hauptsaison 10, 11, 13, 14 und 16 Uhr ab Melkevoll Bretun, Info: Tel. 57 87 38 88, www.oldenaktiv.no.
Briksdal Breføring: Gletscherwanderungen auf dem Briksdalsbreen (3–4 Std., davon 1,5–2 Std. auf dem Eis), in der Hauptsaison tgl. Abmarsch an der Briksdalsbree Fjellstove 10, 11, 13, 14, 16 Uhr. Auf dem Programm stehen auch kürzere Familientouren, 5–6-stündige Blaueistouren (3 Std. auf dem Eis), Wandor und Kletter-Kombitouren, Bødalsbreen-Touren und Touren nach Lodalskåpa. Info: Tel. 57 87 68 00, Fax 57 87 68 01, www.briksdalsbre.no.

kostenlose Saunabenutzung für Gäste, Camping und Ferienhütten 420–750 NOK, Matratzenlager unterm Dach 90 NOK pro Tag; steinzeitliches Übernachten in der ›Steinalderhola‹ – Schlafbänke für 20 Pers., in der Mitte eine Feuerstelle: 110 NOK.
Briksdalsbreen Fjellstove: 6792 Briksdalsbre, Tel. 57 87 68 00, Fax 57 87 68 01, www.briksdalsbre.no. Berghütte/Gasthof am Ende des Oldedalen, von hier führt der Fußweg zum Gletscher, Cafeteria, Souve-

KRACHEN VOM RABENBERG

Am Abend des 15. Januar 1905 erklang ein lautes Krachen vom Ramnefjell (*ramn* = Rabe). Ein etwa 100 m hohes, 50 m breites und 10 m dickes Bergstück löste sich in 500 m Höhe und stürzte in einer Lawine von Gesteinsschotter in den See Lovatnet. Die dadurch ausgelöste Flutwelle überflutete die am See liegenden Ortschaften Bødal und Indre Nesdal. 58 Menschen fanden den Tod. Die ebenfalls dicht am Ufer gelegene Hofansiedlung Ytre Nesdal blieb wie durch ein Wunder verschont, da die Höhe der Flutwelle in verschiedenen Bereichen des Sees sehr stark variierte. Die Überlebenden machten sich daran, ihre Häuser wiederaufzubauen, nun aber – den Geologen zum Trotz, die behaupteten, das Tal sei jetzt völlig sicher vor neuen Erdrutschen – ein ganzes Stück vom Seeufer entfernt.

Der Rabenberg verhielt sich ruhig. Im Herbst 1931 schrieben einige Bauern aus Bødal und Nesdal dennoch an die Regierungsbehörde und forderten die Senkung des Wasserspiegels, um ein mögliches neues Unglück zu verhindern. Dieser Forderung wurde nicht nachgegeben, die Antragsteller hakten nicht nach. Am Sonntagmorgen des 13. September 1936 geschah dann, was man befürchtet hatte. Aus 800 m Höhe stürzte eine Gesteinsmasse von ca. 1 Mio. m^3 vom Rabenberg in den See. Die Flutwelle verwüstete ganz Bødal und diesmal auch das 1905 verschonte Indre Nesdal. Das weiter oben wiederaufgebaute Ytre Nesdal entging der zerstörerischen Flut, die höchsten Wellen erreichten gerade noch den untersten Hof.

Loen

Reiseatlas: S. 237, D 3

Im Touristenort Loen (nur 6 km von Olden) endet der 106 km lange Nordfjord. Eine schöne Aussicht bietet sich von der 1837 errichteten **Kirche.** Sie ist bereits die dritte an dieser Stelle. Die Gedenktafel vor dem Gotteshaus erinnert an die Opfer, die bei den Bergrutschkatastrophen im Loendal umkamen.

Von Loen gelangt man zu zwei Gletscherarmen des Jostedalsbreen, dem leicht zugänglichen **Kjenndalsbreen** und dem etwas entlegeneren **Bødalsbreen.** Beide sind weniger frequentiert als der benachbarte Briksdals-Gletscher. Majestätisch schön erstreckt sich der See Lovatnet, über den im Sommer das Ausflugsschiff ›M/B Kjendal‹ dampft, durch die gesamte Länge des Tals (Juni–Aug. tgl. ab Sande gegen 10.30, zurück gegen 13.30 Uhr, Info: Hotel Alexandra, Tel. 57 87 50 50).

In der **Kjenndalsbreen Fjellstove** am See (Café, Cafeteria, Kiosk, Souvenire, Mai–Sept.) kann man vor den Gletscheranstiegen verschnaufen.

Wanderung zum Kjenndalsbreen

Am Parkplatz nimmt der ausgewiesene Naturpfad (Broschüre auch auf Deutsch erhältlich) zum Gletscher seinen Anfang, Dauer 1,5–2 Std. Wer mag, kann sich in der Fjellstove ein Rad leihen; es ist auch möglich, auf gebührenpflichtiger Straße mit dem Auto weiter zu fahren. Vom Endpunkt sind es noch etwa 10 Min. zum Kjenndals-Gletscher, der in den vergangenen Jahren einen Zuwachs von 400 m zu verzeichnen halte.

Wanderung zum Bødalsbreen

Der befahrbare Weg vom Hof Bødal am Wasserfall Huldrefossen vorbei durch flaches schönes Gelände zur Alm Bødalsseter ist als Naturpfad ausgeschildert (Broschüre über den Naturpfad auch auf Deutsch erhältlich).

Das Bødalen ist für seine in Norwegen einmalige Moränenlandschaft mit einer sehr vielfältigen, abwechslungsreichen Vegetation bekannt. Die Anordnung der Gebäude der Alm **Bødalsseter** ist ungewöhnlich. Die Gebäude liegen nicht wie sonst üblich über die Wiese verteilt, sondern sind in einer Wohnhausreihe und einer Stallreihe angeordnet. Der DNT (Norske Turistforening) hat eine Hütte auf der Alm Bødalsseter gemietet. Im Sommer werden von hier aus täglich Gletscherführungen angeboten. Hin und zurück muss man für die Wanderung 5–6 Std. rechnen. (Wem die Strecke zu lang ist, der kann auch mit dem Auto bis zur Alm fahren, Maut.)

Hotel Alexandra: 6789 Loen, Tel. 57 87 50 00, Fax 57 87 50 51, www.alexandra.no. 191 Komfortzimmer in einem modernen Betonkomplex mit Blick auf Fjord und Skåla, sehr guter Service, EZ ab 1200, DZ ab 1500 NOK, mit Restaurant und Bar, Schwimmbad, Sauna, Solarium, Tennisplatz, Minigolf, Fahrrad- und Bootsverleih.

Hotel Loenfjord: 6789 Loen, Tel. 57 87 57 00, Fax 57 87 57 51, www.loenfjord.no. Mitte der 1990er Jahre erbautes, geschmackvolles Hotel am Fjord mit 122 Doppelzimmern, DZ ab 1300 NOK, Restaurant, Bar, Gartenterrasse, Fahrrad- und Bootsverleih.

Loen Pensjonat & Gard: 6789 Loen, Tel. 57 87 76 24, Fax 57 87 76 78, www.loen-pensjonat.com, nur in der Sommersaison geöffnet. Kleine Pension auf dem Bauernhof mit großem Garten und schönem Blick auf den Fjord, DZ ab 400 NOK, ohne Frühstück.

Camping/Hütten:

Loenvatn Feriesenter: 6789 Loen, Tel. 57 87 76 55, Fax 57 87 77 10, www.loen.com. Hütten, 5–6 Betten 450–600 NOK, ganzjährig. Am See Lovatn gelegene Feriensiedlung, 4 km von Loen, mit Blick auf den Gletscher Krunebreen. Einige Hütten am Wasser, andere im Wald.

Sande Camping: 6789 Loen, Tel. 57 87 45 90, Fax 57 87 45 91, www.sande-camping.no. Superlage am See im idyllischen Lodalen, ca. 5 km von Loen, verschieden große Hütten für 2–8 Pers. 290–910 NOK. Appartements für 2–6 Pers. 520–825 NOK (mit Aussicht immer etwas teurer), Boot- und Fahrradverleih, Laden, Sauna.

Stryn

Reiseatlas: S. 236/237, C/D 2

Als Ausgangspunkt zur Erkundung der fantastischen Umgebung blickt der Ort, der selbst kaum über Sehenswür-

Blick auf den See Lovatn

digkeiten verfügt, auf eine lange Fremdenverkehrstradition zurück. Wunderschön sind die westlich und östlich von Stryn gelegenen Seen Strynsvatnet und **Hornindalsvatnet.** Letztgenannter ist 25 km lang und mit bis zu 514 m der tiefste Binnensee Europas. Er wird auch als der klarste See Norwegens gepriesen, weil in ihn keine Gletscherwasser hineinfließen, die Kies und Sand mit sich führen.

Den von Bergen und Wiesen umgebenen 15 km langen und knapp 200 m tiefen See **Strynsvatnet** säumen malerische Bootshäuser und winzige Dörfer. In Oppstryn lohnt sich ein Besuch im **Jostedalsbreen Nationalparksenter** mit Ausstellungen und Panoramafilm über Natur und Landschaftsformen sowie einem bezaubernden Wildblumengarten und einem Café mit Blick auf den See, Information über zwölf familienfreundliche Naturerlebnispfade im Nationalpark (Mai, Sept. 10–16 Uhr, Mitte Juni–Mitte Aug. 10–18 Uhr).

Reisemål Stryn & Nordfjord AS: sehr gut ausgestattete Touristeninformation im Zentrum, Postadresse: Postboks 370, 6782 Stryn, Tel. 57 87 40 54, Fax 57 87 40 41, www.nordfjord.no, Mo–Fr 8.30–15.30, Juni, Aug. tgl. 8.30–18, Juli tgl. 8.30–20 Uh. Internetbenutzung, Fahrradverleih.

Visnes Hotel: 6783 Stryn, Tel. 57 87 10 87, Fax 57 87 20 75, www.visnes.no, Mai–Dez. Traditionsreiches, im Schweizerstil erbautes Hotel, ca. 5 Min. ins Zentrum. Die verschiedenen Bauten stammen von 1850, 1937 und 2000, 15 Zimmer mit Bad, DZ 995–1850 NOK.
Vesla Pensjonat: 6783 Stryn, Tel. 57 87 10 06, Fax 57 87 19 38, www.veslapensjon.de. Kleine, 1890 erbaute Pension ca. 3 Min. vom Zentrum, Terrasse mit Grillplatz, alter Garten, insgesamt 10 Zimmer, EZ 600, DZ 850 NOK.
Hjelle Hotel og Motel: 6798 Hjelledalen, Tel. 57 87 27 50, Fax 57 87 27 51, Mitte Mai–Mitte Sept. Charmantes Hotel in Holz von 1896, am See Strynsvatn, 27 km von Stryn, DZ 960–2120 NOK.
Stryn Vandrerhjem: 6783 Stryn, Tel./Fax 57 87 11 06, www.vandrerhjem.no, Juni–Aug. Jugendherberge 1 km vom Zentrum. Für Mitglieder DZ 500, 4-Bett-Zimmer 740 NOK.
Nedrebergtunet: 6783 Stryn, Tel. 57 87 14 61, Fax 57 87 25 90, www.nedreberg.no. Zwei Häuser für 6 bzw. 10 Pers. auf einem liebevoll restaurierten Hof aus dem 19. Jh., 3 km von Ortsmitte Stryn. Hofmuseum, Boot und Reiten sind im Mietpreis enthalten, ab 6000 bzw. 8000 NOK pro Woche.
Aarneset Gardstun: 6799 Oppstryn, Tel./Fax 57 87 75 73. Zwei Ferienhäuser auf einem Hof am Strynsvatn, 15 km von Stryn/R 15 in Richtung Otta: ›Smia‹ (Schmiede), kleine gemütliche Hütte aus Stein und Balken, Wohnraum mit Kamin

und Holzofen, Dusche und WC mit Fußbodenheizung, 1 Schlafraum für 2 Pers. 400 NOK. Außerdem ›Blondehuset‹, Bauernhaus für 6 Pers., 800 NOK.

Camping/Hütten:
Strynsvatn Camping: Tel. 57 87 75 43, Fax 57 87 75 6, www.strynsvatn.no. Camping direkt am Strynsvatn an der R 15, 12 km von Stryn, Kaminzimmer, Sauna, Solarium, Badestelle und Grillpavillon. Hütte für 4–9 Pers. 380–1400 NOK in der Hauptsaison, ganzjährig.

 Bus: Expressbusse nach Måløy, Ålesund, Bergen, Oslo, Trondheim, 1–2 x tgl.

Sommerski im Strynefjell

Auch für Nicht-Skifahrer unbedingt erlebenswert ist das raue Strynefjell. Unterhalb von Videseter zweigt die alte, schmale Strynefjellstraße ab (eine der nationalen Touristenstraßen, geöffnet Juni–Okt./Nov.). Der 1894 erbaute Gamle Strynefjellsvegen führt mitten durch eine Hochgebirgslandschaft in die schneereichen Höhen am Stryn Sommerskizentrum. Dort bringen Sessel- und Schlepplifte die Skifahrer zum Gletscherplateau des Tystigbreen. Abfahrten und Langlaufloipen. Skiverleih, Ski-Shop, Skischule und Cafeteria (Mai–Juli, Tel. 57 87 54 74, www.strynefjellet.com). Vormittags fährt ein Skibus ab Stryn zum Sommerskizentrum.

DIE KÜSTE VON SOGN OG FJORDANE

Entlang der zerklüfteten Westküste von Florø geht es zu den steinzeitlichen Felszeichnungen in Vingen, Ausflüge führen zu den Klosterruinen auf Selje und zum Westkap, Bootstouren zur idyllischen, waldreichen Insel Svanøy und zur baumlosen Sagainsel Kinn. Auf Vågsøy faszinieren mehrere Leuchttürme, in denen auch Unterkünfte angeboten werden.

Von Førde nach Florø

Reiseatlas: S. 236, B 4

Vom Sognefjord gelangt man über **Førde** an die Westküste. Førde ist Verkehrs-, Handels- und Industriezentrum der Provinz Sogn og Fjordane.

Von hier führt die R 5 zunächst am Ford entlang Richtung Florø. Empfehlenswert ist ein Abstecher nach **Ausevik.** Die Felszeichnungen etwa 45 Autominuten südöstlich von Florø bestehen aus über 300 Tierfiguren und Jagdsymbolen, die vermutlich aus der Übergangszeit zwischen Stein- und Bronzezeit stammen. Von der Straße sind es ca. 5 Min. zu Fuß zu den frei zugänglichen, beeindruckenden Malereien.

Florø

Reiseatlas: S. 236, A 3

Norwegens westlichste Stadt wurde 1860 auf königlichen Beschluss gegründet. Wenig später blieben die großen Heringsschwärme plötzlich aus; die Florø-Fischer mussten fortan nach Møre und Nordland segeln. Durch die reichen Erdgas- und Erdölvorkommen vor der Küste ist Florø heute zur Ölstadt der Provinz Sogn og Fjordane avanciert und dient den Feldern Statfjord, Fullfaks, Troll, Snorre und Veslefrikk als Versorgungsbasis.

Im Ortszentrum gibt es noch viele in traditionellem Weiß gestrichene Holzgebäude. Ein Schmuckstück ist die 2002 umfassend sanierte **Strandgate.** Alte Lagerhäuser und Bootsschuppen säumen den Hafen, in dem Fischkutter und Versorgungsschiffe vor Anker liegen.

Etwa 15 Min. vom Zentrum befindet sich das **Küstenmuseum Sogn og Fjordane,** in dem u. a. eine Bootssammlung, rekonstruierte Fischerhütten und Fanggeräte einen Überblick über das Leben entlang der Küste gewähren, Dokumentation über das Öl in der Nordsee (www.kystmuseum.no, im Sommer Mo–Fr 11–18, Sa/So 12–16 Uhr, sonst Mo–Fr 10–15, So 12–15 Uhr).

Vestkysten Reiseliv AS/Florø Turistkontor: Strandgt. 30 (Parallelstraße zum Hafen, nur zu Fuß), 6900

Florø, Tel. 57 74 75 05, Fax 57 74 77 16, www.vestkysten.no; Sommer Mo–Fr 8–18, Sa 10–16, So 12–16 Uhr, sonst Mo–Fr 9–15.30 Uhr.

Quality Hotel Maritim Florø: 6900 Florø, Hamnegate 7, Tel. 57 75 75 75, www.florahotel.no. 1997 in traditionsreicher Holzbauweise errichtetes Hotel in super Lage direkt am Wasser. 79 gemütliche Zimmer, maritim, rustikal, man kann auch in einem 100 Jahre alten Ruderboot übernachten, Restaurant mit Fischspezialitäten; DZ ab 990 NOK.

Florø Rorbu: Krokane kai, 6900 Florø, Tel. 57 74 81 00, Fax 57 74 32 90, www.florbu.com. Die 1995 im traditionellen Seehausstil errichtete Rorbu-(Fischerhütten)-Anlage 2 km von Florø bietet 15 verschieden große Ferienwohnungen für 3–6 Pers., Sommerpreise von 600–800 NOK pro Tag, Endreinigung kommt noch dazu. Verleih von Motorbooten und Kajaks.

Bremanger Brygge: 6727 Bremanger, Tel. 57 79 59 10, 97 09 00 14, www.bremangerbrygge.no. Ideal für Angler, komfortable, moderne *rorbuer* (von 2006 bzw. 2007) mit Küche, drei Schlafzimmern, Bad und extra Toilette in der 2. Etage. Zu jedem der 5 Ferienhäuser gehört ein Boot mit Motor, ab 7400 NOK pro Woche. Vermietung einzelner Tage ist auch möglich.

Kalvåg Appartement: Gamle Skulen, 6729 Kalvåg, Tel. 57 79 59 50, www.kalvag.no. Vier Wohnungen für 4–6 Personen in der Alten Schule, ab 1000 NOK pro Tag. Die ehemaligen Klassenzimmer sind Gemeinschaftszimmer.

Camping/Hütten:

Pluscamp Krokane Camping: Tel. 57 75 22 50, www.krocamp.no, ganzjährig. Familienfreundlicher großer Campingplatz auf einer Halbinsel direkt am Meer ca. 2 km vom Zentrum. Eine Hütte ist zum Ausnehmen/Räuchern/Einfrieren von Fi-

Im Hafen von Florø

schen eingerichtet. Beliebter Badeplatz mit Schären und Sandstrand. 19 komfortable Hütten und Rorbuer, einige rollstuhlfahrergerecht, einige mit Internetanschluss, alle TV; 400–1000 NOK.

Batalden Havbu: Store Batalden, 6971 Batalden, Tel./Fax 57 74 54 22, www.ba taldenhavbu.no, Mitte März–Ende Okt. Restaurierte, urige Fischersiedlung auf der Insel Store Batalden im Schärengürtel, sehr unterschiedliche Übernachtungsmöglichkeiten in zwei Wohn- und drei Bootshäusern (von 1820–1850), Selbstversorgung oder Vollpension. Zimmer im Gamlehuset mit Gemeinschaftsküche pro Pers. 500, für 2 Pers. 750 NOK. Litlebua 2 Pers. 820/Tag, 3600 NOK/Woche. Havbua, geeignet für Gruppen, 1800–2800 NOK/Tag. Schnellboot von Florø bis zu 5 x tgl. (30 Min. Fahrzeit).

Kake-Bua: am Hafen im Zentrum, Mo–Mi, Fr 8.30–17, Do bis 18 Uhr, Sa, So 8.30–15 Uhr. Gemütlich und urig mit einem Boot mitten im Café, und alten Fischereigerätschaften ausgestattet, in einem 150 Jahre alten Speicher Außer Kaffee und Kuchen werden auch warme Mahlzeiten serviert, Hauptgerichte, u. a. Klippfisch und Lachsfilet, ab 150 NOK.

Hjørnevik bua: am Hafen im Zentrum, tgl. 12–1 bzw. 2 Uhr. Im Gebäude einer ehemaligen Salzerei, mit stilvollem Restaurant (oben) und nettem Café-Kneipe (unten). Hier sitzt man schön am Wasser, gerne auch nur für ein Bier, leichte Mahlzeiten zu Mittag ab 100 NOK, abends à la carte Fisch, Fleisch und Lamm ab 200 NOK.

Am 3. Wochenende im Juni wird in Florø ein 400 m langes **Heringsbuffet** aufgebaut. Gratis angeboten wird eine unglaubliche Vielzahl an Heringsgerichten, darunter Bananenhering, Obst- und Joghurthering, dazu werden Heringsbrot, Kartoffeln und Getränke gereicht.

Am dritten Wochenende im Juni wird sammstags und sonntags das berühmte ›**Kinnaspelet**‹, ein historisches Theaterstück, auf der Insel Kinn aufgeführt. Zum Programm gehören auch ein Konzert bzw. eine Abendandacht auf Kinn. Bootsanreise von Florø. Info: Kinnaspelet, Postboks 111, 6901 Florø, Tel. 57 75 25 30, Fax 57 75 25 31, www.kin naspelet.no. Inkl. Anreise per Boot von Florø 350 NOK.

Baden: Ein beliebter Badestrand mit feinem Sandstrand und glatten Felsen befindet sich beim Campingplatz Krokane, etwa 2 km von Florø.

Angeln: In der Sommersaison bietet die Touristeninformation Angeltouren auf dem Meer an. In dem Heft ›Angeln in Flora‹ werden 30 Seen und Flüsse für das Süßwasserangeln genannt.

Ausflüge/Sightseeing per Boot arrangiert die Touristinfo in Florø Anfang Juli–Mitte Aug., das Programm wechselt

Vingen

Nordeuropas größtes Feld mit steinzeitlichen Felszeichnungen – über 1000 in den Fels geritzte Abbildungen, überwiegend Hirsche, aber auch einige Fische und Menschen. Die Zeichnungen dienten vermutlich magischen Zwecken. Sie sollten eine erfolgreiche Jagd beschwören. Der Ort steht unter Denkmalschutz und ist nur per Boot und auf organisierten Fahrten zu erreichen. **Ausflugsfahrten** von Kalvåg oder Florø, Info: Kalvåg Turistkontor, Tel. 57 79 37 50 oder Florø Turistkontor (s. S. 164f.).

jährlich. Auf dem Ausflugsprogramm stehen u. a. regelmäßig die Inseln Kinn (s. u.) und Svanøy (s. S. 168), mitunter auch Vingen (s. S. 166). Die Fyrsafari führt zu drei Leuchttürmen.

 Flug: tgl. Flüge nach Bergen und Oslo.

Busse ab Florø, Bremanger oder Naustdal haben Anschluss an Expressbusse in Førde, von dort Richtung Oslo, Lillehammer, Bergen, Ålesund, Trondheim.

Boot: Autofähre Kjelkenes–Smørhamn, 40 Min., 9 x tgl.

Schnellfähren: Bergen–Askvoll–Florö–Måløy–Selje, 2 x tgl., Måløy–(Smørhamn) Florø, 1 x tgl. Lokaler Nahverkehr von Florø zu den Inseln mehrmals tgl.; Hurtigruteabfahrten.

Florø Sykehus (Krankenhaus): zentrumsnah, Tel. 57 75 10 10; **Notarzt** (legevakt) Tel. 57 75 10 10.

Bootsausflüge von Florø

Reiseatlas: S. 236, A 3

Westlich von Florø liegt die kleine, grasbewachsene Insel **Kinn,** die unter Seefahrern durch die markante Kinnaklova, eine wie durch einen gewaltigen Axthieb eingekerbte Felskluft, seit alters her bekannt ist. Auf der Nordwestseite der Insel steht die berühmte **Kinnakyrkja,** eine romanische Kirche aus massiven Steinquadern, auf einer grünen, baumlosen Ebene, den Stürmen des Nordmeers schutzlos ausgeliefert. Das Kirchenschiff stammt vermutlich aus der Mitte des 13. Jh., der Chor ist möglicherweise noch 200 Jahre älter.

Seit 1986 wird hier jedes Jahr im Juni das Historienspiel ›Kinnaspelet‹ aufgeführt. Es handelt vom Widerstand der

Felszeichnung in Vingen

Küstenbevölkerung gegen die Einführung der Reformation im Jahre 1537.

Etwa 30 Min. südöstlich von Florø, liegt die waldreiche Insel **Svanøy,** die wegen ihrer idyllischen Natur auch ›Perle des Sunnfjords‹ genannt wird. Etwa 100 Menschen leben hier, ein wichtiger Wirtschaftszweig ist heute die Fischzucht. Seit 1685 befindet sich der Svanøy-Hof auf der Insel, ein Adelssitz, zu dessen Besitz einst riesige Landgebiete gehörten. Das Norwegische Hirschzentrum (Norsk Hjortesenter) widmet sich der Erforschung sowie der Zucht des Rotwilds, Führungen angemeldeter Gruppen. Fährverbindung mehrmals täglich von Florø, so dass auch gut ein Ausflug auf eigene Faust möglich ist. Infos im Touristenbüro in Florø; im Internet: www.svanoy.com.

Måløy und Umgebung

Reiseatlas: S. 236, A 2

Der Ort Måløy, der 1997 Stadtrecht erhielt, liegt auf der Insel Vågsøy, die durch eine 1224 m lange Brücke mit dem Festland verbunden ist. Wichtigster Wirtschaftszweig ist seit jeher der Fischfang und die damit zusammenhängende Industrie. Das **Fischereimuseum** dokumentiert die Bedeutung des Fischfangs für Måløy (Gate 1, Öffnungszeiten bei der Touristeninformation erfragen). Das Zentrum des Ortes, von dem ein Teil im Dezember 1941 in Flammen aufging, verteilt sich auf acht parallel zum Sund verlaufende Straßen.

Auf der Insel Vågsøy gibt es mehrere sehenswerte Leuchttürme. Das **Skongsnes fyr** (*fyr* = Feuer) an der Nordspitze ist nur zu Fuß zu erreichen,

Torskangerpoll auf Vågsøy

lohnt aber den Spaziergang (hin und zurück 2–3 Std.). Im Nordwesten, 22 km von Måløy entfernt, befindet sich das **Kråkenes fyr,** zu dem eine schmale Straße über ein karges Hochland mit grandioser Sicht über die Kvalheimsbucht führt. Die Leuchttürme Kråkenes fyr und Skongsnes fyr bieten Übernachtungsmöglichkeit (siehe Tipp). Um zum dritten Leuchtturm zu gelangen, fährt man die Straße von Måløy Richtung **Vågsberget,** einem der besterhaltenen alten Handelsplätze an der Westküste, in dem noch sieben Häuser aus der Mitte des 17. Jh. bewahrt sind. Hier wurden Passagen aus dem Film ›Die Landstreicher‹ gedreht, der auf Knut Hamsuns gleichnamigem Roman basiert (im Sommer Café, Kunstausstellungen, manchmal auch Führungen).

In dem idyllischen, an einer grünen Bucht gelegenen Fischerdörfchen **Torskangerpoll** gabelt sich die Straße. Nach rechts geht es zum berühmten Kannestein in Oppedal, nach links zum Hendanes Leuchtturm. Der **Kannestein,** Schmuckmotiv etlicher Broschüren, ist ein pilzförmiger Fels, der von der Meeresbrandung im Verlauf der Jahrtausende geschliffen wurde.

Ebenfalls spannende Fotomotive bietet der **Hendanes Leuchtturm,** der vom Parkplatz in etwa 10 Minuten zu erreichen ist. Der Blick ist fantastisch – ein weißer Brandungsgürtel säumt die steil abfallende, weit gestreckte Küstenlinie.

Turistinformasjon: Gate 1 Nr. 53, 6700 Måløy, Tel. 57 84 50 77, Juli Mo–Fr 9–17, Sa/So 10–16, Vor- und Nachsaison Mo–Sa 10–16 Uhr, im Winter geschlossen, www.nordfjord.no.

Übernachten im Leuchtturm

Immer mehr Leuchttürme bieten Übernachtungsmöglichkeiten an, Info: www.fyr.no. Mit dem Auto zugänglich ist **Kråkenes fyr.** Im Haupthaus befindet sich ein Café, im Sommer tgl. 12–18 Uhr. Das 40 m entfernte Sturmhaus (*stormhuset*) bietet neben unterschiedlich komfortablen Zimmern, ab 350 NOK pro Pers., auch Kurse. Info: Bettina und Thomas Bickhardt, Tel. 57 85 55 27, tbickhar@online.no.

Nilsestova Feriehus: Kråkanes, 6710 Raudeberg, Tel. 57 85 41 55, Fax 57 85 41 55, Mobil 90 66 81 20. Auf dem Weg zum Kråkanes Leuchtturm, ca. 20 km von Måløy. Haus mit 3 Schlafzimmern für 6–8 Pers., Hauptsaison ca. 650 NOK; Hütte mit 2 Schlafzimmern für 4 Pers. ca. 550 NOK. Der Wirt gibt Angeltipps, nimmt Gäste auch mit aufs Meer; Gefriertruhe, Fischzubereitungsraum.

Camping/Hütten:
Steinvik Camping: Blålid, 6718 Deknepollen, Tel. 57 85 10 70, Fax 57 85 20 63, Mobil 90 66 41 72. Campingplatz mit Hütten und Wohnungen am Meer, 5 km von Måløy, hervorragende Angelmöglichkeiten, Verleih von Booten mit Außenborder. Unterschiedlich ausgestattete Hütten für 2–7 Pers. 300–800 NOK, Wohnungen für 2–4 Pers. ab 500 NOK.
Fiskeferie AS: 6714 Silda, Tel. 95 14 19 90, Fax 70 26 26 71, April–Sept. Fünf große, gut ausgestattete Hutten auf der autofreien Insel Silda für 5–6 Pers., ab 800 NOK pro Tag, Boot mit Außenbordmotor im Preis inkl., Gefriertruhe für gefangenen

Inselidylle bei Selje

Fisch. Tägliche Fährverbindung von Måløy und Raudeberg.

 Baden: Im Hafenort **Raudeberg,** nördlich von Måløy, kann man ins Inselinnere abzweigen, um zu dem weiten Sandstrand bei **Refvik** zu gelangen, wo die Gemeinde einen Campingplatz eingerichtet hat. Der Strand, der für starke Windeinbrüche bekannt ist, gilt als einer der schönsten Norwegens.

Bus: Expressbus Oslo–Stryn–Måløy, 2 x tgl.
Schnellboot: Bergen–Askvoll–Florø–Måløy–Selje, 2x tgl.; Autofähre Måløy–Oldeide, 40 Min., 11 x tgl.; Hurtigrutenanlauf.

Selje

Reiseatlas: S. 236, B 2
Mitten im Zentrum des kleinen Ortes erstreckt sich ein schöner weißer Sandstrand. Landwirtschaft, Fischfang und Bootsbau machen die wichtigsten Wirtschaftszweige aus.

Die bekanntesten Baudenkmäler in Seljes Umgebung sind die **Klosterruinen** auf der vorgelagerten **Insel Selja,** ca. 15 Min. per Boot vom Seljehafen. Im Mittelalter befand sich hier der erste Bischofssitz Vestlands, der vermutlich um 1170 nach Bjørgvin (Bergen) verlegt wurde. Das dem angelsächsischen Heiligen Albanus geweihte Benediktiner-Kloster wurde Anfang des 12. Jh. gegründet. Der noch intakte mittelalterliche Kirchturm überragt trutzig die imponierenden Ruinen. Auf einer Terrasse oberhalb der Anlage befinden sich die Reste einer Kirche, die der hl. Sunniva geweiht war und etwa um die gleiche Zeit wie das Kloster errichtet wurde.

Das Klosterschiff: 2-stündiger Ausflug mit Führung zum Selje Kloster, im Juli 3 x tgl. gegen 10, 13, 15.15 Uhr. Vor- und Nachsaion, 2 x tgl. 10, 13 Uhr, zweite Augusthälfte 10 Uhr, mindestens 6 Pers.; Fahrkarten nur im Touristenbüro. Info: Tel. 56 85 66 06 oder Vestkapp Båtservice Tel. 99 04 60 22, www.seljekloster.no.

Turistinformasjon: 6740 Selje, Ortsmitte, Tel. 57 85 66 06, Fax 57 85 68 36; Juli tgl. 9–19, Vor- und Nachsaison reduzierte Öffnungszeiten.

 Expressboot Sogndal–Selje, 1 x tgl., 6 Std.; Bergen–Selje, 2 x tgl.

Das Westkap

Reiseatlas: S. 236, B 2

Der äußerste Zipfel der Halbinsel **Stadlandet** ist zwar nicht der westlichste Punkt Norwegens, wird aber mit Blick auf die anzulockenden Touristenscharen dennoch Vestkapp genannt. Ein Ausflug in die einzigartige Landschaft, die in ihrer Kargheit an das schottische Hochland erinnert, lohnt sich.

Das ursprünglich Kjerringa (›Weibsbild‹) genannte Westkap fällt 496 m senkrecht ins Meer ab und bildet oben ein flaches, leicht abschüssiges Plateau. Die Aussicht – über das offene Meer wie auch landeinwärts – ist fantastisch. Bei schlechtem Wetter lässt es sich im Panoramacafé **Vestkapphuset** gut aushalten. Weniger erbaulich sind die im Gelände verteilten Reste deutscher Bunkeranlagen.

Die Fahrwasser vor Stadlandet waren seit alters her gefürchtet. Um das gefährliche Kap zu umgehen, wurden die Schiffe noch bis weit ins 20. Jh. hinein über Land gezogen, wobei man den Pass Dragseide benutzte. Der Weg über den Pass zweigt in **Leikanger,** dem größten Ort auf der Insel Stadlandet, in westliche Richtung ab. Kurz vor der höchsten Stelle des Bergübergangs weist ein 1913 errichtetes hohes Steinkreuz darauf hin, dass Olav Tryggvason im Jahre 997 die vier Regionen Firda, Sygna, Møre und Raumdøla bekehrt hat.

Selje Hotell/Selje Spa Thalasso: 6740 Selje, Tel. 57 85 88 80, Fax 57 85 88 81, www.seljehotel.no. Superlage am Sandstrand, DZ ab 1300 NOK. Großes Wellness-, Fitness- und Therapieangebot, Schwimmbad, Sauna …

Camping/Hütten:
Selje Camping og Hyttesenter: 6740 Selje, Tel. 57 85 62 43. An der R 619 etwa 500 m vom Zentrum, in unmittelbarer Nähe des Golfplatzes. Hütten für 4 bzw. 6 Pers., in der Hochsaison ca. 650 NOK pro Tag.

Galleriet mot Storhavet: Galerie am Meer mit besonderem Ambiente und super Aussicht zur Klosterinsel Selje; Kunst und Kunsthandwerk, Tel. 57 85 66 56, www.amdam-art.no.

Møre og Romsdal – Der Norden des Fjordlands

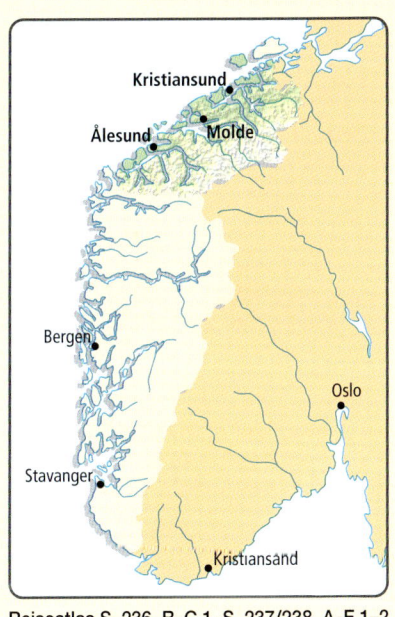

Blick auf den
Geirangerfjord

Reiseatlas S. 236, B–C 1, S. 237/238, A–E 1–2

VON GEIRANGER NACH ÅNDALSNES

Unterwegs auf der ›Goldenen Route‹: Bei der Kreuzfahrt auf dem Geirangerfjord passiert man sagenumwobene Wasserfälle, Wanderungen führen zu verlassenen Berghöfen. Über Adlerstraße und Trollstigen geht es weiter zu den Romsdals-Alpen mit der berüchtigten Trollwand – ein Magnet für Kletterer und Kreuzfahrer, die in Åndalsnes vor Anker liegen.

Geiranger

Reiseatlas: S. 237, D 2

Im Winter ist Geiranger trotz der Hotelklötze ein liebenswürdig verschlafenes Dorf (ca. 300 Einw.), im Sommer ist es hoffnungslos überlaufen.

Der s-förmige **Geirangerfjord,** ein Arm des Sunnylvsfjords, gilt mit seinen schroff abfallenden Felswänden, den weißen Kreuzfahrtschiffen und dem kleinen Dorf Geiranger als der schönste und faszinierendste aller Fjorde. Schön sind vor allem die sagenumwobenen **Wasserfälle,** die so romantische Namen wie ›Der Brautschleier‹ (Brudesløret), ›Die sieben Schwestern‹ (De Syv Søstre) und ›Der Freier‹ (Friaren) tragen. Faszinierend ist auch die Geschichte seiner Bewohner, die über Jahrhunderte auf schmalen Plateaus und abschüssigen Hängen am Berg über dem Fjord siedelten. Die meisten Fjordhöfe wurden nach dem Zweiten Weltkrieg verlassen (s. S. 176) und dem Verfall preisgegeben. Heute bemühen sich die Freunde des Storfjords (Storfjordens Venner) um die Instandset-

zung der Höfe. Im 2002 eröffneten **Norsk Fjordsenter** erfährt man Wissenswertes über Leben und Kultur am Fjord: Reisen über Berg und Tal mit Pferd und Wagen, Lawinen (in sicherer Entfernung), Überlebenskampf auf den Höfen am Fjord – ein interaktives Vergnügen für die ganze Familie (1 km vom Fähranleger, Tel. 70 26 18 00, www.fjordsenter.info, Mai–Sept. tgl. 9–16, Mitte Juni–Mitte Aug. tgl. 9–18, Juli außerdem tgl. 20–22 Uhr).

Vom **Flydalsjuvet** (*juv* = Abgrund), wenige Kilometer oberhalb von Geiranger, gibt es die berühmte Kalenderblatt-Aussicht auf den Fjord aus der Vogelperspektive (Parkplatz an der Straße).

Ein weltberühmter Aussichtspunkt ist **Dalsnibba,** 17 km von Geiranger entfernt. Auf dem Weg dorthin passiert man **Knuten** (den Knoten), ein beeindruckendes Zeugnis alter Straßenbaukunst. Den Namen verdankt dieser Abschnitt der alten Geirangerstraße seiner Architektur: Zuerst fährt man unter einer Ende des 19. Jh. erbauten Steinbrücke hindurch, folgt einer 270°-Kurve und befindet sich dann auf der

174

Brücke. Knuten ist noch heute mit dem Auto befahrbar. Von der R 63, in unmittelbarer Nähe der Djupvasshytta, zweigt der gebührenpflichtige Nibbeveien ab, der sich um elf enge Kurven zum Gipfel des Dalsnibba (1495 m) hochwindet (nur von etwa Mitte Juni bis Ende Sept. geöffnet, vom Befahren mit Anhänger wird abgeraten).

Destinasjon Geirangerfjord-Trollstigen AS: 6216 Geiranger, Tel. 70 26 38 00, Fax 70 26 31 41, www.visit geirangerfjorden.com.
Geiranger Turistkontor: direkt am Kai, Tel. 70 26 30 99, www.geiranger.no, tgl. geöffnet (nur im Sommer).
Ausflüge, Sightseeing: Geiranger Fjordservice AS/Geiranger Skysslag AS, 6216 Geiranger, Tel. 70 26 30 07, Fax 70 26 31 41, www.geirangerfjord.no.

Hotell Geiranger: 6216 Geiranger, Tel. 70 26 30 05, Fax 70 26 31 70, www.hotel-geiranger.no, Mai–Sept. Mo-

dernes Haus mitten im Ort (Nähe Fähranleger), 151 Zimmer, DZ 1300–1600 NOK.
Villa Utsikten Hotel: 6216 Geiranger, Tel. 70 26 96 60, Fax 70 26 96 61, www. utsikten.no, Juni–Aug. 300 m über Geiranger, Topaussicht auf den Fjord, Panoramacafé. 30 Betten, DZ 1090–1580, Familienzimmer mit 4 Betten 1990 NOK.
Grande Fjord Hotell: 6216 Geiranger, Tel. 70 26 94 90, Fax 70 26 94 91, www.gran dcfjordhotel.com. Mai–Sept. Superlage am Fjord etwas außerhalb von Geiranger. 48 Betten, EZ 800 NOK, DZ 890–1040 NOK. Gleich nebenan liegt das **Geirangerfjorden Feriesenter** (www.geiranger fjorden.net) mit unterschiedlich großen Hütten, 690–890 NOK (nur im Sommer).

Camping/Hütten:
Grande Hytteutleige og Camping: Tel. 70 26 30 68, Fax 70 26 31 17, www. grande-hytteutleige.no, Mai–Mitte Sept. Hütten aller Größen 400–890 NOK. Gleiche Lage wie Grande Fjord Hotell, s. o.
Fjorden Camping: 2,5 km vom Zentrum Richtung Homlong, Tel./Fax 70 26 30 77,

Geiranger ist Ziel von Kreuzfahrtschiffen

ERLOSCHENE FEUER –
DIE VERLASSENEN FJORDHÖFE

Es waren nicht nur eine Handvoll verschrobener Einsiedler, die sich entlang der steil abfallenden Bergwände am Fjord niederließen, sondern auch Hunderte von Familien, die hier unter Bedingungen ihr Auskommen suchten, die unser heutiges Fassungsvermögen weit übersteigen. Der Hof Skageflå hoch über dem Geirangerfjord war lange nur über eine Leiter zu erreichen, die eingezogen wurde, wenn der Steuereintreiber kam, um zu kassieren. Kaum vorstellbar, wie die Fjordbewohner das Material für ihre Häuser oder Heu, Mühlsteine und Feuerholz hinaufschleppten.

Lawinen und Erdrutsche bedrohten fast alle Höfe. Die Geschichte der Bewohner von Furnes, einer Farm auf der Ostseite des Sunnylvsfjords, mag die ständig drohende Gefahr verdeutlichen: An einem Wintertag war ein Vater mit seinen zwei Söhnen auf dem Weg hinunter zum Fjord. Der sechsjährige Rasmus lief hinterher. Plötzlich verschwanden sein Vater und Bruder in einer Schneewehe. Sekunden später sah er die beiden weit unten leblos im Fjord treiben. Als Rasmus viele Jahre später zusammen mit seiner Frau in ihrer Hütte in den Bergen saß, riss eine Lawine die Hütte samt Bewohnern mit sich fort in den Fjord.

Eine Vielzahl von Arbeiten auf den Einödhöfen war extrem risikoreich. Beim Heumachen an besonders riskanten Stellen banden sich die Menschen ein Seil um den Bauch. Jeder Grashalm war wertvoll, denn nur so konnte die oftmals erstaunlich große Anzahl von Vieh über den Winter gebracht werden. Das fruchtbare Weideland an den Berghängen – im Frühjahr von der Sonne erwärmt und früh schneefrei – war der wichtigste Grund, warum sich die Menschen trotz der extremen Bedingungen hier niederließen.

Die Kinder wurden früh zur Mitarbeit herangezogen. Bereits Zehnjährige waren für das Melken der Kühe und Ziegen sowie das Buttern und Käsemachen zuständig. Kleinkinder wurden die ersten Jahre ihres Lebens eingezäunt oder angebunden, die Gefahr, dass sie in den Fjord fallen könnten, war zu groß.

Krankheitsfall, Geburt und Tod stellten die Fjordbewohner vor große Probleme. Auf Berghöfen, zu denen man nur gelangte, indem man sich streckenweise mit beiden Händen am Fels und an Baumwurzeln festklammerte, war das Sterben eine gefürchtete Angelegenheit. Denn fast alle hegten den Wunsch, in geweihter Erde begraben zu werden, der Transport eines Sarges stellte aber ein Ding der Unmöglichkeit dar. Die Alten, die auf solch unzugänglichen Höfen wohnten und ihr Ende nahen fühlten, verließen die Berge. So zog ein alter Mann aus Gomsdal an einem stürmischen Spätherbsttag, als er glaubte, dass er den Winter nicht überleben würde, hinunter in eine leere Hütte am Fjord. Als das Frühjahr kam und das Blut immer noch warm in seinen Adern pulsierte, schlug er sich den Gedanken ans Sterben aus dem Kopf und wanderte wieder hinauf zu seinem alten Berghof.

Zum verlassenen Hof Skageflå

Einzigartig ist ein Besuch des Fjordhofes Skageflå. Transportservice zum Ausgangspunkt unterhalb des Hofes mit den Geiranger-Sightseeingschiffen (s. o.), steiler Aufstieg vom Fjordufer 30–45 Min., wer mag, kann weiter zur Alm Homlongsetra und zurück nach Geiranger wandern, Dauer 4–5 Std. Man kann sich aber auch in Skageflå wieder von den Sighseeingschiffen abholen lassen. Handzeichen unten am Anleger genügt.

www.fjordencamping.no, Mitte Mai–Mitte Sept. 15 Hütten, 300–800 NOK pro Tag. Einfache Campinghütten und einige sehr schöne Ferienhütten mit Panoramafenster. Ruderboot im Preis inbegriffen, keine Zelte. Günstige Lage für Wanderungen u. a. nach Skageflå.

Sightseeing auf dem Geiranger: Ausflugsschiffe mit mehrsprachiger Information, verglaste Seitenwände für Fahrten bei schlechtem Wetter (Geiranger Taxi und Sightseeing, max. 12 Pers., Tel. 45 14 94 80, Juni–Aug. 5 x tgl., Dauer ca. 1 Std. 30 Min.). Die Boote fahren dicht an die Wasserfälle heran, sie übernehmen auch den Transport von Wanderern zum verlassenen Hof Skageflå (s. o.).

Wanderungen: In der Touristeninformation erhält man einen einfachen Plan mit Spaziergängen und Wanderungen rund um Geiranger

Zwei Wanderungen mit Ausgangspunkt **Westerås Gård** (Cafeteria, Erfrischungen): Zum Aussichtspunkt Westeråsfjellet direkt oberhalb des Geiranger Fähranlegers, ca. 20 Min. auf gutem Wanderweg. Zum Wasserfall Storseterfossen, den man ›hintergehen‹ kann, Hinweg ca. 1 Std.

Autofähre: Turistrute Geiranger–Hellesylt, Mai–Mitte Sept., in der Hochsaison bis zu 8 x tgl.; Reservierung ist nur für Busse möglich. Die Fahrt ist ein Kreuzfahrterlebnis! Man kann auch gut das Auto parken und eine Rundfahrt unternehmen, Dauer 3 Std.

Ohne Auto: Von Mai–Sept. tgl. Rundreise mit **Bus und Fähre** (Hellesylt) von Ålesund nach Geiranger und zurück (ca. 2 Std. 30 Min. Aufenthalt), Info: Tel. 70 07 47 00, 70 13 30 40, www.fjord1.no.

Bus: Anbindung an das landesdeckende Linienbusnetz des Nor-Way-Busseks-press von/nach Hellesylt und Langevatn, www.nor-way.no.

Hurtigrute: Täglicher Anlauf des nordwärtsgehenden Postschiffes, Ålesund–Geiranger–Ålesund, Mai–Sept. Info: Tel. 81 03 00 00, www.hurtigruten.no.

Die Adlerstraße

Reiseatlas: S. 237, D 2

Von Geiranger führt die Anfang der 1950er Jahre fertig gestellte, knapp 9 km lange Adlerstraße (Ørneveien) Richtung Norden. Sie bietet grandiose Blicke auf den Geirangerfjord. Vom höchsten Punkt der Straße bei Korsmyra (624 m) gelangt man in eine ruhige Almlandschaft. In der näheren Umgebung des fischreichen Sees **Eidvatn** gibt es mehrere Campingplätze mit guten Angelmöglichkeiten (Beginn der Angelsaison 1. Juli).

Vom Fährort Eidsdal lohnt sich im Sommer ein Ausflug über **Norddal** mit

Petrines Gjestgiveri

Kleiner charmanter Gasthof mit 24 Betten. Acht Zimmer im nostalgisch-schwedischen Carl-Larsson-Stil, DZ 950–1050 NOK (Nr. 5, 6, 7, 8 mit Fjordblick). Restaurant mit regionalen Spezialitäten: Serviert werden Hirsch, Zicklein, Lachs und Forelle (6214 Norddal, Tel. 70 25 92 85, Fax 70 25 92 88, www.petrines.com).

einer Reihe alter Bootshäuser am Fjord nach **Herdalsseter,** der größten Ziegenalm in Møre og Romsdal mit ca. 30 Almhütten, 400 Ziegen, aber auch Kühen, Schafen und Pferden (Straße gebührenpflichtig). In der Kaffistova werden im Sommer Almspezialitäten serviert. Hier wird noch Ziegenkäse auf traditionelle Art hergestellt. Außerdem: Bootsverleih, Angel- und Reitmöglichkeit. Von der Alm am Talende führen markierte Wanderwege zur Gebirgshütte Kaldhusseter (ca. 3 Std.) und zum Pass Kallskaret mit einizigartigen Olivinvorkommen.

Rønneberg Gard: 6215 Eidsdal, Tel./Fax 70 25 90 18. Bed & Breakfast auf einem Hof 7 km von Ortsmitte Eidsdal, der Abzweig von der Straße nach Geiranger führt 3 km steil bergauf. Der Hof liegt 420 m hoch; DZ ab 520 NOK, Hütten für 2–5 Pers. ca. 500 NOK. Rauchen in den Zimmern nicht erwünscht.

Camping:
Ytterdal Camping: 6215 Eidsdal, Tel. 70 25 90 13, Fax 70 25 81 53, www.ytterdal-camping.no, April–Sept. Am Ortsrand, 250–300 NOK pro Hütte.
Stenvåg Hytteutleie: 6215 Eidsdal, Tel. 70 25 90 32, Fax 70 25 70 44, Mai–Sept. 3 km vom Zentrum, 250–400 NOK pro Hütte.

 Fähre Eidsdal–Linge, ca. 10 Min., 40 x tgl., ca. Mitte Juni–Mitte/Ende Aug.

Valldal

Reiseatlas: S. 237, D/E 1
Weiter geht es auf der R 63. Der Fährort Linge ist wie das benachbarte Valldal für sein mildes Klima bekannt und laut Werbung sogar die nördlichste Region der Welt, in der Obstanbau betrieben wird. Valldal (Sylte), 4 km von Linge entfernt, ist außerdem der einzige größere Ort auf dem Weg zum Trollstigen und das Zentrum der ca. 2000 Einwohner zählenden Norddal-Gemeinde, deren Wappen drei Erdbeeren schmücken. Im Valldal werden 10 % von Norwegens Erdbeeren geerntet. Hier wird jedes Jahr der St. Olavs-Tag (29. Juli) mit einem Dorffest gefeiert.

Lohnend ist ein Abstecher zum kleinen, dicht bebauten Dorf **Tafjord** am Ende des gleichnamigen Fjordarmes (14 km). In der Fundergate liegen mehrere gut erhaltene Häuser aus dem 19. Jh. Einzigartig sind die ›kyrkjebudene‹ (Kirchenbuden), die die Bauern der Umgebung benutzten, um sich vor der Fahrt mit dem Boot zur Kirche in Norddal zu stärken und umzuziehen. In der Region Tafjord gibt es mehrere Wasserkraftwerke. Das älteste stammt aus dem Jahre 1923 und wurde nach seiner Schließung 1989 in ein **Kraftwerkmuseum** umgewandelt (ca. Mitte Juni–Mitte Aug. tgl. 12–17 Uhr, gratis). Ein Teil der in Tafjord gewonnenen Energie wird zur Beheizung des **Freibades** genutzt (Juni–Aug. Mo–Fr 12–18, Sa, So 11–18 Uhr). Schön und einsam ist die Weiterfahrt zum **Zakariasdammen,** mit 95 m Höhe einer der größten Staudämme Europas. Hier wird das Wasser des dunkelgrünen, von steil abfallenden Uferhängen umgebenen Zakariasvatnet zur Energiegewinnung gestaut, die Dammkrone ist begehbar. Die Umgebung von Tafjord/Norddal ist ein Eldorado für Geologen und Steinliebhaber, die gern auf eigene Faust auf Entdeckungsreise gehen. Typisch für die Region, die im so genannten Nordwestlichen Gneisgebiet liegt, sind die zahlreichen Olivinvorkommen, erkennbar an der rostroten Farbe des Gesteins. In den Bergen wurden zudem mehrere Edelsteinfunde gemacht, und es gibt Hinweise auf die Existenz von Kupfer- und Goldmineralisierungen. Die Einrichtung eines Geocenters in Tafjord ist geplant.

Die Weiterfahrt von Valldal durch das von Erdbeerplantagen durchzogene gleichnamige Tal bietet viele schön gelegene Unterkünfte und Campingplätze mit guten Angelmöglichkeiten und führt am Ende durch eine stille, baumlose Landschaft zum Pass hinauf. Dessen höchster Punkt liegt bei 853 m. Hier kann man bis weit in den Sommer hinein Ski fahren. Von der Passhöhe sind es noch ca. 3 km bis zum Trollstigen.

Norddal Reiselivslag: direkt am Fjord, 6210 Valldal, Tel. 70 25 77 67, Fax 70 25 70 44, www.visitnorddal.com, ganzjährig geöffnet.

Fjellro Turisthotell: 6210 Valldal, Tel. 70 25 75 13, Fax 70 25 75 45, www.fjellro.no. Kleines, zentral gelegenes Hotel in Holz, mit Restaurant und 30 Zimmern, Verleih von Kanus, DZ 850 NOK.

Camping/Hütten:
Alle Campingplätze liegen im wild-schönen Valldalen.
Skoglund Camping: Tel. 70 25 70 85, Juni–Aug., ab 280 NOK pro Hütte, Reiten für Kinder.
Gjerde Camping: Tel. 70 25 79 61, Fax 70 25 81 77, Mai–Mitte Sept. Etwa 8 km von Valldal, 280–900 NOK pro Hütte.
Gudbrandsjuvet Camping: Tel. 70 25 86 31. Ende Mai–Mitte Sept. Etwa 13 km von Valldal, hier zwängt sich der reißende Fluss durch eine nur 5 m breite Schlucht, ab 280 NOK pro Hütte.
Wohnmobil-Camping in Langdal: der letzte Hof vor dem Trollstigen (ab hier ist die Straße im Winter geschlossen).

Jordbærstova: Tel. 70 25 76 58, www.jordbarstova.no, Mai–Okt. An der R 63, ca. 5 km von Valldal Richtung Trollstigen. Lohnt einen Stopp: Norwegische Hausmannskost, Erdbeer(*jordbær*)kuchen im ehemaligen Kaufmannsladen.

Rafting: Das Unternehmen Valldal Naturopplevingar bietet in der Saison täglich vierstündige Raftingtouren an (Mindestalter 15 Jahre).
Weitere Angebote: **Gletscher-, Kletter- und Bergtouren,** mehrtägige Wildnisaufenthalte, Info/Buchung: Valldal Naturopplevingar, Tel. 90 01 40 35, www.valldal.no.
Wanderungen: Eine beliebte Wanderung führt zu den **Muldalshöfen** (im Sommer wird hier Kaffee serviert), Aussichtsplattform zum Wasserfall Muldalsfossen, Dauer ca. 1 Std. (ausgeschilderter Abzweig des Wanderpfades von der Autostraße ca. 2 km vor Tafjord).

Von Tafjord kommend zweigt noch vor dem Damm eine steile (Auto)-Straße zur Gebirgshütte **Kaldhusseter** ab (ab ca. 7.7.–25.8., Mittagessen, Unterkunft, Tel. 70 25 58 04, Fax 70 12 95 60). Von Kaldhusseter führt der Weg zum Aussichtspunkt Flyene, von dort aus gelangt man in ca. 1 Std. zur bewirtschafteten Gebirgshütte Reindalseter (Tel. 70 25 80 90). Beide Hütten sind Ausgangspunkt für mehrtägige Wandertouren im Gebirge **Tafjordfjella/Sunnmørsfjella.** Der Abstand zwischen den Hütten beträgt 2–5 Std. Nähere Infos im Touristenbüro oder bei: Ålesund-Sunnmøre Turistforening, Keiser Wilhelmsgt. 22, 6003 Ålesund, Tel. 70 12 58 04, www.aast.no.

Trollstigen

Reiseatlas: S. 237, E 1
Auf der Fahrt (Straße 63) von Valldal durch das Isterdal hinab ins Romsdal passiert man den berühmten ›Trollweg‹ (Trollstigen). Die Passstraße über elf schwindelerregend enge Kurven ist ein Erlebnis (in der Regel Anfang Juni–Ende Sept./Okt. geöffnet; für Wohnwagenanhänger nicht zu empfehlen). Entlang der gesamten Strecke sind genügend Buchten zum Ausweichen, Halten und Fotografieren vorhanden.

Etwa auf der Mitte passiert man die steinerne Brücke über den Wasserfall **Stigfossen** mit einer freien Fallhöhe von fast 180 m. An mehreren Stellen kreuzt der alte, für Spaziergänger mit weißen Steinen markierte Saumpfad die Autostraße. Die spannende Geschichte des Straßenbaus 1916–36 wird in dem kleinen **Weg-Museum** auf dem Plateau oberhalb des Trollstigen

dokumentiert (Ende Juni–Mitte Aug. tgl.). Den Wegarbeitern zu Ehren wurde anno 2000 ein großes Steinmonument errichtet.

Neben dem Museum befindet sich die Trollstigen Fjellstue (Souvenirs, Cafeteria). Von hier gelangt man in 5 Min. zu Fuß zum Aussichtspunkt **Utsikten.** Auf dem Weg dorthin bietet sich die Gelegenheit, Trolle und Touristenkitsch in allen nur denkbaren Variationen zu bestaunen. Von oben: grandiose Aussicht auf das wilde Zickzack des Trollstigen, das Isterdalen und die imponierenden Romsdal-Gipfel.

Wanderung: Der **Kløvstigen,** der alte Weg über den Trollstigen-Pass, wurde restauriert und ist Wanderern zugänglich. Die Tour beginnt an der R 63 entweder in Slettvikan auf der Valldal-Seite oder an der kleinen Brücke im Isterdal auf der Åndalsnes-Seite (ausgeschildert). 850 m geht es hoch, auf der anderen Seite wieder hinunter, super Aussicht auf den Wasserfall Stigfossen, Dauer in jede Richtung ca. 2,5 Std. Diese Wanderung ist nur im Sommer möglich, noch im Juni liegt hier Schnee.

Åndalsnes und Umgebung

Reiseatlas: S. 237, E 1
Berühmt ist Åndalsnes für seine schöne Lage zwischen alpinen Gipfeln am Romsdalsfjord. Bereits in den 80er Jahren des 19. Jh. ankerten hier die ersten Touristenschiffe. Es war vor allem die englische High Society, die hierherkam, um im Rauma-Fluss Lachse zu fangen. Aber auch als Wander-

Die Trollwand bei Åndalsnes

und vor allem als Klettergebiet erlangten die Romsdaler Alpen u. a. mit der gewaltigen Trollwand und dem markanten Romsdalshorn internationale Berühmtheit.

Noch heute ist Åndalsnes ein beliebter Anlaufpunkt von Kreuzfahrtschiffen. Das Verwaltungs- und Dienstleistungszentrum der Rauma-Gemeinde (ca. 2100 Einw.) wurde erst 1996 zur Stadt erklärt. Im Zentrum, das im April 1940 von den Deutschen bombardiert wurde, überwiegt moderne Architektur. Viele Arbeitsplätze bieten die Möbel-, Holz- und Bekleidungsfirmen sowie die Plastik verarbeitende Industrie.

Im ca. 2 km (Richtung Dombås) vom Stadtzentrum entfernten **Norsk Tinde-museum** (Norwegisches Gipfelmuseum) kann man die Sammlungen des reiselustigen Kletterers Arne Randers Heen aus Åndalsnes besichtigen. 1928, mit 23 Jahren, bestieg Heen erstmals in seinem Leben das Romsdalshorn (1550 m), auf dem er dann als 80-Jähriger zum 233. Mal stand (in der Hochsaison tgl. geöffnet, evtl. aber nur nachmittags oder abends, Tel. 71 22 36 08).

Wer an der abenteuerlichen Welt der Kletterer und Erstbesteiger interessiert ist, sollte einen Abstecher zur Troll-veggen (vegg – Wand) im Romsdal machen. Bei Horgheim (ca. 12 km von Åndalsnes Richtung Dombås, E 136) befindet sich direkt unterhalb der steilen Trollzinnen ein Rast- und Aussichtsplatz mit Touristeninformation. Imponierend ist die gewaltige, 1000 m senkrecht abfallende **Trollwand** (Trollveggen). In die Schlagzeilen geriet sie im Jahre 1980, als sich der Finne Jorma Øster oben vom Grat mit dem Fallschirm in die Tiefe stürzte. Sein wagemutiger Sprung lockte Fallschirmspringer aus aller Welt ins Romsdal zur Nachahmung. Nach einem Todesfall und mehreren aufwändigen Rettungsaktionen wurde das Springen 1986 per Gesetz verboten.

Landschaftlich sehr reizvoll ist auch die Gegend nördlich von Åndalsnes. Die Fahrt am Isfjord entlang führt durch eine liebliche, fruchtbare Landschaft mit vielen Höfen und Weiden. Bei Leirheim, etwa 24 km hinter Åndalsnes, zweigt die Straße zur Stabkirche nach **Rødven** (ca. 12 km) ab. Neben dem neuen Gotteshaus steht dort die alte Kirche (12. Jh.), die zu Beginn des 19. Jh. mit einer Reihe großer, neuer Fenster versehen wurde und deshalb nicht mehr das typische Bild einer Stabkirche bietet (in der Sommersaison tgl. Führungen).

Turistkontor: am Bahnhof am Fjord, 6300 Åndalsnes, Tel. 71 22 16 22, www.visitandalsnes.com, im Sommer Mo–Sa 10–18, So 13–19, sonst Mo–Fr 10–15.30 Uhr. Geschäftsstelle von DNT (Wanderinfo) im gleichen Gebäude.

Grand Hotel Bellevue: Åndalsgate 5, 6300 Åndalsnes, Tel. 71 22 75 00, Fax 71 22 60 38, www.grandhotel.no. Zentral und modern, mit Restaurant und Pianobar, 86 Zimmer, DZ 890–995 NOK. **Åndalsnes Vandrerhjem:** Setnes, 6300

Åndalsnes, Tel. 71 22 13 82, Fax 71 22 68 35, nur im Sommerhalbjahr. Jugendherberge 2 km außerhalb, der Bus von und nach Ålesund passiert die Jugendherberge; 25 Zimmer, EZ 350, DZ 500 NOK, pro Bett im Mehrbettzimmer 190 NOK.

Camping/Hütten:
Åndalsnes Camping og Motel: Tel. 71 22 22 79, Fax 71 22 17 00, www.andalsnescamp.no. Mai–Mitte Sept. 1,5 km vom Zentrum, großes Wiesengelände am Fluss Raumaelv, 37 Wohneinheiten, 11 Hütten mit hohem Standard, 750 NOK, Angelplätze, Bootsverleih.
Trollstigen Camping og Gjestegård: Isterdalen, Tel. 71 22 11 12, www.trollstigen.no. Auf dem Weg vom Trollstigen nach Åndalsnes, ganzjährig, Zimmer, Wohnungen und neun komfortabel ausgestattete Hütten, 360–1600 NOK, Kanuverleih, Cafeteria.

Norwegisches Fjällfestival: Eine Woche im Juli, im Programm: Gipfelbesteigungen, Familienwanderungen, Segelausflüge, ein Tag auf der Alm, Info Tel. 71 22 66 66, www.fjellfestivalen.com.

Zug: Eine der schönsten Bahnstrecken Europas, die so genannte ›**Trolltour**‹ mit der Raumabahn, verläuft durch das Romsdal mit Aussicht auf Trollwand und Romsdalshorn: Åndalsnes–Dombås (und weiter nach Oslo), Preisnachlass für Hin- und Rückfahrkarte. Im Sommer schnauft (mehrmals pro Woche) auf der Strecke Åndalsnes – Bjorli – Åndalsnes eine **Dampflok,** die an allen bekannten Sehenswürdigkeiten hält, u. a. an der steinernen Gewölbebrücke Kylling Bru und der Trollwand, Aufenthalt in Bjorli, Info/Buchung: Tel. 71 22 16 22, www.raumabanen.com o. Touristeninformation. **Bus:** Tag- und Nachtexpress Ålesund/Molde–Åndalsnes–Oslo, 9 bzw. 10 Std.

ÅLESUND UND UMGEBUNG

In Ålesund, der Stadt des Jugendstils, lockt ein Besuch der größten Aquarienanlage Nordeuropas ebenso wie der Panoramablick vom Aksla auf den Schärengürtel und die Gipfel der Sunnmøre-Alpen. Sandstrände, Steinzeithöhlen und Wikingerhistorie erwarten Besucher im Inselreich Giske – und nicht zuletzt die Papageitaucher auf der Vogelinsel Runde.

Ålesund

Reiseatlas: S. 236, C 1

Zu Beginn des 19. Jh. war die durch ihre Lage im Fjord und die einzigartige Architektur bezaubernde Fischereistadt nur ein kleines Dorf mit knapp 300 Einwohnern. Aufgrund üppiger Fischfänge und des florierenden Exports von Klippfisch begann der Ort zu expandieren und erhielt im Jahre 1848 die Stadtrechte. 1884 war Ålesund mit 12 000 Einwohnern einer der größten Orte Norwegens.

Einen Rückschlag erlebte die Stadt, als im Januar 1904 ein gewaltiges Feuer ausbrach. Über 800 Häuser brannten ab, 10 000 Menschen wurden obdachlos. Kaiser Wilhelm II. sandte vier große Schiffe mit Lebensmitteln, Kleidung und Baumaterialien. Um gegen solch verheerende Brände gewappnet zu sein, wurde ein Gesetz erlassen, das nur Steinbauten im Stadtbereich zuließ. Innerhalb von drei hektischen Jahren sollte Ålesund im Jugendstil wieder aufgebaut werden. Und obwohl durchaus nicht alle Ålesunder von der Idee

begeistert waren, machten sich die jungen, im Ausland ausgebildeten Architekten, die für den Wiederaufbau verantwortlich waren, daran, eine reine Jugendstilstadt zu entwerfen, die heute Touristen aus aller Welt anzieht.

Das Stadtzentrum liegt dicht gedrängt auf den drei Inseln Hessa, Nørvøy und Aspøy, die durch Brücken miteinander und mit dem Festland verbunden sind. Als auch der kleinste Platz ausgenutzt war, wurden kurzerhand einige Hügel mitten in der Stadt gesprengt. So musste der Vogelfelsen Rønneberghaugen dem Rathaus und dem Einkaufszentrum Kremmergården weichen. Ålesund ist heute Verwaltungs- und Dienstleistungszentrum der Provinz Møre og Romsdal und immer noch einer der führenden norwegischen Fischerei- sowie der größte Versandhafen für Klippfisch.

Stadtspaziergang

Ålesund kann man gut zu Fuß erkunden. Im Touristenbüro erhält man eine ausgezeichnete Broschüre, ›Zu Fuß in

183

Ålesund‹, die einen zweistündigen Spaziergang durch die Stadt beschreibt. Ausgangspunkt ist der **Stadtpark** 1 am Fuße des Aksla, des Hausbergs von Ålesund. Im Stadtpark steht die Statue des kriegerischen Wikingerfürsten Gange-Rolv, bei uns besser bekannt als Rollo, der im Jahre 911 erster Herzog der Normandie wurde.

Vom Park aus führen 418 Treppenstufen hinauf zum **Aksla,** von dem aus sich ein fantastischer Blick auf die Stadt und die benachbarten Inseln bietet. Oben befindet sich die Fjellstua, ein verglastes Café mit Aussichtsterrasse, das auch mit dem Auto zu erreichen ist (ausgeschildert, im Sommer 11–20 Uhr. Nur in dieser Zeit ist die Terrasse mit

Blick auf Ålesund

sunds Geschichte. Sehr ausführlich wird der große Brand von 1904 dokumentiert. Ein Modell zeigt die Stadt, wie sie vor der Katastrophe aussah (Rasmus Rønnebergs gate 16, Tel. 70 12 31 70, Juli–Aug. Mo–Sa 11–16, So 12–16 , Jan, April, Mai, Juni, Sept., Okt. Mo–Sa 11–15, So 12–15 , Feb., März, Nov., Dez. Mo–Fr 11–15 Uhr.)

Das Herz von Ålesund ist der Binnenhafen **Brosundet.** Vom **Apotheker-Markt** besticht die Aussicht über die pastellfarbenen Jugendstilfassaden der Lagerhäuser und die bunten Fischerboote. Auf dem offenen Platz direkt am Wasser steht eine von Knut Skinnarland geschaffene Statue, ›Der Jungvogel‹, die von den Einheimischen ›Fischerjunge‹ genannt wird. Die 1907 im Jugendstil erbaute Schwan-Apotheke beherbergt das **Jugendstilzentrum** ③ mit einer ausführlichen Dokumentation dieses Architekturstils (Apotekergata 16, www.jugendstilsenteret.no, Juni–Aug. Mo–Fr 10–18, Sa 10–17, So 12–17 Uhr). Gleich nebenan befindet sich das 2005 eröffnete **Kunstmuseum KUBE** ④, mit wechselnden Ausstellungen zu Kunst, Architektur und Design (Apotekergt. 16, Tel. 70 10 49 70, www.kunstmuseetkube.no, Juni–Aug. Mo–Fr 10–18, Sa 10–17, So 12–16, im Winterhalbjahr Di–Sa 11–16, So 12–16 Uhr).

Vom Zentrum am Brosundet aus bietet sich ein Spaziergang durch die Apotekergata und Bakkegata zur **Hafenmole** in eines der ältesten noch erhaltenen Viertel Ålesunds an. Hier stößt man auf alte, verblichene, zum Teil heruntergekommene Holzgebäude, die

dem Panoramablick zugänglich. Der ›Stadtzug‹ fährt im Rahmen der Stadtrundfahrt hinauf auf den Aksla, Start: Dronning Sonjas Plass, Dauer ca. 1 Std.

Vom Park aus sind es nur wenige Minuten ins Zentrum. Spannend ist ein Besuch im **Ålesund Museum** ②. Die 1919 errichtete Villa ist vollgestopft mit Dokumenten und Gegenständen aus Åle-

vom Brand verschont blieben. Das **Fischereimuseum** 5 (Fiskerimuseet) an der Mole dokumentiert u. a. die Tran- und Klippfischproduktion (Moloveien 10, Tel. 70 12 31 70, Mitte Juni–Mitte Aug. Mo–Sa 11–16, So 12–16, Mi–Fr auch 18–20 Uhr).

Einige Minuten entfernt liegt die **Ålesund Kirche** 6. Ihre erst 1855 eingeweihte Vorgängerin wurde während des großen Brandes 1904 zerstört. Die Glasgemälde im Giebel hinter der Orgel sind ein Geschenk Kaiser Wilhelms II. zur Einweihung des Gotteshauses im Jahre 1909 (Juni–Aug. Di–So 10–14 Uhr).

In Tueneset, 3 km westlich von Ålesund, liegt der **Atlantikseepark** 7 (Atlanterhavsparken). Imponierende, in die Küstenlandschaft eingebettete Aquarien zeigen die Tierwelt des Atlantiks (Tel. 70 10 70 60, www.atlanterhavsparken.

no, Juni–Aug. Mo–Fr, So 10–19, Sa 10–16 Uhr, sonst Di–So 11–16, im Sept. auch Mo 11–16 Uhr, Bade- und Angelmöglichkeit, Anreise von Ålesund per Bus Nr. 18, während der Öffnungszeiten des Museums stündlich).

Touristinformation Ålesund: Skateflukaia, 6002 Ålesund, Tel. 70 15 76 00, Fax 70 15 76 01, www.visitalesund. com, Juni–Aug. Mo–Fr 8.30–19, Sa 9–17, So 11–17 Uhr, sonst Mo–Fr 8.30–16 Uhr.

Clarion Collection Hotel Bryggen 8: Apotekergt. 1, 6004 Ålesund, Tel. 70 12 64 00, www.choice.no. Zentral am Brosundet, edel restaurierter Speicherkomplex am alten Fischereihafen, DZ 850–1650 NOK, Ermäßigung mit Nordisk Hotellpass.
Comfort Hotel Scandinavie 9: Løvenvoldgt. 8, 6004 Ålesund, Tel. 70 15 78 00,

Sehenswürdigkeiten

1 Stadtpark
2 Ålesund Museum
3 Jugendstilzentrum
4 Kunstmuseum KUBE
5 Fischereimuseum
6 Ålesund Kirche
7 Atlantikpark

Übernachten

8 Clarion Collection Hotel
Bryggen
9 Comfort Hotel Scandinavie
10 Brosundet Hotel
11 Ålesund Vandrerhjem
12 Volsdalen Camping
13 Prinsen Strandcamping
14 Wohnmobil-Parkplatz

Essen und Trinken

15 Sjøbua
16 XL Diner
17 Invit Espresso Bar

Fax 7015 78 01, www.choice.no. 65 komfortable Zimmer in einem prachtvollen Jugendstilbauwerk, Restaurant mit internationaler Küche, DZ 890–1395 NOK.

Brosundet Hotel 10: Apotekergt. 5, 6004 Ålesund, Tel. 70 12 10 00, www.brosundet.no. Komfortables, charmantes Hotel garni im Herzen der Stadt, 44 Zimmer, im Sommer DZ 760–990 NOK; eine Küche steht den Gästen zur Verfügung.

Ålesund Vandrerhjem 11: Parkgt. 14, 6004 Ålesund, Tel. 70 11 58 30, Mai–Sept. 185–250 NOK pro Pers. im Mehrbettzimmer

Camping/Hütten:

Volsdalen Camping 12: 6007 Ålesund, Tel. 70 12 14 90, Mai–Aug. 2 km vom Zentrum, nahe E 136, einfache Camping- sowie Ferienhütten mit zwei Schlafzimmern, 300–750 NOK.

Prinsen Strandcamping 13: Gåseid, 6015 Ålesund, Tel. 70 15 52 04. 4 km östlich von Ålesund an der E 136, großer Platz mit guter Sanitäranlage, Bademöglichkeit mit Sandstrand, Hütten 270–1000 NOK, Zimmer 220–460 NOK.

Wohnmobil-Parkplatz 14: Hjelsetgården, G. Dulls gt. Mai–Sept. Schöne Lage am Wasser, fünf Min. zu Fuß ins Zentrum.

Sjøbua 15: Brunholmgt. 1a, Tel. 70 12 71 00, www.sjoebua.no, tgl. ab 14 Uhr. Exklusives Fischrestaurant am Brosund, gepflegt und traditionsbewusst mit dicken Holzbalken und kräftigem Backstein. Auch Nicht-Fischesser können hierher kommen, u. a. steht Rentierfilet auf der Karte, Hauptgerichte ab 250 NOK.

XL Diner 16: Skaregt. 1, Tel. 70 12 42 53, www.xldiner.no. Internationale Küche, darunter verschiedene Klippfischspezialitäten, mit feinster Aussicht über den Hafen, Hauptgerichte ab 100 NOK.

Invit Espresso Bar 17: Apotekergt. 9, Tel. 70 15 66 44. Der Espresso ist preisgekrönt. Kleine Gerichte/Tapas ab 35 NOK, Tagessuppe und Kuchen.

Teaterfabrikken: Molovn. 22, Tel. 70 10 04 10, www.teaterfabrikken. no. Kneipe in der ersten Etage einer alten Tranfabrik. Jede Menge Kultur: Livemusik, Cabarets, Theater. Kleine Gerichte.

 Aktuelle Infos zu den zahlreichen **Festivals,** die regelmäßig in Ålesund stattfinden, unter www.visit alesund.com.

Ålesund Bootfestival: 5-tägiges Fest im Juli mit Bootrennen, Ausstellungen, Verkauf von gebrauchten Booten, Auktionen, Konzerten, Livemusik und Tanz, Info: www.batfestivalen.no.

NORWEGEN UNTER DEM HAKENKREUZ

Am 9. April 1940 marschierten die Deutschen überfallartig in das neutrale Norwegen ein. Der norwegische König und die Regierung gingen nach London ins Exil. Die norwegischen Streitkräfte, die mit der Regierung geflohen waren, waren der britischen Armee unterstellt und damit Teil der alliierten Kriegsführung. Noch am Abend der Invasion erklärte der Führer der unbedeutenden Norwegischen Nazipartei Nasjonal Samling (NS), Vidkun Quisling, die alte Regierung für abgesetzt und rief sich selbst zum Regierungschef aus. (Sein Name steht in vielen Sprachen als Synonym für Landesverräter, nach dem Krieg wurde Quisling von den Norwegern verurteilt und hingerichtet.) Anfang Juni kapitulierten die letzten norwegischen Streitkräfte, die vor allem in Nordnorwegen heftigen Widerstand geleistet hatten. Die Interessen der Deutschen galten Norwegens strategischer und ökonomischer Bedeutung. Um Unruhe zu vermeiden und die Wirtschaft anzukurbeln, wurde der in Norwegen unbeliebte Quisling abgesetzt und ein Administrationsrat ernannt, der die Zusammenarbeit zwischen den Besatzern und der norwegischen Wirtschaft organisieren sollte. Dank deutscher Aufträge blühte die norwegische Wirtschaft auf. Im April 1940 wurde Josef Terboven durch Hitler zum Reichskommissar für Norwegen ernannt. Seine Regierung bestand bis auf wenige Ausnahmen nur aus NS-Mitgliedern. Die Norweger leisteten während der gesamten Besatzungszeit mehr oder weniger aktiven Widerstand. Widerstandsaktionen richteten sich in erster Linie gegen die norwegischen Nazis, erst in zweiter Linie gegen die Deutschen. Die deutschen Soldaten waren angehalten, die Norweger, die nach Hitlers Rassenlehre ein hoch stehendes Kulturvolk, eine besonders reine nordische Rasse verkörperten, respektvoll zu behandeln. Auf Störungen jedoch reagierte die Besatzungsmacht mit Gewalt und Terror. Widerstandskämpfer wurden durch Folter und Hinrichtung umgebracht. Immer wieder versuchten Norweger – vor allem junge Männer – nach Großbritannien zu fliehen, um sich dort den norwegischen Streitkräften anzuschließen. Von den fünf illegalen Gruppen, die 1940–1942 zwischen Bergen und Ålesund ›Englandfahrten‹ organisierten, flogen alle ohne Ausnahme durch Denunzianten und Spitzel der Gestapo auf. Von den schätzungsweise 20 000 Menschen, die mit der Herstellung und Verbreitung illegaler Zeitungen beschäftigt waren, wurden 3000–4000 verhaftet und zum Tode verurteilt.

Am 8. Mai 1945 erfolgte die Kapitulation des ›Herrenvolkes‹. 9000 *tyskeunger,* so genannten Deutschenkinder, ließen die deutschen Soldaten nach Kriegsende in Norwegen zurück. ›Kinder der Schande‹ wurden sie genannt, denn Norwegerinnen, die sich mit Soldaten der feindlichen Armee einließen, galten als Verräterinnen. Sie wurden kahl geschoren und öffentlich gedemütigt.

Über 10 000 Norweger verloren während des Krieges – im Kampf, im Widerstand oder in Gefangenschaft – ihr Leben, viele Städte wurden durch Bombardierung und Terrorbrände zerstört.

Norwegisches Gourmetfestival: 5-tägige Fachmesse Ende Aug./Anf. Sept. mit buntem Kulturprogramm, einer Fülle kulinarischer Delikatessen zum Probieren und deftiger Grillparty, Info: www.matfestivalen.no.

Geschäft an Geschäft reiht sich in der **Fußgängerzone** Kongens gate. Obst und Gemüse kauft man am besten auf dem **Markt** am Kiperviktorget. Zwei **Shoppingcenter** im Zentrum: Kremmergården und Ålesund Storsenter, Mo–Fr 10–20, Sa 10–18 Uhr.

Devold in Langevåg: In der Wollfabrik Devold entstanden viele klassische Norwegerpullis. Die Teilnehmer unzähliger Expeditionen schworen und schwören auf Devold-Strick, darunter Fridjof Nansen und Roald Amundsen. Der Fabrikverkauf am Meer bietet günstige Preise (www.devold.no, im Sommer Mo–Fr 10–16.30, Sa 10–15 Uhr). Anreise: ca. 10 Min. mit dem Expressboot von Ålesund, mehrmals tgl., im Hochsommer direkt bis vor die Fabrik, sonst bis Langevåg, 5 Min. zu Fuß. (Langevåg ist auch per Auto von Ålesund zu erreichen, ca. 35 Min., Abzweig von der R 61. Wer auf dem Weg von Ålesund nach Runde ist, kommt hier ohnehin vorbei.)

Stadtwanderungen: tgl. Mitte Juni–Mitte Aug. Start vor der Touristinformation um 12 Uhr, Dauer ca. 1,5–2 Std.

Rafting und Tauchen: PS-starke Touren auf dem Meer oder in den Fjorden. Info: Ut i Havet AS, Brunholmgt. 2, 6004 Ålesund, Tel. 92 03 91 80, www.utihavet.no.

Angeltouren: Mit dem Holzkutter M/K Odin geht es zu ergiebigen ›geheimen‹ Fanggründen, Juni–Aug., Start am Brosundet, Dauer ca. 3 Std. Info: Ålesund Boat Adventure, Kneiken 6, 6007 Ålesund, Tel. 90 95 15 53, www.aalesundboat.no.

Flug: Ålesunds Flughafen Vigra liegt ca. 20 Min. vom Zentrum (Mautgebühr auf dem Weg zur Insel). Der Flugzeugbus korrespondiert mit allen Abflügen bzw. Ankünften, mehrere innernorwegische Verbindungen, u. a. nach Oslo.

Zug: Der nächste Bahnhof liegt in Åndalsnes, Busverbindung dorthin 3–4 x tägl.

Bus: Expressbusse gehen tägl. von/nach Oslo, Bergen und Trondheim; Info: Nor-Way Busekpress, Tel. 81 54 44 44, www.nor-way.no und bei Nettbuss Møre AS, Tel. 70 13 68 00, www.nettbuss-alesund.no.

Hurtigrute: Ganzjährig tgl. Anlauf von Süden und von Norden. Das nordwärtsgehende ›Postschiff‹ bedient von April–Sept. die Strecke Ålesund–Geiranger–Ålesund.

Arzt/Unfallstation: Krankenhaus 10 km östlich vom Zentrum (Abzweig von der E 136), Rettungswagen Tel. 113.

Ausflüge von Ålesund

Borgund

Reiseatlas: S. 236, C 1

In **Borgund,** 4 km östlich vom Stadtzentrum, liegt das **Sunnmøre Museum** (Borgundgavlen, www.sunnmore.museum.no). Es besteht aus einem Freilichtmuseum, einem wunderschönen Naturpark und dem Mittelaltermuseum.

Das Freilichtmuseum umfasst 55 Gebäude aus fünf Jahrhunderten und eine imponierende große Bootssammlung. Am Museumskai dümpelt die Kopie eines Wikingerschiffs aus dem 8. Jh. (in der Sommersaison jeden Mi verschiedene Aktivitäten und Führungen sowie 1-stündige Ausfahrten) sowie die

›Heland‹, ein Fischkutter von 1937, der im Zweiten Weltkrieg auf gefährlichem Wege Flüchtlinge nach England brachte (im Sommer geöffnet Mo–Sa 11–17, So 12–17 Uhr; Café). In unmittelbarer Nähe des Sunnmøre Museums liegen die 1907 eingeweihte **Borgund-Kirche,** deren älteste Teile aus dem 12. Jh. stammen (Mitte Juni–Mitte Aug. Di–Do, So 12–15 Uhr), und das **Mittelaltermuseum** auf dem Gelände des Handelsortes Borgundkaupangen (Besuch im Eintritt für das Sunnmøre Museum inbegriffen). Als 1349 die Pest von England eingeschleppt wurde, starben etwa drei Viertel der Bevölkerung Borgunds. Der schon im 10. Jh. bekannte Handelsort geriet in Vergessenheit. Das Museum wurde über den ausgegrabenen Resten einer *Årestue* (Blockhaus mit offener Feuerstätte, Rauchabzug durch ein Loch im Dach) errichtet (nur im Sommer Di–Do, So 12–15 Uhr).

Giske

Reiseatlas: S. 236, C 1
Auf den vier nordwestlich von Ålesund gelegenen Inseln Valderøy, Vigra, Giske und Godøy, die zur Gemeinde Giske gehören, tummelte sich zur Wikingerzeit alles, was Rang und Namen hatte, u. a. soll hier der kriegerische Wikinger Gange-Rolv als Sohn von Ragnvald Mørejarl geboren sein. 911 erhielt er vom französischen König die Normandie. Sein direkter Nachfahre war Wilhelm der Eroberer, damit zählt er zu den Stammvätern des englischen Königshauses. Die insgesamt ca. 40 km^2 umfassenden Inseln sprechen durch ihre schöne Natur mit ausgedehnten Strän-

den, baumlosen Schärenküsten und vogelreichen Sumpfgebieten für sich. Auf der Südwestseite der Insel Valderøy liegt die Höhle **Skjonghellaren,** die spätestens seit der Jüngeren Steinzeit bewohnt war. Hier wurden die ältesten Tierspuren Norwegens gefunden, die möglicherweise bis zu 30 000 Jahre alt sind. Vom Parkplatz führt ein steiler Pfad in knapp 10 Min. zum Eingang der Höhle (Taschenlampe nicht vergessen!).

Auf der Insel **Giske** steht eine kleine, in ihrer Schlichtheit schöne Marmorkirche aus der ersten Hälfte des 12. Jh. (Juni–Aug. Mo–Sa 10–17, So 13–19 Uhr). Sie befand sich ursprünglich im Besitz der mächtigen Giske, die vom 11. bis 15. Jh. zu den einflussreichsten Familien des Landes gehörten.

Auf **Godøy** sollte man Alnes besuchen. Das Fischerörtchen mit Krämerladen, bunten Bootshäusern und viereckigem, rot-weiß gestreiften Leuchtturm (Kunstausstellung, Café, Führungen Juni–Aug. tgl. 12–18 Uhr) liegt inmitten von saftiggrünen Wiesen, die sich bis zum steinigen Strand hinziehen. Hier kann man schön picknicken und spazieren gehen.

Godøy Hytter: 6055 Godøy, Tel. 70 18 50 26, Fax 70 18 50 26. Hütten je nach Saison 500–600 NOK.
Alnes Rorbuferie: Alnes, 6055 Godøy, Tel. 70 18 51 96. Hütten für bis zu 6 Pers. ca. 750 NOK.

Anreise mit Pkw: Seit 1986 sind alle Inseln durch lange, unterseeische Tunnel (3500 und 4200 m) und Brücken untereinander und mit Ålesund verbunden (ca. 15 Min. mit dem Auto, erster Tunnel gebührenpflichtig).

Der Leuchtturm von Alnes auf Godøy

Bus: Mo–Sa mehrmals tgl. Ålesund–Giske/Alnes.

Zur Vogelinsel Runde

Reiseatlas: S. 236, B 1
Wer mit dem eigenen Auto nach Runde möchte, kann auf dem Weg zur Fähre in Sulesund einen Abstecher zur **Devold-Wollfabrik in Langevåg** machen (10 km, s. S. 189).

In Brandal, 4 km nördlich vom Fährort Hareid, liegt das in einem alten Sjøhus untergebrachte **Eismeermuseum** (Ishavsmuseum, Mai/Sept. tgl. 13–16, Juni–Aug. tgl. 12–17 Uhr, www.ishavsmuseet.no). Die Ausstellung ist u. a. wegen der ausgestopften riesigen Eisbären und vielen authentischen Gebrauchsgegenstände, z. B. ein Eskimokajak, auch für Kinder interessant. Zum Museum gehört ein Scchundfängerboot. Brandal war neben Tromsø das größte Zentrum des norwegischen Seehundfangs.

In der Bucht von **Hjørungavåg,** südöstlich von Hareid, soll 986 der norwegische Håkon Jarl über die dänischen Jomswikinger gesiegt und damit die norwegische Unabhängigkeit verteidigt haben. Zum tausendjährigen Jubiläum wurde am **Overåsand** ein weithin sichtbares Nationalmonument aufgestellt: vier hochkant gegeneinander gelehnte Wikingerschiffsbuge. Gleich nebenan liegt ein fantastischer weißer Sandstrand.

Auf der anderen Seite der Insel liegt der für Schiffsbau bekannte Küstenort **Ulsteinvik,** zwei von Norwegens größten und modernsten Werften befinden sich hier. In der näheren Umgebung liegen schöne Sandstrände, aber auch die vorgelagerten Inselchen mit wunderbar glatten Felsen bieten sich zum Sonnen und Schwimmen an.

Vor Ulsteinvik liegt die bekannte Insel **Borgaröya** – einst ein zentraler Handelsort am alten Schifffahrtsweg zwischen Bergen und Trondheim. Zur

Blütezeit standen hier 17 Häuser, das renovierte Haupthaus stammt aus dem 18. Jh. Der Handel florierte noch bis in die 1880er Jahre.

Auf den Straßen 61 und 654 geht es weiter Richtung Runde. In einer von Küstenwinden geprägten Schärenlandschaft zweigt eine schmale Straße von ab, die in knapp 2 km zum **Herøy-Kystmuseum** (www.heroyspelet.no, Juni–Aug. Di–Fr 12–15, So 13–19 Uhr) auf der alten Thinginsel Herøy führt.

Nach Einführung des Christentums wurde die Insel Kirchort und Handelszentrum. Bis 1761 wohnten die Pfarrer auf der Insel. Man erzählt sich, dass die Pfarrer nicht mehr auf Herøy wohnen wollten, weil ihnen die mitunter von orkanartigen Stürmen freigelegten Menschenknochen zu unheimlich waren. Der Friedhof der Insel war auf nacktem Fels angelegt; die für die Begräbnisse nötige Erde musste in Booten auf die Insel geschafft werden, die die Toten bedeckende Erdschicht war entsprechend dünn. Zum Museum gehören der Pfarrhof, dessen ältester Teil aus dem Jahre 1752 stammt, sowie das Bootshaus mit einem rekonstruierten Wikingerschiff aus dem 8. Jh. Ein ca. 1 km langer Spazierweg führt über die Insel mit herrlichem Blick über die Schären.

Seit **Runde** 1981 durch eine 432 m lange Brücke landfest wurde, wird die nur 6,4 km^2 große, unter Naturschutz stehende Insel von einem ständig wachsenden Touristenstrom aufgesucht. Ungefähr 160 Menschen leben in den zwei Dörfern Runde und Goksøyr.

Vor der Küste der Vogelinsel hat es viele sagenumwobene Schiffbrüche gegeben. 1725 ging der niederländische Ostindien-Segler ›Akerendam‹ mit 200 Menschen und 230 000 Goldgulden an Bord unter. Fast 250 Jahre später, im Jahre 1972, fanden drei einheimische Sporttaucher ungefähr 6000 Gold- und an die 40 000 Silbermünzen. Die erfolgreichen Taucher durften 75 % des gehobenen Schatzes behalten, 15 % gingen an den norwegischen Staat, die restlichen 10 % erhielten die Niederlande. Seither nennt sich Runde nicht ohne Stolz ›Schatzinsel‹ und zieht Sporttaucher aller Nationen an, deren heimliche Hoffnung auf einem Kriegsschiff der spanischen Armada ruht: Die schwer mit Gold beladene ›Castillo Negro‹ zerschellte 1588 auf dem Heimweg von England an den Schären vor Runde.

Doch in erster Linie zieht es immer noch Vogelliebhaber nach Runde. Neben dem schmalen bewohnten Küstenstreifen nimmt das mit saftigem Weidegras bewachsene Hochplateau den weitaus größten Teil der Inselfläche ein. Im Westen der Insel fällt es bis zu 300 m senkrecht zum Meer ab. An diesen unzugänglichen Felswänden nisten etwa eine halbe Million Seevögel: Tausende von Dreizehenmöwen, Papageientaucher, Basstölpel und Trottellummen.

Faszinierend sind auch zu den Vogelfelsen führende **Inselrundfahrten** (in der Saison mehrmals tgl.). Die Touren führen einmal um die Insel herum. Hierbei kann man in Augenschein nehmen, was man von oben nicht gesehen hat – z. B. die Kolonien der Eissturmvögel, der Kormorane und Basstölpel, auch die bis zu 120 m tiefen Grotten am Fuße der Steilwände. Ausgangspunkt und Info bei Runde Camping in unmittelbarer Hafennähe.

Zur Vogelinsel Runde

Am Runde Hafen entsteht das Umweltcenter **Runde Miljøsenter** – eine internationale Forschungsstation mit einem Informationszentrum für Besucher. Die Einweihung und Inbetriebnahme ist für 2007 geplant.

Das **Touristenbüro in Ålesund** (s. S. 186) und der **Goksøyr-Camping** bieten Informationen zur **Insel Runde**. Sehr informativ sind die folgenden **Websites,** die nicht nur Unterkünfte, Sehenswürdigkeiten, Wanderungen, Flora und Fauna beschreiben, sondern auch über aktuelle Entwicklungen und Probleme auf der Insel berichten: www.insel-runde.de sowie www.runde.no.

Runde Camping og Vandrerhjem: 6096 Runde, Tel. 70 08 59 16, Fax 70 08 58 70, www.runde.no. Jugendherberge: Übernachtung ab 150 NOK, DZ 300 NOK. Campingplatz für 20 Zelte, Rundekafé geöffnet Mai–Aug., auch Bootstouren z. B. einmal ›Runde rund‹, Angel-/Tauchfahrten, Seehundsafari.
Goksøyr-Camping: Tel. 70 08 59 05, Fax 70 08 59 60, www.insel-runde.de. Am Ende der befahrbaren Straße, in der Saison hoffnungslos überlaufen. Hütten für 2–4 Pers. 200–450 NOK, Platz für Wohnmobile direkt am Meer, auch Touristinfo. Zu mieten ist auch das alte **Lotsenhaus** in atemberaubender Lage (die Lotsenstation wurde 1994 geschlossen, damit endete die 300-jährige Lotsentradition).

Herøyspelet: Openairtheater Anfang Juli auf der Insel Herøy. Eine dramatische, in den Sagas festgehaltene Begegnung zwischen König Olav (dem Heiligen) und dem More-Häuptling Karl, liefert den Stoff für das historische Stück samt Liebesgeschichte mit der Tochter des Häuptlings.

Insel Runde: in der Brutzeit, März–Aug., bieten Tourveranstalter von verschiedenen Orten aus Touren zur Vogelinsel an.

Mit öffentlichen Verkehrsmitteln nach Runde: Vom Anleger Skateflukaia in Ålesund verkehrt mehrmals tgl. ein Schnellboot (*hurtigbåt*) nach Hareid (Dauer 25 Min.), von dort Linienbus nach Runde (Buswechsel in Fosnavåg). Wer einen Tagesausflug von Ålesund nach Runde und zurück plant, sollte das Schnellboot gegen 8.30 Uhr nehmen, gegen 17 Uhr verlässt der letztmögliche Bus die Vogelinsel, das korrespondierende Boot ist gegen 20 Uhr wieder in Ålesund, Info: www.fjord1.no.
Mit dem Pkw nach Runde: Fähre von Sulesund nach Hareid, bis zu 35 x tgl.
Passagierboot von Ulsteinvik nach Borgarøya: nur im Sommer, Fahrtdauer ca. 15 Min.

Runde für Vogelfans

An den Campingplätzen liegt eine Broschüre aus, in der die bevorzugten Brutplätze der verschiedenenen Vogelarten eingezeichnet sind. Kurz hinter dem Campingplatz in Goksøyra beginnt der steile Aufstieg. Zwischen März und Juli, je früher desto besser, lassen sich die Vögel besonders gut beobachten. Ab August sind die meisten ausgeflogen. Für die Erkundung des baumlosen, nach Regenfällen streckenweise matschigen Hochlandes sollte man 2,5 Std. einplanen, die beste Zeit ist abends, wenn die Vögel vom Meer zurückkehren.

VON MOLDE NACH KRISTIANSUND

Molde, die Stadt der Rosen und des Jazz, bietet fast südländisch heitere Stimmungen am Fjord mit grandiosem Blick auf die schneebedeckten Gipfel der Romsdals-Alpen. Mit dem Meer auf Tuchfühlung kommt man auf der Fahrt über die Atlantik-Küstenstraße. Vor der schatzträchtigen Küste, die schon vielen Schiffen zum Verhängnis wurde, liegen die Fischerinseln Bjørnsund und Ona als Kleinode im Meer.

Molde

Reiseatlas: S. 238, B 2

Bereits gegen Ende des 19. Jh. war Molde wegen seiner schönen Lage direkt am Romsdalsfjord und dem Panoramablick auf die bis zu 2000 m hohen Gipfel der Romsdals-Alpen ein beliebtes Touristenziel, das auch Kaiser Wilhelms Zuspruch fand. Er besuchte Molde zwischen 1890 und 1913 fast jeden Sommer.

Rosen und Jazz

Die Berge der Moldeheia schützen den Ort gegen die scharfen Nord- und Westwinde und gewährleisten ein für 62° nördlicher Breite ungewöhnlich mildes Klima. Der Literaturnobelpreisträger und Autor der norwegischen Nationalhymne Bjørnstjerne Bjørnson (1832–1910), der hier zur Schule ging, hat Molde wegen seiner schönen Gärten ›Stadt der Rosen‹ genannt.

Im April 1940 wurde die nach einem Großbrand im Jahre 1916 wieder aufgebaute Stadt von den Deutschen bombardiert und zerstört. In der Hauptstraße, Storgata, stand nur noch ein einziges gemauertes Haus. Das Zentrum um die Storgata und den Marktplatz wurde mit breiteren Straßen und modernen Geschäftshäusern neu errichtet.

Heute ist Molde (ca. 24 000 Einw.) vor allem eine Handels- und Dienstleistungsstadt mit einem breiten Schul- und Ausbildungsangebot. Das seit 1960 jährlich Ende Juli stattfindende **Internationale Jazzfestival** hat den Ort weit über die Landesgrenzen hinaus bekannt gemacht. Auf dem Nedre Torg steht die bronzene Skulptur ›Jazzgutten‹, ein junger Saxophonist, ein Geschenk der Einwohner Moldes anlässlich des 250. Stadtjubiläums 1992. In der Festivalwoche werden vor dem Rathaus jeden Tag ab 12 Uhr Gratiskonzerte geboten. Vor dem 1966 aus Beton und Glas errichteten Rathaus steht die Statue ›Das Rosenmädchen‹, das Wahrzeichen Moldes als Stadt der Rosen.

Stadtrundgang

Unweit vom Rathaus liegt der moderne, 1957 eingeweihte **Dom** (im Sommer tgl. 9–15 Uhr, Führungen). Lohnend ist ein Spaziergang zum **Romsdalsmuseum** oberhalb des Reknes-Parks, ungefähr 15 Min. vom Stadtzentrum entfernt. Es vermittelt einen Eindruck von der Lebens- und Arbeitsweise der Menschen seit dem 15. Jh. bis in die heutige Zeit (Tel. 71 20 24 60, Mitte Juni–Mitte Aug. Mo–Sa 11–15, So 12–15, im Juli Mo–So bis 18 Uhr; Malis Café, Volkstanzvorführungen).

Im Westen der Stadt steht bei Glomstua die berühmte **Königsbirke.** Hier suchten Haakon VII. und Kronprinz Olav Schutz, als Molde im April 1940 bombardiert wurde. Das Foto, das ein Journalist vom König und seinem Sohn vor der Birke machte, geriet zum nationalen Symbol für den Widerstandswillen der Norweger gegen die Okkupationsmacht. Die junge Birke wurde 1982 von König Olav gepflanzt, nachdem die alte Birke im Jahr zuvor mutwillig zerstört worden war.

Sehr empfehlenswert ist eine Fahrt zum **Varden** (407 m) hinauf. Vom Hausberg Moldes bietet sich ein fantastischer Blick über die Romsdals-Alpen, und man kann hier auch schön spazieren gehen. Das Restaurant Vardestua ist Mai–Aug. tgl. geöffnet. Fahrzeit auf den Varden etwa 10 Min., der Weg dorthin ist unten mit ›Varden‹ ausgeschildert, weiter oben mit ›Fjellstua‹. Zu Fuß braucht man gut eine Stunde.

Per Boot gelangt man zum **Fischereimuseum** auf der Insel **Hjertøya**

(Herzinsel) direkt vor der Stadt. Hier bekommt man Einblick in die Lebensverhältnisse der Menschen ab etwa 1850. Sehenswert ist das Haus, in dem der deutsche Maler und Schriftsteller Kurt Schwitters (1887–1948) in der Emigration lebte. Das Schnellboot zur Insel fährt am Kai ab, der gegenüber vom Rathaus direkt hinter dem Marktplatz liegt (10 Min., in der Hochsaison 3–4 x tgl. 11–17.45 Uhr; bei schönem Wetter fährt das Boot auch öfter, Führungen nach Ankunft der Boote). An heißen Tagen an Badezeug denken, auf der Insel gibt es einen schönen Strand und einen Bootsverleih.

Destination Molde & Romsdal, Touristinfo: Torget 4, 6413 Molde, Tel. 71 20 10 00, Fax 71 20 10 01, www.visitmolde.com, im Sommer Mo–Fr 9–18, Sa 9–15, So 12–17 Uhr, sonst Mo–Fr 8.30–15.30 Uhr.

Quality Hotel Alexandra: Storgt. 1–7, 6413 Molde, Tel. 71 20 37 50, Fax 71 20 37 87, www.choicehotels.no. Luxushotel am Fjord, mit drei Restaurants, Sauna, Solarium, Swimmingpool, 250 Betten, DZ 840–1445 NOK.

Rauma Folkehøgskole: Raumavn. 2, 6411 Molde, Tel. 71 25 94 70, Fax 71 25 94 99, www.rauma.fhs.no. Nur im Juni und Juli geöffnet. 60 einfache Zimmer, Eigenwerbung: »Moldes billigste«. EZ 400–600, DZ 600–900 NOK, westlich des Zentrums.

Camping/Hütten:

Kviltorp Camping: Fannestrandveien 142, 6419 Molde, Tel. 71 21 17 42, Fax 71 21 10 19, www.kviltorpcamping.no, ganzjährig geöffnet. Am Fannefjord, 3 km östlich des Zentrums an der E 39, Hütten für 375, 700, 1250 NOK, Wohnmobilstellplätze, Bootsverleih.

Skaret Touristzentrum: Tel. 71 12 80 90, Fax 71 26 80 91, Skaret, 6422 Molde, www.skarstua.no. 12 km nordöstlich von Molde an der R 64. Außer dem Handwerkerhof (s. S. 197) stehen in Skaret 20 unterschiedlich große, in traditionell norwegischem Blockhausstil erbaute Hütten, 550–1000 NOK. Für Kinder gibt es Spiel-, Bade- und Reitmöglichkeiten, Verleih von Kanus und Angelausrüstung, Restaurant.

 Vardestua: Tel. 71 25 10 86, www. vardestua.mr.no. Superlage mit bester Aussicht auf das berühmte Moldepanorama. Cafeteria/Restaurant: Schnitzel und Co. fehlen nicht, aber auch regionaltypisch zubereitete Lachs- und Lammgerichte werden geboten. Hauptgerichte ab 100 NOK.
Dockside Pub & Restaurant: Torget, Tel. 71 21 50 33. Wenn die Sonne scheint, sitzt man draußen am Wasser und genießt das Leben bei einem kühlen Schluck Bier, öfter mal Livemusik mit Blick über den Fjord und die großen Fährschiffe. Drinnen großes Angebot an Speisen für die ganze Familie: Pasta, Pizza, Fisch und Fleisch ab 100 NOK.

 Skaret Håndverkergård (Handwerkerhof) s. S. 197.

Öffentlicher **Badestrand** in der Kringstadbucht westlich der Stadt.

Molde International Jazzfestival: Norwegens größtes Jazzfestival findet im Juli statt, Eintrittskarten können in allen Postämtern erworben werden, auch viele Gratiskonzerte, Info Tel. 71 20 31 50, www.moldejazz.no.

Pkw: Der Skålavegen führt über eine Brücke und durch einen Tunnel bis unmittelbar vor Molde (Maut).

Flug: Von Årø, 5 km von Molde, tgl. Flüge nach Oslo, Bergen, Trondheim …
Bus: Busverbindung nach Åndalsnes mit Anschluss an die Raumabahn. Dag- og Nattekspressen (Tag/Nacht) Ålesund/Molde–Åndalsnes–Oslo, tgl.
Fähren: Molde–Vestnes, ca. 35 Min., 36 x tgl. Molde–Sekken, ca. 40 Min., 8 x tgl.
Hurtigruten: Molde wird von den Schiffen der Hurtigruten angelaufen.

Ona

Reiseatlas: S. 238, A 2
Unzählige Fischerinseln an der Westküste wurden im Verlauf des 20. Jh. verlassen und dienen heute nur noch als Feriendomizil. Ona ist eine der wenigen Fischerinseln im Meer, die noch ganzjährig bewohnt sind (50–60 Einwohner). Junge Familien gibt es nicht allzu viele, die kommen am Wochenende oder in den Ferien zu Besuch. Größtes Ereignis ist die Ankunft der Fähren.

Auf Ona und der mit einer Brücke angebundenen Insel Husøya haben sich mehrere Töpfer niedergelassen. Es gibt einen Leuchtturm, ein Geschäft, einen kleinen Laden, ein Café und zwei bis drei Töpferwerkstätten, einen Friedhof am Meer sowie einen schönen Sandstrand.

 Ona Havstuer: 6483 Ona, Tel. 71 27 71 66, Fax 71 27 60 95, www. havstuene.no. Schöne Anlage am Hafen, fünf Wohnungen mit 2 bzw. 3 Schlafzimmern, 1200 bzw. 1400 NOK pro Tag, pro Woche etwas günstiger.

Anreise: Nach Ona zu kommen ist ein bisschen umständlich. Vom

Fähranleger Holling 19 km westlich von Molde verkehrt die Autofähre nach Aukra, dann per Auto 10 km weiter bis Småge. Hier wird das Auto geparkt, die Fähre nach Ona verkehrt 4 x tgl.

Bud

Reiseatlas: S. 238, A 2

Das hübsche Dorf Bud liegt direkt am Meer, 47 km nordwestlich von Molde. Die etwa 1000 Einwohner leben in der Hauptsache vom Fischfang und von der Fischverarbeitung. Die alte Bebauung des Ortes konzentriert sich um den Hafen.

Der Hügel Ergan oberhalb des Hafens war im Zweiten Weltkrieg Sitz einer deutschen Befestigungsanlage mit Bunkern, Kommandozentrale, einem Feldlazarett, Frischwasserreservoir sowie einem weiten Netz von unterirdischen Gängen. Die restaurierte Befestigungsanlage, das **Ergan Küstenfort** (Ergan Kystfort), gewährt Einblick in das düstere Kapitel der deutschen Besatzungszeit in Norwegen, 350 Deutsche waren hier im 2. Weltkrieg stationiert (Juni–Aug. tgl. 10–18 Uhr).

Fræna Info: im Ergan Kystfort, Tel. 71 26 15 18, im Sommer tgl. 10–18 Uhr.
Fræna-Bud Info: Riddersalen, Tel. 91 51 05 26, Juni–Aug. tgl 10-18 Uhr.

Riddersalen: Ergan Kystfort, 6430 Bud, Tel. 71 26 63 60, Fax 71 26 63 61, www.riddersalen.no. Ein neues Vielzweckgebäude (auch Touristeninformation und Restaurant) mit modern eingerichteten Zimmern, das vor allem durch seinen Panoramablick besticht. EZ 675, DZ 975 NOK.

Camping/Hütten:
Blåhammer Camping: Tel. 71 26 17 03. Sandiger Badestrand, schöne Sonnenuntergänge, Bootsverleih, gute Angelmöglichkeit, Hütten für 4 Pers. 300 NOK.
Bud Camping: Tel. 71 26 10 23, www.budcamping.no. Verleih von Booten und Kanus, eigener Bootssley, Verkauf von Angelausrüstung, Hütten mit 2–4 und 6–10 Betten, 300–950 NOK.

Bryggjen i Bud: Fisketeria und Havstua, Tel. 71 26 11 11, Fax 71 26 17 10, www.bryggjen.no. Offene Lage an der Mole. Außenterrasse auf der Brücke, helle, freundliche Einrichtung, viele Busgruppen kehren hier ein. Fischspezialitäten wie gegrillter Lachs, Bacalao ab 115 NOK. Übernachtung für bis zu 6 Pers. im

Skaret Håndverkergård

Wer auf dem Weg gen Norden Richtung Kristiansund den kleinen Umweg über Skaret macht, umgeht die Maut für den Tussentunnell und kann nebenbei noch Souvenirs einkaufen. Im Klokkargården findet man eine Verkaufsausstellung kunsthandwerklicher Produkte, darunter Rosenmalereien, Gewebtes, Gestricktes und Töpferwaren. Und im Lysgården, dem Kerzenhof, gibt es eine Kerzengießerei sowie eine riesige Auswahl an Kerzen mit für norwegische Verhältnisse erstaunlich günstigen Preisen.

Havhus, mit Boot 1200 NOK pro Tag. Im Angebot auch verschiedene Kurse wie die Herstellung von Klippfisch, Angelfahrten.

Bjørnsund

Reiseatlas: S. 238, A 2

Ein Paradies für Angler und Vogelliebhaber ist das malerische Inselreich Bjørnsund, das aus drei Inseln besteht: Søndre Bjørnsund, Hammarøya und Nordre Bjørnsund; die beiden letztgenannten sind über Brücken verbunden. Einst lebten hier 500–600 Menschen, 1970 verließen die letzten Dauerbewohner die Insel, viele verbringen hier aber im Sommerhalbjahr die Wochenenden und Ferien. Die meisten Tagesbesucher passieren per Schiff das idyllische Søndre Bjørnsund und steigen in Nordre Bjørnsund aus. Von hier aus kann man das Dorf erkunden und auf Steinmolen hinüber nach Hammarøya und zum Leuchtfeuer wandern. In der Sommersaison ist ein kleines Café in der Nähe des Anlegers geöffnet.

Anreise: Von Harøysund (südlich von Bud) fährt das Boot nach Bjørnsund: im Sommer Mo, Mi, Fr, Sa, So 1–2 x tgl., im Winter nur Mo, Fr, So, Anschluss an Busse von/nach Molde.

Die Atlantik-Küstenstraße

Reiseatlas: S. 238, B 1 2
Auf der Atlantik-Küstenstraße (Atlanterhavsveien), einer fantastischen, etwa 8 km langen Strecke über die durch

Im Inselreich Bjørnsund

Brücken verbundenen Inseln und Schären zwischen Vevang auf dem Festland und der Insel Averøya südlich von Kristiansund gelangt man mit dem Auto bis ans Meer heran. Um die Wende zum 20. Jh. wohnten auf den Inseln noch etwa 120 Menschen, die vom Fischfang lebten, inzwischen sind die Inseln verlassen. An der Küste wimmelt es von Fisch, auf den Brücken an der Küste stehen zahlreiche Freizeitangler.

Der bereits 1935 beschlossene Bau der Atlantik-Küstenstraße wurde erst 1983 in Angriff genommen und 1989 beendet. Die Gesamtkosten lagen mit 122 Mio. NOK niedriger als erwartet; ein Viertel davon wurde durch die Brückengebühr finanziert. 1999 wurde die Mautstation abgebaut – freie Fahrt auf der Atlantikstraße!

Westlich von Vevang beginnt der Küstenabschnitt **Hustadvika,** der für seine zahlreichen gefährlichen und im Sturm unpassierbaren Stellen berüchtigt ist. Hier sind unzählige Schiffe untergegangen, die neben der reichen Pflanzen- und Tierwelt interessante Tauchobjekte bieten.

Mitten in der baumlosen Schärenlandschaft liegt die kleine Insel **Håholmen** mit einem winzigen restaurierten Fischerort und der ›Saga Siglar‹-Halle, in der die Wikingerexpeditionen des Abenteurers (und Hausherrn) Ragnar Thorseth gezeigt werden, der u. a. auf dem nachgebauten Wikingerschiff ›Gaia‹ von Norwegen über Island und Grönland bis nach Amerika segelte.

Håholmen Havstuer: Kårvåg, 6530 Averøy, Tel. 71 51 72 50, Fax 71 51 7251, www.haholmen.no, Juli–Mitte Aug. 45 Zimmer, EZ 760–1020, DZ 1120–1350 NOK, Gästehafen; Restaurant (Fisch!), Vermietung von Kleinbooten, Segel- und Angeltouren.

Tauchen: Strømsholmen Sjøsportsenter, 6494 Vevang, Tel. 71 29 81 74, www.stromsholmen.no. Das Tauchzentrum mit Café und Übernachtungsmöglichkeit ist in alten Seehäusern untergebracht (Übernachtung pro Pers. 325, Einzelhütte 650 NOK). Tauchen für Anfänger und Fortgeschrittene, Angeltouren.

Boot: nach Håholmen im Sommer 11–20 Uhr zu jeder vollen Stunde, Überfahrt 10 Min.

Averøya

Reiseatlas: S. 238, B 1–2

Von der Atlantik-Küstenstraße führt die R 64 über die Insel zum Fährort Bremsnes im Norden. Landschaftlich reizvoller ist die Strecke am Kvernesfjord im Südteil von Averøya. An der äußersten Südspitze Averøyas liegt Håkkårøysa, Nordmøres größter Grabhügel aus der Wikingerzeit.

Das Freilichtmuseum **Kvernes Volksmuseum** (Gamle Kvernes Bygdemuseum, Tel. 71 51 40 66, Mitte Juni–Mitte Aug. Di–Fr 12–16, Sa, So 13–17 Uhr) in Kvernes zeigt neben zehn Hofgebäuden aus dem 18./19. Jh. eine Ausstellung zur Küstenkultur mit einer Sammlung von Booten. In der archäologischen Abteilung sind Funde aus der Fosna-Kultur zu sehen.

Die 1432 erstmals erwähnte und mehrmals umgebaute **Kvernes-Stabkirche** wirkt von außen schlicht. Um so beeindruckender ist dann das schön dekorierte Innere, das in der ersten Hälfte des 17. Jh. neu gestaltet wurde (in der Hochsaison tgl. 10–17 Uhr).

Südwestlich von Bremsnes liegt der **Bremsneshatten,** ein 130 m hoher Bergrücken, in dessen unmittelbarer Umgebung zahlreiche Spuren aus der Steinzeit (8000–1500 v. Chr.) gefunden wurden. Nicht allein wegen der weiten Aussicht lohnt der Aufstieg zur steinzeitlichen Wohnhöhle **Bremsneshula.** Im hinteren Bereich kann man eine schwindelerregend hohe Leiter zu einer Seitenhöhle hinaufklettern (Taschenlampe erforderlich).

Touristinformation: Averøy Næringsforum, ›Bakeriet‹ Kårvåg, 6530 Averøy, Tel. 71 51 44 77, Fax 71 51 44 78, www.bedriftnordvest.no , ganzjährig Mo–Fr 8–15.30 Uhr. Touristinformation direkt am Atlanterhavsveien, Tel. 41 12 38 39, Juni–Aug. tgl. 10–16 Uhr, Tel. 71 29 83 00.

Lysø Camping og Rorbu: Lysø, 6530 Averøy, Tel. 71 51 21 13, Fax 71 51 24 09, http://home.no.net/lyso. Zehn komfortable Hütten und Rorbuer an der Schärenküste im Nordwesten von Averøy, Hütten 300–950 NOK, Bootsverleih, Gefriertruhe vorhanden. **Skjerneset Bryggecamping:** Ekkilsøy, Averøy, westlich von Bremsnes, Tel. 71 51 18 94, Fax 71 51 18 15, www.skjerneset.com. Camping am Wasser, mit kleinem Fischermuseum, Aquarium. Bootsvermietung, Hütten 500–720 NOK.

Fähre Bremsnes–Kristiansund, ca. 20 Min., 23 x tgl.

KRISTIANSUND UND UMGEBUNG

›Die Stadt am Meer‹ ist auf drei Inseln verteilt, die durch Sunde voneinander getrennt sind. Zwischen den durch Brücken verbundenen Inseln verkehrt – heute wie vor 130 Jahren – das Sundboot. Küstenkultur pur: Spaziergang um den Vågen, der gesäumt wird von alten Lagerhäusern, Werften, dem Klippfischmuseum, einer alten Kaffeerösterei mit urigem Café und ein Bootsausflug zur Insel Grip.

Kristiansund

Reiseatlas: S. 238, B 1

Im 16. Jh. wuchs ein kleiner Fischerort um den geschützten Naturhafen **Vågen**. Gegen Ende des 17. Jh., als die umliegenden Wälder abgeholzt waren und damit der einst blühende Holzhandel mit den Holländern zum Erliegen kam, entwickelte sich Kristiansund zu einem Zentrum für die Klippfischproduktion (s. S. 205). Es erhielt 1742 die begehrten Stadtrechte sowie den Namen Christiansund nach dem damals regierenden dänisch-norwegischen König Christian VI. Im April 1940 wurden große Teile Kristiansunds von den Deutschen in Schutt und Asche gelegt, 724 Häuser gingen in Flammen auf. Am südöstlichen Zipfel von Kirkelandet, im eigentlichen Geschäftszentrum der Stadt, überwiegt moderne, nüchterne Architektur. Die Statue der Klippfischfrau am Pier wurde zur 250-Jahr-Feier der Stadt im Jahre 1992 dort aufgestellt.

Kristiansunds Wirtschaft basiert heute wie zu allen Zeiten vornehmlich auf dem Fisch, obwohl große Anstrengungen unternommen werden, weitere Einnahmequellen aufzutun. Neue Arbeitsplätze bietet die Zulieferindustrie für die Ölbohrungen vor der Trøndelagküste.

Das Besondere sind die alten, noch intakten Kaianlagen, die Handwerksbetriebe, Lager- und Wohnhäuser um den Vågen. Zwischen den alten Brücken, Fischverarbeitungsanlagen und Werften, auf den Klippfischfelsen und bei den Fischannahmestellen hat man die einzigartige Gelegenheit, das alte Kristiansund zu erleben. Alle Sehenswürdigkeiten sind zum **Kystkultursenteret** (Küstenkulturzentrum) zusammengefasst. Es bietet sich an, das Sundboot vom Pier im Zentrum nach Gomalandet zu nehmen und die ca. 2 km um den Hafen zurück ins Zentrum zu laufen.

Von der Haltestelle auf Gomalandet folgt man zunächst der Strandgata nach links zum **Milnbergan** hinauf. Hier wurde von etwa 1740 bis 1960 Klippfisch getrocknet. Auf einem Großteil der Klippen stehen jetzt moderne Wohnblocks und Terrassenhäuser. Die Kai-

anlage **Milnbrygga** unten am Wasser stammt aus dem Jahre 1749. In dem restaurierten Gebäude befindet sich das 1992 eröffnete **Klippfischmuseum** 1 (Mitte Juni–Mitte Aug. Mo–Sa 12–17, So 13–16 Uhr, im Sommer Anlaufstelle des Sundbootes). In der **Hjelkrembrygga** 2, einem alten Klippfischlagerhaus von 1835, ist neben alten und neuen Fotografien des Vågen auch eine rekonstruierte Klempnerei zu besichtigen. Die **Woldbrygga** 3, eine ehemalige Fischannahmestelle aus dem Jahre 1822, beherbergte in der Zeit von

1875 bis 1965 eine Böttcherei, die noch weitgehend unverändert erhalten geblieben ist (Öffnungszeiten auf Anfrage, Nordmøre Museum, Tel. 71 58 70 00).

Wer mag, kann einen kurzen Abstecher zum **Gomaland-Friedhof** 4 machen. In der Ballasterde, welche die Klippfischschiffe auf dem Rückweg von Spanien häufig an Bord nahmen, um Stabilität und günstige Schwimmlagen zu erzielen, wurden die Toten begraben.

Die neueste Erweiterung des Nordmøre Museums ist das **Handelshaus Patrick Volckmar** 5, Norwegens äl-

Sehenswürdigkeiten

1. Klippfischmuseum/Milnbrygga
2. Hjelkrembrygga
3. Woldbrygga
4. Gomaland-Friedhof
5. Handelshaus Patrick Volckmar
6. Mellomwerft
7. Brodtkorbgården/ Christiegården
8. Kirkelandet-Kirche
9. Vanndammene
10. Vardetårnet
11. Nordmøre Museum
12. Petrosenteret
13. Lossiugården
14. Nordlandet-Steinkirche

Übernachten

15. Quality Hotel Grand
16. Euro Atlanten Motell og Camping
17. Byskogen Camping

Essen und Trinken

18. Dødeladen Café
19. Smia Fiskerestaurant

teste Kaffeerösterei mit einer Ausstellung über den Kaffeehandel, Verkauf von Souvenirs, einem gemütlichen Café und Fahrradverleih (Freiv. 8, Øvervågen, Juni Sa, So 12–20, Juli/Aug. Di–So 12–22, sonst Sa, So 12–17 Uhr,. Juni–Sept. zwei Samstage pro Monat Markt unter freiem Himmel).

Auf der anderen Seite des Vågen gelangt man schließlich zur einzigartigen **Mellomwerft** 6, die heute zum Nordmøre Museum gehört und seit 1867 in Betrieb ist. Die wichtigste Aufgabe der Werft waren Bau und Wartung der großen Flotte von Segelschiffen, die in den Glanzzeiten der Klippfischproduktion von Kristiansund aus unterwegs waren. Heute werden in der Museumswerft immer noch alte Boote restauriert. (Wer nicht den gesamten Spaziergang um den Vågen machen möchte, kann vom Parkplatz am Gästehafen in 5 Min. zur Werft gelangen.)

Auf dem weiteren Weg zurück in das Stadtzentrum passiert man das prächtige, unter Denkmalschutz stehende Gebäudeensemble der Kaufmannshöfe **Brodtkorbgården** und **Christiegården** 7 aus den Jahren 1786 und 1835. Die Familien Brodtkorb und Christie verdienten ihr Vermögen mit Klippfischhandel und Schiffsbau.

An der viel befahrenen Hauptstraße Langveien liegt die moderne, mit einer Front von über 300 bunten Glasfenstern ausgestattete **Kirkelandet-Kirche** 8. Sie wurde 1964 als Ersatz für den 1940 von den Bomben zerstörten Vorgängerbau errichtet (Mo–Fr 9–15 Uhr).

Hinter der Kirche zweigt die Straße nach **Kringsjå** ab. Hier befinden sich die alten Wassersammelstellen der Stadt, **Vanndammene** 9, die heute in eine idyllische Parkanlage integriert sind. Spazierwege führen durch die ungewöhnlich baumreiche Küstenvegetation hinaus zu den kahlen Klippen am Meer – zum **Klubba,** einer bei Anglern beliebten Schärenbucht. Vom **Vardetårnet** 10, dem alten Wachtturm (78 m ü.d.M.) und höchsten Punkt der Stadt, hat man einen 360°-Rundblick über die Hafeneinfahrt bis zur Fischerinsel Grip.

Auf **Gomalandet,** etwa 1,5 km vom Zentrum entfernt, liegt das **Nordmøre**

Museum 11. Im Hauptgebäude sind vor allem die archäologische Abteilung mit einer ausführlichen Dokumentation der steinzeitlichen Fosna-Kultur sowie die Fischereiabteilung, in der die Geschichte des Klippfisches aufgezeigt wird, interessant. Die Freilichtabteilung zeigt ein altes Vorratshaus, eine Rauchofenstube und eine Mühle (Di–Fr 10–14 Uhr).

Wer sich für die Entstehung, Förderung und Nutzung von Erdöl und Erdgas interessiert, sollte das neu errichtete **Petrosenteret** 12 ganz im Süden von Kirkelandet besuchen. Das mittelnorwegische Dokumentationszentrum zeigt eine vielseitige Ausstellung vom Fossil bis zur neuesten Technik (Storkaia 9, Tel. 91 18 93 93, www.petrosenteret.no, Mitte Mai–Ende Aug. Mo–Fr 11–16, Sa 12–15, So 14–16 Uhr).

Bacalao

Aus Dorsch, Seelachs, Leng und Lumb wird Klippfisch hergestellt. Eingesalzen und getrocknet ist er zehn Jahre haltbar. Nach mehrtägigem Wässern wird er auf die unterschiedlichsten Arten zubereitet. Beliebt ist der Klippfisch mit mediterraner Geschmacksnote: angerichtet mit Olivenöl, Oliven, Paprika, Tomaten und Knoblauch. In Kristiansund steht Bacalao – wie er im Süden Europas genannt wird – auf den Speisekarten aller guten Restaurants. Die Preise für ein Hauptgericht liegen zwischen 175 und 230 NOK.

Einen Ausflug lohnen auch die anderen Stadtinseln Innlandet und Nordlandet. Auf **Innlandet**, in der Nähe der Bootsanlaufstelle, liegen die ältesten Gebäude Kristiansunds. Hier befinden sich verfallene Lagerhäuser, verblichene, noch bewohnte Holzhäuser, ein Zollhaus aus dem 17. Jh. sowie das erste Krankenhaus der Stadt. Dieser Ortsteil, der restauriert wird, hat melancholischen Charme. **Lossiusgården** 13 stammt etwa aus dem Jahre 1780 und ist eines der wenigen Patrizierhäuser, die 1940 nicht den Bomben zum Opfer fielen. Heute steht es unter Denkmalschutz (in Privatbesitz).

Von der **Nordlandet-Steinkirche** 14, 1914 im Jugendstil erbaut, hat man einen weiten Blick über den Hafen und die dichtbebauten, hügeligen Inseln der Stadt, die auch ›Venedig des Nordens‹ genannt wird (Di–Fr 10–14 Uhr).

Reisemål Nordmøre/Kristiansund Reiselivslag: Kongens plass 1, Postboks 508, 6501 Kristiansund, Tel. 71 58 54 54, Fax 71 58 54 55, www.visitkristiansund.com. Sehr gut ausgestattete Touristeninformation.

Quality Hotel Grand 15: Bernstorffstredet 1, 6509 Kristiansund, Tel. 71 57 13 00, Fax 71 57 13 01, www.choicehotels.no. Das größte und älteste Hotel der Stadt. Familienzimmer. Zentrale Lage neben dem Kino. DZ ab 1485 NOK.

Camping/Hütten:
Euro Atlanten Motell og Camping 16: Dalaveien 22, Gomaland, 6511 Kristiansund, Tel. 71 67 11 04, Fax 71 67 24 05, www.atlanten.no. Ein ganzer Komplex für Reisende, die kein Vermögen bezahlen wollen, 1,8 km vom Zentrum, 300 m bis

HALTBARE VITAMINE FÜR DIE TROPEN – DER KLIPPFISCH

Vermutlich konservierten die Norweger ihren Fisch schon in vorhistorischer Zeit, indem sie ihn draußen in Wind und Wetter zum Trocknen aufhingen. Der Trockenfisch (= Stockfisch) entwickelte sich ab dem späten Mittelalter zum wichtigsten norwegischen Exportartikel. Anders sah es mit dem Klippfisch aus, der, entgegen allen Vermutungen, keineswegs eine norwegische Erfindung ist. Während die Rohstoffgrundlage für den Stockfisch ungesalzener, auf Trockengerüsten an Land getrockneter Fisch war, wurde für den Klippfisch gesalzener Fisch verwendet. Wahrscheinlich waren es baskische Fischer, die im Verlauf des 16. Jh. diese Konservierungsmethode ›erfanden‹, indem sie ihre Fische salzten, sie auf Bootsplanken ausbreiteten und regelmäßig wendeten. Der Klippfisch gelangte bereits als fertig entwickeltes Produkt nach Norwegen, und die Produktion wurde mit dem Gedanken an den Export in Gang gesetzt. Im 18. Jh. gelang schottischen Kaufleuten, die sich in Kristiansund etablierten, der große Durchbruch. Die Zeit war günstig: Fisch gab es reichlich, er erzielte aber so niedrige Preise, dass trotz riesiger Fangmengen große Armut herrschte.

Ein Kilogramm Klippfisch entspricht rund 3,2 kg frischem Fisch. Die durch den Trocknungsprozess verlorene Flüssigkeit erhält der Fisch – ohne Verlust an Vitaminen und Mineralien – bei der Zubereitung mit Wasser zurück. In getrocknetem Zustand ist der Fisch über viele Jahre selbst in tropischem Klima haltbar.

Es waren vor allem die Frauen, die für die Klippfischproduktion zuständig waren. (Am Pier in Kristiansund erinnert das ›Klippfischweib‹ an diese Zeit.) Während die Männer auf See waren, versorgten die Frauen Kinder, Haushalt und Hof. Im Frühling, wenn die Fischer den Fisch vom Winterfang auf den Lofoten heimbrachten, kam die Arbeit auf den Klippen dazu. Die Frauen breiteten den Fisch von 6 Uhr morgens bis zur Mittagspause dicht an dicht auf dem Felsen aus. Auf dem größten Berg in Kristiansund hatten – je nach Größe – bis zu 15 000 Fische Platz. Nach der Mittagspause begannen die Frauen mit dem Wenden der Fische, die dann am späten Nachmittag übereinander geschichtet und für die Nacht in einem Lagerschuppen untergebracht wurden. Der Trocknungsprozess dauerte mit wechselweisem Trocknen und Pressen normalerweise vier bis sechs Wochen.

Mitte des 19. Jh. waren die traditionellen Abnehmer Spanien, Portugal und Italien. Einigen norwegischen Exporteuren gelang es aber auch, ihren Klippfisch nach Brasilien, Venezuela und Kuba zu verkaufen. Im Verlauf des 1950er Jahre gaben die letzten Klippfischproduzenten die traditionelle Zubereitungsart auf, man ging dazu über, den Fisch drinnen zu trocknen; moderne Warmluftanlagen ersetzten die Sonne. Heute wird in Kristiansund nur noch für den Eigenbedarf produziert. Doch von Ålesund aus werden etwa 80 % des weltweiten Klippfischbedarfs abgedeckt.

zum Atlantikbad. Motelzimmer 490–690 NOK, Hütten 350–550 NOK.
Byskogen Camping 17: Skogveien 38, 6517 Kristiansund, Tel. 71 58 40 20, Fax 71 58 17 80. Hütten im lichten Birkenwald für 3–6 Pers. 350–700 NOK.

🍴 **Dødeladen Café** 18: Skippergata 1a, Innlandet, Tel. 71 67 50 30, www.dodeladen.no. Kulturcafé und Restaurant in einem alten Holzgebäude von ca. 1700. Nah beim Sundbootanleger auf Innlandet, die Palette reicht von Lamm zu Klippfisch mit mediterranem Touch, exquisite Desserts. Hauptgerichte ab 155 NOK.
Smia Fiskerestaurant 19: Fosnagt. 30b, Tel. 71 67 11 70, www.smia.no, Mitte Juni–Ende Aug. tgl. 13–24, sonst Mo–Fr 16–22, Sa 14–23, So 14–21 Uhr. Uriges Ambiente am Vågen in einer 300 Jahre alten Schmiede. Es gibt viele Fisch- aber auch einige Fleischgerichte, 140–255 NOK. Eine größere Auswahl von Klippfischgerichten: Bacalao à la Kristiansund 175 NOK.

◉ **Wassersport:** Mehrere Tauchzentren, Meeresraften, Broschüre im Touristenbüro.
Atlantikbad: Dalaveien, Tel. 71 58 60 00, www.atlanterhavsbadet.no, Mo 15–22, Di–Fr 10–22, Sa 10–18, So 10–20 Uhr. Erlebnisbad, Sauna und Wellness-Bereich.
Windsurfing in Skjerva auf Innlandet, dort liegt auch ein schöner Badeplatz.

◈ **Pkw:** KRIFAST (= ›Kristiansunds og Freis fastlandsforbindelse‹), die Festlands- und Inselanbindung über Brücken, kostet Maut. Am Gästehafen *(Gjestebrygge)* gibt es Parkplätze, knapp 5 Min. zu Fuß ins Zentrum.
Flug: Flugplatz auf Nordlandet, 10 Autominuten vom Zentrum. Mehrmals tgl. Flüge nach Bergen.
Expressbusse: tgl. Nachtbus zwischen Oslo und Kristiansund (Osloexpress). Der Busbahnhof liegt nahe dem Fähranleger, Fosnagt. 12.
Fähre nach Bremsnes/Averøya, ca. 20 x tgl.; **Schnellboote** nach Trondheim, 3 x tgl.; Hurtigrutenanlauf.
Sundboot (Sundbåten): Mo–Sa tagsüber alle 30 Min., Sa nur bis mittags. Anlegestellen sind Innlandet, Nordlandet und Gomalandet, Juni–Aug. wird auch die Milnbrygga (auf Goma) angelaufen, die Rundfahrt dauert ca. 20 Min., Erw. 15 NOK. Achtung: Wer die Fahrt unterbricht, muss beim Wiedereinsteigen noch einmal den vollen Preis bezahlen. Tages-/Touristenpass 40 NOK.

Grip

Reiseatlas: S. 238, B 1
Mitten im Meer, 14 km nordwestlich von Kristiansund, liegt die Inselgruppe Grip mit über 80 baumlosen, flachen Inselsplittern und Holmen. Die größte der Felsinseln, Gripøya, war ihrer exponierten Lage und den gewaltigen Nordmeerstürmen zum Trotz bereits seit dem 9. Jh. dauerhaft bewohnt. Zu erklären ist der eiserne Wille, auf diesem Flecken auszuharren, nur mit der Nähe guter Fischgründe. Als während des Fischfangs im Winter 1625 überraschend ein Schneesturm hereinbrach, ertranken fast alle männlichen Bewohner der Insel; kein einziger der ausgefahrenen Fischer kehrte zurück.

In guten, fischreichen Zeiten wohnten bis zu 400 Menschen auf Grip, doch zwischen 1780 und 1820 ging es den Bewohnern schlecht. Der Fisch blieb aus, orkanartige Stürme verheerten die winzige Insel. Im Jahre 1796 rissen meterhohe Flutwellen fast 100

Blick auf Kristiansund

Häuser ins tosende Meer. 1818 notierte der Gemeindepfarrer Hans Grøn Bull: »Nie zuvor haben so wenig Menschen auf Grip gelebt wie jetzt. Hier wohnen nur zwölf Fischer, davon einige Lotsen, außerdem einige Witwen. Die meisten sind äußerst arm …«

Die kleine rote Stabkirche, die mitten zwischen den dicht gedrängten bunten Holzhäusern auf dem höchsten Punkt der Insel steht, hat alle Schrecken, die guten wie die schlechten Zeiten überdauert und den Bewohnern Grips Zuflucht gewährt. Das Innere der aus dem 15. Jh. stammenden, um 1621 umgebauten Kirche bezaubert durch die goldene Tönung der Holzwände, Balken und Bänke. Die Wände sind mit Rankenmustern und Motiven aus der Bibel bemalt. Einen Friedhof gab es nicht, weil der Boden zu felsig, die Erdkrume zu karg war. Die Inselbewohner mussten ihre Toten in Bremsnes oder Kristiansund begraben.

Von 1897 bis 1964 bildete Grip eine eigene Gemeinde. 1964 wurde die Insel, auf der noch 104 Menschen lebten, eingemeindet und mit Kristiansund vereint. 10 Jahre später war die Insel verlassen. Die meisten ehemaligen Bewohner zogen nach Kristiansund. Ihre Häuser halten sie als Ferienhäuser weiterhin instand. Hier herrscht im Sommer ein munteres Treiben, überall wird gehämmert, restauriert und gestrichen, um die Spuren der Winterstürme zu beseitigen.

Boote: Mitte Mai–Ende Aug. mehrmals tgl. Info im Touristenbüro, Tel. 71 58 54 54. Die Tour dauert insgesamt 2 Std. 30 Min. Der Aufenthalt beträgt 1 Std. Bei der Ankunft wird ein Guide-Service angeboten. Gemütlich ist das kleine Post-Café in der ehemaligen Schule.

REISEINFOS VON A BIS Z

Alle wichtigen Informationen rund ums Reisen auf einen Blick – von A wie Anreise bis Z wie Zeitungen und Zeitschriften

Extra: Ein Sprachführer mit Hinweisen zur Aussprache, wichtigen Redewendungen und den Zahlen sowie einem Überblick über die Speisekarte im Fjordland

Am Torget in Bergen

REISEINFORMATIONEN VON A BIS Z

Anreise

… mit dem Flugzeug

Im internationalen Flugverkehr wird Norwegen u. a. von **SAS** (Scandinavian Airlines) bedient, die eng mit Lufthansa und Austrian Airlines zusammenarbeitet. Tägliche Verbindungen zwischen Oslo und allen wichtigen Zentren im deutschsprachigen Raum: u. a. Hamburg, Berlin, Düsseldorf, Frankfurt am Main, München, Wien, Genf und Zürich. Informationen über örtliche Reisebüros bzw. die Vertretungen der Airlines. Info SAS: www.scandinavian.net

Norwegian Air fliegt für unter 40 € tgl. von Berlin, Düsseldorf, München und Hamburg nach Oslo, Info und Buchung: Tel./Fax. 00 47/67 59 30 01, www.norwegian.no.

Noch preisgünstiger ist **Ryanair**, tgl. von Frankfurt/Hahn nach Oslo Torp (bei Sandefjord, Buszubringer nach Oslo, 140 km, ca. 130 NOK), Buchungszentralen: Deutschland Tel. 09 00/116 05 00 (0,62 €/Min.), Österreich Tel. 09 00/21 02 40 (0,61 €/Min.), Schweiz Tel. 09 00/80 80 08 (63 sfr/Min.), www.ryanair.com.

Germanwings verkehrt täglich zwischen Köln, Hamburg oder Berlin und Oslo Lufthavn, ab etwa 20 € je Strecke. Buchungen unter www.germanwings.com oder Tel. 09 00/191 91 00 (0,99 €/Min.).

Von Oslo kann man alle norwegischen Großstädte erreichen, u. a. gibt es tgl. mehrere Flüge nach Stavanger, Haugesund, Bergen, Ålesund und Kristiansund. Vor allem im Sommer sind viele Rabatte möglich. S. S. 221.

… mit der Bahn

Mit dem Zug gelangt man über Hamburg, Puttgarden, Rødby, Kopenhagen nach Oslo. Autoreisezüge fahren nur bis Hamburg. Eine andere Möglichkeit ist die Anreise über Berlin, Sassnitz/Rügen (Eisenbahnfähre nach Trelleborg/S), Malmö und Göteborg nach Oslo. Von Oslo aus führen mehrere traumhaft schöne Bahnstrecken ins Fjordland:

Die **Sørlandsbanen** verkehrt von Oslo über Kristiansund nach Stavanger; Fahrzeit ca. 7,5 Std. Die berühmte **Bergensbanen** fährt mehrmals tgl. von Oslo über Geilo, Finse und Myrdal nach Bergen; Fahrzeit ca. 6,5 Std. In Myrdal zweigt die **Flåmbanen** nach Flåm am Sognefjord ab, Fahrzeit 1 Std. Die **Raumabanen** führt von Oslo über Dombås nach Åndalsnes, ca. 5,5 Std.

Es gibt zahlreiche Rabatte und Vergünstigungen, u. a. Scanrail-Pass, Euro Domino und Interrail: Information bei der Deutschen Bahn, www.bahn.de, der Österreichischen Staatsbahn, der Schweizer Bundesbahn sowie www.scanrail.de.

Ausführliche Information bieten auch Reisebüros, u. a.: Skandinavisches Reisebüro GmbH, Kleine Johannisstr. 10, D-20457 Hamburg, Tel. 040/360 01 50, Fax 36 64 83, www.skandinavisches-reisebuero.de, (Zweigstellen in Berlin, Düsseldorf und Stuttgart).

… mit dem Bus

Von einigen Städten in Deutschland und der Schweiz bestehen Expressbusverbindungen nach Norwegen. u. a. Hamburg–Stavanger; Paris–Köln–Hamburg–Oslo. Hauptanbieter für Busfahrten ist die Deutsche Touring, die mit

NOR-WAY Bussekspress zusammenarbeitet:

Deutsche Touring
Am Römerhof 17, D-60486 Frankfurt
Tel. 069/79 03 50, Fax 790 32 19
www.deutsche-touring.com

Nor-Way Bussekspress
Schweigaardsgate 8–10, N-0185 Oslo
Fahrplanauskunft für Verbindungen innerhalb Norwegens Tel. 00 47/82 02 13 00, Auslandsverbindungen Tel. 00 47/81 54 44 44, Fax 00 47/22 00 16 31 www.nor-way.no.

Überlandbusse verbinden alle größeren Städte Norwegens miteinander und verkehren in der Regel täglich, keine Platzreservierungen erforderlich. Der Nor-Way Bus-Pass ist an zehn bzw. 21 aufeinander folgenden Tage in Norwegen unbegrenzt gültig.

… mit Auto und Fähre
Seit der Eröffnung der Øresundverbindung zwischen Dänemark und Schweden im Sommer 2000 ist es möglich, ohne Fährfahrt nach Norwegen zu gelangen, sparen tut man allerdings nicht dabei (Maut). Dem Fjordland am nächsten kommt man mit einer Schiffsverbindung von der Nordspitze Dänemarks. Ausführliche Infos sind über das Norwegische Fremdenverkehrsamt (s. S. 215), im Reisebüro oder direkt bei den Reedereien (alle haben vorzügliche Internetseiten) erhältlich.

Color Line: Tel. 0431/73 00 300, www.colorline.com. Routen: Kiel–Oslo (N); Hirtshals (DK)–Kristiansand (N), Frederikshavn (DK)–Larvik; Hirtshals (DK)–Oslo; Strömstad (S)–Sandefjord (N).

DFDS Seaways: Tel. 018 05/30 43 50 (0,12 €/Min.), www.dfds.de. Routen:

Kopenhagen (DK)–Helsingborg (S)–Oslo (N); Kristiansand (N)–Göteborg (S), 3 x wöchentl.

Fjordline: Tel. 040/37 69 33 50, Fax 040/37 69 32 00, www.fjordline.de. Routen: Hanstholm (DK)–Bergen/Egersund/Bergen; Newcastle (GB)–Stavanger/Haugesund/Bergen (N).

Stena Line: Tel. 018 05/91 66 66 (0,12 €/Min.), www.stenaline.de. Routen: Oslo (N)–Frederikshavn (DK), Kiel–Göteborg (S), Frederikshavn (DK)–Göteborg (S).

Kystlink: Tel. 04 21/17 60 362, www.kystlink.de. Route: Langesund (N)–Hirtshals–Langesund.

Master Ferries AS: Tel. 033 85/49 82 94, www.masterferries.com, www.ferrylines.com. Route: Hanstholm (DK)–Kristiansand (N).

Scandlines: Tel. 043 71/50 53 03 (Puttgarden), Tel. 03 81/20 73 317 (Rostock), www.scandlines.de; Buchung in allen deutschen Bahnhöfen. Routen: Rostock–Trelleborg (S), Sassnitz/Rügen–Trelleborg (S), Puttgarden/Fehmarn–Rødby (DK); Rostock.Gedser (DK); günstig sind Durchgangstickets, mögliche Fährkombinationen: Puttgarden/Fehmarn–Rødby(DK) und Helsingør (DK)–Helsingborg(S) sowie Rostock–Gedser(DK) und Helsingør(DK)–Helsingborg (S).

Alkohol

Wein und hochprozentiger Alkohol sind in Norwegen keine Supermarktware und nur in größeren Städten in speziellen Läden ›Vinmonopolet A/S‹ erhältlich. Bier gibt es mittlerweile in den meisten Supermärkten. Die Preise liegen deutlich über dem deutschen Niveau.

Ärztliche Versorgung/ Apotheken

Mit der von den gesetzlichen Krankenkassen in Deutschland ausgegebenen Europäischen Krankenversicherungskarte (EHIC) können Sie auch in Norwegen direkt zu allen Vertragsärzten gehen. Allerdings sind Zuzahlungen gesetzlich vorgesehen und zahnärztliche Behandlungen werden nicht übernommen. Zum Abschluss einer zusätzlichen Reisekrankenversicherung wird deshalb geraten. Adressen von Krankenhäusern *(sjukehus/sykehus)*, Ärzten *(legevakt, legesenter/legekontor)* und Zahnärzten *(tannleger)* findet man im Telefonbuch auf der zweiten Seite. Alle Ärzte sprechen englisch, die meisten auch deutsch.

Es empfiehlt sich, die übliche Reiseapotheke für den persönlichen Bedarf mitzunehmen. Medikamente sind nur gegen Vorlage eines Rezeptes eines norwegischen Arztes erhältlich. Apotheken gibt es in allen größeren Städten. In Ortschaften ohne Apotheke bekommt man Medizin im *Medisin-Utsalg* (Medizin-Verkauf), der häufig zu einem Supermarkt gehört.

Auto fahren

Das Mitführen des deutschen Führerscheins genügt. Auch tagsüber muss in Norwegen mit **Abblendlicht** gefahren werden. **Geschwindigkeitsbeschränkungen:** In Ortschaften gilt Tempo 50 km/h, auf Landstraßen 80 km/h, auf einigen Schnellstraßen 90 km/h. Die **Alkoholgrenze** liegt bei 0,2 Promille.

Bei **Autopannen** hilft der NAF (Norges Automobil Forbund; dem deutschen ADAC vergleichbar). Der NAF unterhält auf den Hauptstrecken Notrufsäulen und hat von Mitte Juni bis Mitte August vor allem auf den Passstraßen einen regelmäßigen Patrouillendienst (Pannenhilfe für ADAC-Mitglieder zu reduzierten Preisen). **Notrufzentrale:** Tel. 81 00 05 05 (Tag und Nacht), www.naf.no.

Einige **Hochgebirgsstraßen** werden im Winter gesperrt (Auflistung der betroffenen Straßen im ›Offiziellen Norwegenkatalog‹, s. S. 215 unter Informationsstellen); bei ungünstigen Witterungsverhältnissen kann es aber auch auf ganzjährig geöffneten Straßen zu stundenweisen Sperrungen bzw. zum Kolonnenfahren *(kolonnekjøring)* hinter einem Schneepflug kommen. Auskunft über die Straßenverhältnisse: Statens Vegvesen, Tel. 00 47/81 54 89 91 (in Norwegen **Tel. 175**), www.vegvesen.no.

Gebührenpflichtige Straßen: Zur Finanzierung aufwändiger Straßenbauprojekte (Tunnel, Brücken), aber auch der kostspieligen Instandhaltung einiger privater Bergstraßen wird eine Weggebühr *(bompenger, avgift)* erhoben. Auflistung der mautpflichtigen Straßen samt Vorjahres-Preisen im ›Offiziellen Norwegenkatalog‹ (s. S. 215 unter Informationsstellen) und unter www.norge-net.de/maut.htm.

Wohnwagen: Viele Hauptstraßen, die am Fjord entlangführen, sind eng und kurvig. Einige Straßen sind nicht für Wohnwagen geeignet (darunter der Geirangervegen und der Trollstigen). Im

Offiziellen Norwegenkatalog (s. S. 215 unter Informationsstellen) sind die für Wohnwagen ungeeigneten Straßen aufgelistet.

Behinderte

Viele öffentliche Einrichtungen, Hotels und Campingplätze haben sich auf die Bedürfnisse Behinderter eingestellt. Die norwegische Eisenbahn (NSB) ist behindertengerecht eingerichtet, ebenso sind die neuesten Fähren und Hurtigruten-Schiffe u. a. durch Ausstattung mit Fahrstühlen für Gehbehinderte nutzbar. Reiseinformationen auch auf Deutsch:
Norges Handikapforbund
Postboks 9217 Grønland, N-0134 Oslo
Tel. 00 47/24 10 24 00, www.nhf.no.

Diplomatische Vertretungen

... in Deutschland
Königlich Norwegische Botschaft
Rauchstraße 1, D-10787 Berlin
Tel. 030/50 50 50, Fax 50 50 55
www.norwegen.no
... in Österreich
Königlich Norwegische Botschaft
Reisnerstr. 55–57, A-1030 Wien
Tel. 01/715 66 92, Fax 712 65 52
www.norway.at
... in der Schweiz
Königlich Norwegische Botschaft
Bubenbergplatz 10, CH-3011 Bern
Tel. 031/310 55 55, Fax 031/310 55 50
www.amb-norwegen.ch
... in Norwegen
Deutsche Botschaft
Oscarsgate 45, N-0244 Oslo
Tel. 23 27 54 00, Fax 22 44 76 72
Honorarkonsulate in Ålesund, Bergen,

Haugesund, Stavanger.
Österreichische Botschaft
Thomas Heftyesgt. 19–21,
N-0264 Oslo
Tel. 22 55 23 48, Fax 22 55 43 61
Schweizer Botschaft
Bygdøy Allé 78, N-0268 Oslo
Tel. 22 43 05 90, Fax 22 44 63 50

Einreise- und Zollbestimmungen

Deutsche, Schweizer und Österreichische Staatsbürger benötigen für die **Einreise** nach Norwegen einen gültigen Personalausweis oder Reisepass.

Kraftfahrzeuge müssen beim Grenzübertritt Nationalitätskennzeichen oder EU-Plakette tragen. Die Internationale Versicherungskarte (Grüne Karte) ist nicht erforderlich, wird aber empfohlen.

Es ist erlaubt, für den Eigenbedarf bestimmte **Lebensmittel** nach Norwegen einzuführen. Davon ausgenommen sind Fleisch (nur 3 kg in Konserven sind erlaubt), Milchprodukte und Kartoffeln.

Tabak und **Alkohol** werden in Norwegen sehr hoch besteuert, entsprechend sind die Preise. Zollfrei sind für Personen ab 20 Jahren folgende Mengen: 1 l Spirituosen bis 60 Vol.%, 1 l Wein und 2 l Bier bzw. 2 l Wein und 2 l Bier. Bei einem Mindestalter von 18 Jahren sind 200 Zigaretten oder 250 g andere Tabakwaren und 200 Blatt Zigarettenpapier erlaubt. Info: www.norwegen.no.

Elektrizität

220 V Wechselstrom ist Standard, es sind keine Adapter nötig.

Feiertage

Die Daten der großen Feiertage stimmen mit denen in Deutschland, Österreich und der Schweiz überein, arbeitsfrei sind: Gründonnerstag, Karfreitag, Ostern, 1. Mai, Christi Himmelfahrt, Pfingstmontag, Weihnachten, Neujahr. Nationalfeiertag ist der 17. Mai.

Geld

Norwegen ist kein Euro-Land, gezahlt wird mit Norwegischen Kronen (NOK) und Øre (1 Krone = 100 Øre). 1 € = ca. 8 NOK; 1 CHF = ca. 5 NOK, 1 NOK = ca. 0,20 CHF = ca. 0,12 €.

Bargeld wechseln kann man in Banken, z. T. auch in Postämtern. Geldautomaten für ec-/Maestro-Karten sind in fast jedem Ort zu finden. Postsparbücher werden nicht mehr akzeptiert. Mit den gängigen Kreditkarten kann man nahezu überall (in Hotels, Restaurants, Geschäften, bei Autovermietern, Fluggesellschaften) bezahlen allerdings nicht an allen Tankstellen. Visa ist sehr verbreitet, auch American Express, Eurocard und Diners Club sind geläufig.

Haustiere

Norwegen ist eines der wenigen europäischen Länder ohne Tollwut. Wer sein Haustier mit in Urlaub nehmen möchte, muss seine Bescheinigung über die erforderlichen Impfungen und die Gesundheit des Tieres beim Zoll vorlegen. Dazu benötigt man einen speziellen Ausweis (blauer EU-Pass). Das Formular erhält man beim Tierarzt.

Informationsstellen

Die beste Grundlage für die Reiseplanung bietet ›Der offizielle Norwegenkatalog‹ – herausgegeben vom Norwegischen Fremdenverkehrsamt (s. u.). Er beinhaltet alle nützlichen Adressen sowie Bestellvorlagen für weiteres Infomaterial, darunter auch den von Fjord Norge AS (s. u.) herausgegebenen Reiseguide ›Fjord-Norwegen‹.

Zahlreiche Broschüren und Kataloge kann man über die jeweiligen Websites downloaden.

Innovation Norway/Norwegisches Fremdenverkehrsamt
Postfach 113317, D-20433 Hamburg
Tel. 018 05/00 15 48 (0,12 €/Min.)
www.visitnorway.com

… in Fjordnorwegen
Fjord Norge AS
Postboks 4108 Dreggen, 5835 Bergen
Tel. 00 47/55 30 26 40
Fax 00 47/55 30 26 50
www.fjordnorway.no

… in den einzelnen Provinzen
Rogaland Turistkontor
P.O.Box 798, 4004 Stavanger
Tel. 00 47/51 51 67 88
Fax 00 47/ 51 51 66 74
www.rogaland-f.kommune.no

Hordaland og Bergen Reiselivsråd
P.O.Box 4008, Dreggen, 5023 Bergen
Tel. 00 47/55 31 66 00
www.hordalandreiseliv.no

Sogn og Fjordane Tourist Board
P.O.Box 370, 6782 Stryn

Tel. 00 47/57 87 40 40
www.sfr.no

Møre og Romsdal Reiselivsråd
Sandvegen 4, 6413 Molde
Tel. 00 47/71 24 50 80
Fax 00 47/71 24 50 81
www.visitmr.com

Internet

In den meisten größeren Städten bieten die Büchereien kostenlose Internetbenutzung. In der Regel muss man sich für eine bestimmte Zeit vormerken lassen. In den Sommermonaten gibt es aber häufig auch spontan freie Plätze.

Die wichtigsten Internetadressen der Tourist-Infos, der Anreise-Fähren, der Unterkünfte und Museen sind bereits im Buch angegeben. Hier einige zusätzliche Websites:

Allgemein
www.norwegen.no bzw. .org
www.visitnorway.com
www.reuber-norwegen.de
(deutsche Seite über Norwegen, viele Fotos, Infos, Verzeichnis der Inlandsfähren, viele Links usw.)
www.odin.dep.no (Seite des norwegischen Ministeriums für Auswärtige Angelegenheiten)
www.discovernorway.no (das Urlaubsland Norwegen visuell erleben)
www.norwegen-service.de (verschiedene Links)
www.norwegen-freunde.com (ein Muss für Norwegenfans, gut besuchtes Forum)
www.norwaves.com (mehrsprachiges Info-Portal zu Norwegen).

www.etojm.com (alles über die norwegische Bergwelt von Wander- und Klettertouren, Wintersport und Gebirgspflanzen).
www.ntforum.familietopf.de (Norwegentreffpunkt und -forum)
www.skandinavien.de (deutschsprachiges Skandinavien-Portal mit Hintergrundwissen, Neuigkeiten und vielen Links)

Karten und Literatur

Für die Planung der Reiseroute empfiehlt sich eine Übersichtskarte, z. B. die norwegische Cappelen-Kartenserie, die in deutscher Lizenz bei Kümmerly & Frey erscheint. Blatt 6 umfasst ganz Norwegen im Maßstab 1 : 1 000 000, weitere Blätter bilden die einzelnen Landesteile ab (Maßstab 1 : 325 000).

Ausgezeichnet ist die neue Norwegenkartenserie von Statens Kartverk (Norwegisches Landesvermessungsamt) aus vier einzelnen Kartenblättern, die jeweils mit Register und Stadtplänen versehen sind. Fjordnorwegen befindet sich auf den Karten Veikart Sør-Norge und Veikart Midt-Norge im Maßstab 1 : 400 000. Dazu kommt eine Übersichtskarte (1 : 1 000 000) sowie ein handlicher Straßenatlas (Veiatlas Norge, 1 : 300 000) mit 57 Straßenkarten, 50 Stadtplänen und skandinavischer Übersichtskarte. Topografische Wander- und Ski-Karten im Maßstab 1 : 25 000 bis 1 : 100 000 gibt es flächendeckend für ganz Norwegen.

Eine große Auswahl an Karten und Literatur zum Thema Norwegen (ausführlicher Katalog) bietet:

Nordis Versand GmbH
Nöckersberg 39, D-45257 Essen
Bestell-Tel. 02 01/848 23 70
Fax 02 01/848 23 55
www.nordis-versand-de
Geobuchhandlung Kiel
Schülperbaum 9, D-24103 Kiel
Tel. 04 31/910 02
www.geobuchhandlung.de

Lesetipps

Die Auswahl norwegischer Titel auf
dem deutschsprachigen Buchmarkt ist
groß. Zwei Krimi-Autoren bieten sich
als Urlaubslektüre an, weil sie auch den
(west)-norwegischen Alltag sehr genau
und kritisch beobachten.

Gunnar Staalesen: Privatdetektiv Varg
Veum, ein ehemaliger Sozialarbeiter
mit dem rauen Charme eines Hum-
phrey Bogart und dem Herzen eines
Robin Hood, kämpft in Stavanger
und Bergen gegen Korruption,
Kriegs- und Umweltverbrechen: ›Im
Dunkeln sind alle Wölfe grau‹; ›Die
Frau im Kühlschrank‹; ›Das Haus mit
der grünen Tür‹; ›Bittere Blumen‹;
›Gefallene Engel‹; ›Dein bis in den
Tod‹; ›Die Schrift an der Wand‹.

Karin Fossum: Hauptkommissar Kon-
rad Sejer ermittelt in der norwegischen Provinz: ›Fremde Blicke‹;
›Stumme Schreie‹; ›Wer hat Angst
vorm bösen Wolf‹; ›Evas Auge‹

Jostein Gaarder hatte mit ›Sophies
Welt‹ einen Welterfolg. Sein Buch ›Bi-
bi Blokkens magische Bibliothek‹
spielt im Fjordland, Ort des Gesche-
hens ist u. a. das traditionsreiche Hotel Mundal in der Bücherstadt Fjærland.

Notruf

Feuerwehr *(brann)* 110
Polizei *(politi)* 112
Krankenwagen *(ambulanse)* 113
NAF-Notrufzentrale (Pannendienst,
Tag und Nacht erreichbar): 81 00 05 05

Post und Porto

Briefmarken erhält man in Postämtern,
viele der Poststellen sind in Super-
märkte bzw. Kioske integriert. Aber
auch Hotels und Kioske, dürfen Post-
wertzeichen verkaufen. Die norwegische Post bietet zwei Beförderungsar-
ten mit unterschiedlichen Tarifen an: A-
Post (Luftpost) gelangt in 2–4 Tagen
nach Deutschland, Österreich und in
die Schweiz, B-Post (Landweg) gilt
erst ab Einlieferung von 20 und mehr
Briefen und kann länger dauern (5–7
Tage).

Radio und Fernsehen

Im norwegischen Fernsehen werden
Spielfilme, Krimis (darunter auch der
unvermeidliche ›Derrick‹) und Kinofilme
in Originalsprache mit norwegischen
Untertiteln gesendet.
Auf Radio-Kurzwelle zu empfangen
sind:
Deutsche Welle: Programmheft Tel. 02
28/42 90, www.dw-world.de.
Deutschlandfunk: Programmübersicht
Tel. 02 21/34 50, www.dradio.de.

Rauchen

In allen öffentlichen Gebäuden, in Verkehrsmitteln und am Autosteuer (in-

nerhalb von Ortschaften) ist das Rauchen verboten. Außerdem herrscht Rauchverbot auf allen Inlandsflügen der SAS.

Reisekasse und Preise

Norwegen ist kein preiswertes Reiseland. Die Durchschnittspreise für Lebensmittel und alle Arten von Dienstleistungen liegen um einiges höher als in Deutschland. ›Spitze‹ sind auch die Preise in Restaurants. Dennoch sollte man auf den Genuss lokaler Spezialitäten nicht verzichten. Spätestens auf dem Heimweg sollte man noch mal zuschlagen: Bei *flatbrød, geitost, Snøfrisk, moltebærsyltetøy, laks* … kann man zu Hause in Urlaubserinnerungen schwelgen.

Wegen Erhöhung der Mehrwertsteuer ist für 2007 mit einem Anstieg der angegebenen **Übernachtungspreise** zu rechnen.

Eintrittspreise in Museen sind für Familien mit Kindern ein echter Kostenfaktor. Die Preise für normale Museen liegen für Erwachsene bei 40 NOK, Kinder die Hälfte, mitunter auch gratis. Neue, aufwändige Museen schlagen kräftiger zu Buche, nachfolgend einige Preisbeispiele. Stavanger Erdölmuseum: Erw. 80, Kinder 40, Familien 200 NOK; Schloss Baronie Rosendal: Erw. 100, Kinder 10 NOK; Norwegisches Gletschermuseum, Fjærland: Erw. 80, Kinder 40, Familien 175 NOK; Norwegisches Fjordsenter, Geiranger: Erw. 80, Kinder 40 NOK; Atlantikpark, Ålesund: Erw. 90, Kinder 55, Familien-Jahreskarte 500 NOK.

Gigantisch sind einzelne **Mautgebühren für Tunnel,** vor allem, wenn man sie für einen Tagesausflug zweimal im Verlauf eines Tages passiert und doppelt abkassiert wird – Verweis im jeweiligen Kapitel.

Sicherheit

Die Kriminalitätsrate liegt in Skandinavien deutlich unter der der mitteleuropäischen Länder. Die Zeiten, in denen die Haustüren und Autos unverschlossen blieben, sind aber vorbei – das gilt vor allem für Touristengebiete. Gelegenheit macht Diebe – voll gepackte Autos, Koffer und Rucksäcke sollte man nicht unbewacht stehen lassen.

Souvenirs

In den meisten größeren Orten in Norwegen gibt es Kunstgewerbe-Geschäfte (Husfliden) mit traditionellen Produkten: Strickwaren (Norwegerpullover und -jacken, Handschuhe), Trolle, Holzschnitzereien, Besteck …

Ein Tipp für diejenigen, die nach einer Reihe verregneter, kalter, ungemütlicher Urlaubstage beginnen, sich schon wieder heimlich auf die Kerzenzeit und Weihnachten zu freuen: Ein großes Angebot an Kunsthandwerk und norwegischer Weihnachtsherrlichkeit findet man bei Audhild Viken in den Kunstgewerbeläden auf Bryggen in Bergen sowie in Skei i Jølster, eine Riesenauswahl Kerzen im Lysegården in Skaret bei Molde.

Wer Ware im Wert von mindestens 315 NOK kauft, erhält in vielen Geschäften ›Tax-Free-Schecks‹ (achten Sie auf das Schild »Norway-Tax-Free«), mit denen man vor der Ausreise auf Fähren, Flugplätzen und an größeren Grenzübergängen einen Teil der bezahlten Mehrwertsteuer zurückbekommt. Die Ware darf vor der Ausreise noch nicht in Gebrauch genommen worden sein. Bei der Ausreise muss man den Scheck und die gekauften Gegenstände vorlegen.

Telefonieren

Telefonieren kann man vom Telegrafenamt (nicht von der Post!) oder von Telefonzellen. In jeder Telefonzelle hängt eine verständliche Gebrauchsanleitung in deutscher Sprache. Es gibt Münz- und Kartentelefone. Telefonkarten *(telefonkort)* kann man an Kiosken, in Postämtern und an Tankstellen kaufen.

Ortskennzahlen gibt es in Norwegen nicht. Alle Telefonnummern haben acht Zahlen, die alle gewählt werden müssen, egal ob man sich im Ort selbst befindet oder von außerhalb anruft.

Internationale Vorwahlnummern:
00 49 Deutschland, 00 43 Österreich, 00 41 Schweiz, 00 47 Norwegen

Die Norweger sind ein **Handy**-Volk, sie nutzen das *mobiltelefon* im Fjell und auf dem Wasser, der Empfang ist selbst in abgelegenen Gegenden mit starken Mobilfunksendern abgedeckt. Handys können für folgende Netze benutzt werden: GSM 900 und SAM 1800 sowie UTMS.

Trinkgeld

Norwegen ist kein ausgesprochenes ›Trinkgeldland‹. In der Gastronomie, beim Taxifahren und im Hotelgewerbe ist es aber üblich, die Summe aufzurunden.

Unterkunft

Hotels, Gästehäuser und Pensionen
Hotelübernachtungen sind nicht billig. An Wochenenden und in den Sommerferien werden die Preise jedoch erheblich gesenkt. Viele Hotels haben sich zu Ketten mit Rabattsystemen zusammengeschlossen. Besitzern preiswerter Hotelpässe, z. B. Fjordpass (www.fjordpass.no) wird im Sommer bis zu 40 % Preisnachlass gewährt.

Ein besonderes Erlebnis ist der Aufenthalt in einem historischen Hotel: Sie entstanden in der Zeit von 1830 bis 1939, die Bauart reicht vom Schweizerstil in Holz bis zu Jugendstil in Stein, einfach traumhaft. Info: De Historiske Hotel, P. O. Box 196 Sentrum, N-5804 Bergen, Tel. 00 47/55 31 67 60, Fax 55 31 91 01, www.dehistoriske.com. Preiswerter sind Gasthäuser *(gjestgiveri/gjestehus)*, Turistheime, Berggasthöfe *(fjellstue)*, Pensionen *(pensjon)*. Die so genannten Sommerhotels sind in den Semesterferien vermietete Studentenwohnheime. Zimmer in Privathäusern sind als *værelser, rom* oder *overnatting* ausgewiesen.

Jugendherbergen
Die Familien- und Jugendherbergen, in Norwegen *vandrerhjem (vandrarheim)* genannt, haben allgemein einen sehr hohen Standard. Menschen jeden Alters sind willkommen. Häufig steht für die Zubereitung eigener Mahlzeiten eine Gästeküche zur Verfügung. Information: Norske Vandrerhjem

Torggt. 1, N-0181 Oslo
Tel. 00 47/23 13 93 00, Fax 23 13 93 50
www.vandrerhjem.no

Hütten und Ferienhäuser
Ferienhäuser und -hütten gibt es in allen Lagen, Ausstattungen und Preiskategorien. Die Sommerpreise liegen deutlich über denen der Nebensaison. Eine große Auswahl an Hütten und Ferienhäusern bieten u. a. **Novasol** in Deutschland (Tel. 040/23 88 59 0, Fax 040/23 88 59 24, www.novasol.de) und **Dansommer** in Dänemark (Tel. 00 45/86 17 61 22, Fax 86 17 68 55, www.dansommer.de).

Camping/Campinghütten
Obwohl das wilde Campen offiziell auch weiter erlaubt ist, sind doch die Zeiten vorbei, in denen man sein Zelt irgendwo in der Landschaft aufschlagen konnte. Wohnmobile dürfen auf Rastplätzen entlang der Straße nicht über Nacht stehen! Es mangelt nicht an Campingplätzen. Eine Karte mit einem aktuellen Verzeichnis der durchweg schön gelegenen Plätze sowie Entsorgungsstationen für Wohnmobilabwässer kann man über das Norwegische Fremdenverkehrsamt (s. S. 215) anfordern. Es gibt auch eine Karte aller NAF-Campingplätze. Der Preis für einen Stellplatz für Wohnwagen/Zelt beträgt je nach Serviceangebot und Qualifikation zwischen 80 und 300 NOK. Auf fast allen Campingplätzen werden zudem Hütten mit 2–4 oder 6 Betten für 250–800 NOK vermietet.
Camping-Informationen z. B. bei:
Reiselivsbedriftenes Landsforening
Postboks 5465 Majorstua

0305 Oslo
Tel. 23 08 86 20
Fax 00 47/23 08 86 21
www.camping.no

Norges Automobil Forbund (NAF)
Østensjøveien 14, 0609 Oslo
Tel. 00 47/22 34 14 00
www.nafcamp.no

Verkehrsmittel

Norwegen mit öffentlichen Verkehrsmitteln zu bereisen hat seinen Reiz und bietet die besten Möglichkeiten Land und Leute kennen zu lernen. Traumhaft schöne Bahnstrecken, atemberaubende Fähr- und Fjordfahrten, ein ausgedehntes Expressbussystem sowie ein enges Linienflugnetz erschließen das Fjordland. Die Highlights bekommt man mit, auf abgelegene Orte aber muss man verzichten.

Vor Ort hat man es in Norwegen leicht: Kostenlose Fahrplanhefte mit genauen Abfahrtszeiten der Fähren, Expressboote, Busse und Bahnen sind bei den Touristeninformationen in den jeweiligen Regionen erhältlich. Unter **Tel. 177** erreicht man in jedem *fylke* (Rogaland, Hordaland, Sogn og Fjordane, Møre og Romsdal) einen mehrsprachigen Informationsdienst, der Auskunft über Verkehrsmittel, Fahrzeiten und Preise erteilt. Im Internet findet man alle Verbindungen unter www.ruteinfo.net. In dem jährlich neu erscheinenden ›Reiseguide Fjord-Norwegen‹, den man sich vom Fremdenverkehrsamt zuschicken lassen kann, der aber auch überall im Fjordland ausliegt, sind die wichtigsten Verkehrsverbindungen verzeichnet, unter anderem alle Autofähren samt (Vorjahres)-Preisen.

Inlandsflüge

Die Fluggesellschaften SAS, Braathens, Widerøe und Norwegian Air Shuttle bedienen den innernorwegischen Flugverkehr. Einige bieten vergünstigte Flugpässe an. Infos: **SAS/Braathens,** Tel. 05 400 (innerhalb Norwegens), Tel. 00 47/91 50 54 00 (aus dem Ausland), Fax 00 47/67 12 48 08, www.sasbraathens.no; **SAS,** Tel. 00 47/67 59 70 00, www.scandinavian.net; **Widerøe's Flyselskap AS,** Tel. 00 47/67 11 60 00, Fax 00 47/67 11 61 95, www.wideroe.no; **Norwegian Air Shuttle,** Tel. 81 52 81 15 (innerhalb Norwegens), 00 47/21 49 00 15 (aus dem Ausland), Fax 00 47/67 59 30 01, www.norwegian.no.

Bahn

Die Norwegische Staatsbahn (NSB) bietet verschiedene Pässe an: Scan-Rail Pass, Euro Domino Norwegen, von denen einige bereits in Deutschland erworben werden müssen. Info bei der Deutschen Bahn oder bei NSB, s. S. 211.

Bus

Überlandbusse verbinden alle größeren Städte Norwegens. Weitere Infos s. S. 211.

Autovermietung

Leihwagen bekommt man in allen größeren Ortschaften, vermietet wird allerdings meist nur an Personen über 25 Jahre; Adressen im Telefonbuch (s. ›bilutleie‹)

Fähre/Expressboot

Das Schiff – Fähren, Schnellboote und nicht zuletzt das ›Postschiff‹ (Hurtigruten) – spielt eine überragende Rolle im westnorwegischen Verkehrswesen.

Autofähren ergänzen das durch Fjorde unterbrochene Straßennetz. Platzreservierungen sind nur bei sehr wenigen Fährverbindungen möglich.

Expressboote (Hurtigbåt, Snøggbåtrute) verkehren zwischen allen größeren Küsten- und Fjordorten.

Hurtigrute: s. S. 46

Zeit

In Norwegen gilt die mitteleuropäische Zeit (MEZ), mit Umstellung auf die Sommerzeit von Ende März bis Ende Oktober.

Zeitungen und Zeitschriften

Im Sommer sind alle großen deutschen Zeitungen/Zeitschriften an den größeren Kiosken und das ganze Jahr über an den Hauptbahnhöfen der Städte erhältlich.

Die am weitesten verbreitete norwegische Tageszeitung ist ›Aftenposten‹. Wer zu Hause schon mal anlesen mag, *på norsk* versteht sich: www.aftenposten.no. Leichter verständlich ist die norwegische Wochenzeitschrift ›Klartale‹: www.klartale.no.

SPRACHFÜHRER

Einführung

Es gibt zwei norwegische Sprachen: Bokmål und Nynorsk (s. S. 36f.), die sich aber ähnlich sind. Die meisten Westnorweger sprechen Nynorsk. Englisch versteht und spricht fast jeder. In den Touristeninformationen wird häufig auch Deutsch gesprochen.

Im Norwegischen werden die bestimmten Artikel an das Hauptwort angehängt, in der Einzahl: -en (männl.), -a oder auch -en (weibl.) und -et (sächl.), z. B.:

en fjord = ein Fjord; fjord-en = der Fjord
ei hytte = eine Hütte; hytt-a = die Hütte
et fjell = ein Berg/Gebirge; fjell-et = der Berg/das Gebirge

Für die unbestimmte Mehrzahl wird bei allen Geschlechtern -er an das Wort gehängt, für die bestimmte Mehrzahl -ene:

hytt-er = Hütten, hytt-ene = die Hütten.

Keine ganz leichte Sache ist die **Aussprache** des Norwegischen. Das o wird häufig wie ein deutsches u (z. B. Oslo, [uslu]), manchmal aber auch o (z. B. *konge,* König) ausgesprochen. Das u wird meistens wie ü ausgesprochen, bisweilen aber auch wie u.

Das norwegische **Alphabet** hat drei Buchstaben, die es im Deutschen nicht gibt: æ gesprochen wie ä, ø wie ö, å offenes o wie in ›hoffen‹. In den norwegischen Wörterbüchern stehen æ, ø und å am Ende des Alphabets nach z. Aussprache der Konsonaten:

g	vor i und y wie j, sonst wie g
gj	wie j
k	vor i und j wie ch in ›ich‹
kj	ch wie in ›ich‹
s	scharfes s wie in ›nass‹
sj, skj	wie sch
sk	vor i und y wie sch
v	wie w
y	zwischen ü und i

Lexikon

Begrüßung

Guten Tag!	God dag!
Guten Morgen!	God morgen! (morn)
Guten Abend!	God kveld!
Gute Nacht!	God natt!
Hallo!	Hei!
Ich heiße …	Jeg heter …
Wie heißt du?	Hva heter du?
Tschüss!	Ha det (bra)!
Wir sehen uns.	Vi sees.

Allgemeines

ja	ja
nein	nei
nicht	ikke
und	og
danke/ tausend Dank	takk/ tusen takk
Danke fürs Essen	Takk for maten
Entschuldigung!	Unnskyld!
deutsch	tysk
Deutschland	Tyskland
Norwegen	Norge
Sprichst du Deutsch?	Snakker du tysk?
Ich spreche kein/ ein wenig Norwegisch.	Jeg snakker ikke/ litt norsk.

Ich verstehe nicht — Jeg forstår ikke
bitte — vær så god
Wo ist …? — Hvor er …?
Wieviel Uhr ist es? — Hva er klokka?
Wann …? — Når …?
Um 2, 3, 4 … Uhr — Klokka 2, 3, 4 …
gestern — i går
heute — i dag
morgen — i morgen

Unterkunft

Übernachtung — overnatting
Hotel — hotell
Zimmer — rom/værelse
Einzelzimmer — enkeltrom
Doppelzimmer — dobbeltrom
Hast du ein frei-es Zimmer? — Har du et ledig værelse/rom?
Wieviel kostet das Zimmer? — Hvor mye koster værelset/rommet?
Ich bleibe eine Nacht (… Tage, … Wochen) — Jeg blir en natt (… dager, … uker)
Campingplatz — campingplass
Hütte — hytte
Bett — seng
Dusche — dusj
Toilette — toalett

Einkaufen

(s. auch kulinar. Lexikon)
Wieviel kostet das? — Hva koster det?
Kannst du mir … geben? — Kan du gi meg…?
Hast du …? — Har du …?
Brot/Brötchen — brød/rundstykke
Butter — smør
Käse — ost
Aufschnitt — pålegg
Marmelade — syltetøy
Milch — melk

Vollmilch — H-Melk
Buttermilch — kulturmelk
Sahne — fløte

Post

Wo ist das nächste Postamt/ Telefonzelle/ — Hvor er nærmeste postkontor/ telefonkiosk?
Wo ist ein Briefkasten? — Hvor er det en postkasse?
Was kostet ein Brief nach …? — Hva koster et brev til …?
Postkarte — postkort

Unterwegs

nach rechts — til høyre
nach links — til venstre
geradeaus — rett fram
Wo ist/liegt …? — Hvor er/ligger …?
der/die/das nächste … — nærmeste
… Touristenin-formation — … turistinforma-sjon
… Tankstelle — … bensinstasjon
Wie weit ist das? — Hvor langt er det?
Benzin/Diesel — bensin/diesel
Bitte volltanken! — Full tank, takk!
Autowerkstatt — bilverksted
Parken verboten — parkering forbudt
Mautstraße — bomvei

Öffentliche Verkehrsmittel

Fähre — ferge, ferje
Fahrkarte — billet
Fahrplan — rutetabell
Bahnhof — stasjon
Zug — tog
Bus/Expressbus — buss/ekspress-buss
Ich möchte … — Jeg vil gjerne ha …
… eine Hinfahr-karte — … en enkeltbillet

223

eine Hin- und Rückfahrkarte	… tur-retur	Meer/See	hav/sjø
Wo muss ich umsteigen in den Zug/Bus nach …?	Hvor må jeg bytte tog/bus til …?	Wasserfall	foss
		Binnensee	vatn
		Moor	myr
Wann geht der nächste Zug/Bus/Flug nach …?	Når går neste tog/buss/fly til …?	Bucht	vik, våg
		Hof	gård
		Insel	øy
Flugplatz	flyplass		

Wetter

Es wird schlechtes/gutes Wetter	Det blir dårlig/pent vær
Wetterbericht	værmelding
Unwetter	uvær
Es ist kalt/warm	Det er kaldt/varmt
Es regnet	Det regner
Es stürmt	Det blåser
Die Sonne scheint	Sola skinner
bewölkt	skyet
Schnee	snø
Nebel	tåke

Im Krankheitsfall

Arzt/Zahnarzt	lege/tannlege
Kinderarzt	barnelege
Wo kann ich einen Arzt finden?	Hvor kan jeg finne en lege?
Unfallstation	legevakt

Landschaftsbezeichnungen

Bach	bekk
Tal	dal
Fluss	elv
Gletscher	bre, fonn, jøkul
Berg	fjell
Alm	seter, støl
Gipfel	tind, topp
Hügel, Anhöhe	haug

Wochentage

zeitl. Begriffe mit den Abkürzungen (bokmål/nynorsk) auf Fahrplänen:

Montag	mandag (ma/må)
Dienstag	tirsdag (ti/ty)
Mittwoch	onsdag (on)
Donnerstag	torsdag (to)
Freitag	fredag (fr)
Samstag	lørdag (lø/la)
Sonntag	søndag (sø/su)
werktags	hverdager (hvd/kvd)
täglich	daglig (dgl.)
außer (Sa)	uten (u. lø)
nach	til
von	fra
Abfahrt	avgang (avg.)

Zahlen und Ordnungszahlen 1–12

1, 1.	en, første
2, 2.	to, andre
3, 3.	tre, tredje
4, 4.	fire, fjerde
5, 5.	fem, femte
6, 6.	seks, sjette
7, 7.	sju, sjuende
8, 8.	åtte, åttende
9, 9.	ni, niende
10, 10.	ti, tiende
11, 11.	elleve, ellevte
12, 12.	tolv, tolvte
13	tretten
14	fjorten
15	femten

16	seksten
17	sytten
18	atten
19	nitten
20	tjue
21	tjueen
100	hundre
200	tohundre
1000	tusen

Kulinarisches Lexikon

fisk	**Fisch**
abbor	Barsch
blåskjell	Miesmuschel
brosme	Lumb
hellefisk	Heilbutt
hummer	Hummer
hvitting	Weißling
hyse, kolje	Schellfisch
laks	Lachs
lange	Lengfisch
makrell	Makrele
pale	Seelachs
piggvar	Steinbutt
reker	Garnelen
rødsprette	Scholle
sei	Seelachs/Köhler
sild	Hering
sjøtunge	Seezunge
skrei, torsk	Kabeljau, Dorsch
steinbitt	Steinbeißer
ørret	Forelle
østers	Austern
ål	Aal

grønnsaker	**Gemüse**
agurk	Gurke
blomkål	Blumenkohl
bønner	Bohnen
erter	Erbsen
gulrøtter	Mohrrüben

kål	Kohl
sopp	Pilz
løk	Zwiebel
hvitløk	Knoblauch

kjøtt	**Fleisch**
elg	Elch
fåre	Hammel
hjorte	Hirsch
kalkun	Pute
kalv	Kalb
kylling	Hähnchen
lamm	Lamm
okse	Rind
pølse	Würstchen
rein	Ren
svin	Schwein
vilt	Wild

frukt	**Obst**
blåbær	Blaubeere
bringebær	Himbeere
eple	Apfel
jordbær	Erdbeere
kirsebær	Kirsche
moltebær	Multebeere
tyttebær	Preiselbeere

drikke	**Getränke**
flaske	Flasche
glass	Glas
kopp	Tasse
kaffe/te	Kaffee/Tee
saft	Saft
vann, vatn	Wasser
brennevin	Branntwein
hvitvin/rødvin	Weißwein/Rotwein
pils	Pils (helles Bier)
toddy	Glühwein
vin	Wein
øl	Bier

REGISTER

Register

REISEATLAS

LEGENDE

1 : 1.000.000

0 ———————————— 50 km

════════ Autobahn	– – – – – Fähre
──────── Schnellstraße	`E 16` Europastraßennummer
──────── Fernstraße	`35` Reichsstraßennummer
──────── Hauptstraße	✈ Flughafen
──────── Verbindungsstraße	🗼 Leuchtturm
──────── Nebenstraße	♦ Kirche
── ── ── Straße in Bau	⋮ Archäologische Stätte
─)──(─ Tunnel	▲ Berggipfel
──────── Eisenbahn	🎋 Aussichtspunkt
─)──(─ Eisenbahntunnel	

A
B
C
1
2
3
4
S. 234
Lykling
Tittelsnes
Skånevik
Lauvareid
Holme
Mosterhamn
Valevåg
Skånevikfjord
Stødle
Håland
Langevåg
Auklandshamn
Utbjoa
Grindheim
Hellandsbygk
Espevær
Førde
Bjoestrand
Etne
Sauda
Bømlafjord
Buavåg
Ølensvåg
E 134
Saudasjøen
Sveio
Ølen
Skavlen
1515 m
Nesflaten
Suldalsvatnet
Sandeid
Ilstad
Våge
Skjold
Årak
Hundseid
Bjerga
Kolbeinstvei
Vanvik
Hylsfjord
Våg
Kårhus
Vikedal
Tangen
Ryfylkevegen
Kvilldal
HAUGESUND
Aksdal
Skjoldastraum
Vindafjord
Ropeid
Sand
Suldal
Torvastad
Førre
Yrkefjord
Helland
Føyno
Marvik
Visnes
Amdal
Sandsfjord
Ryfylke
Utsira
Tysvær
Nedstrand
Lovræid
Gullingen
Kvalavåg
Kopervik
Espevik
Jelsa
Hålandsosen
Vedavågen
Stangaland
Vik
Nedstrandsfjord
Bergaland
Vadla
Åkrahamn
Kårsto
Hervikfjord
Karmøy
Bokn
Sjernarøy
Jørstad
Ombo
Knutsvik
Jøsenfjord
Fundingsland
Ferkingstad
Bokn
Helgøysund
Skår
Nesvik
Tøtlandsvik
Sandvesanden
Alvestad
Eidssund
Garsund
Hjelmeland
Skudeneshavn
Falnes
Hesby
Hovda
Vigatunet
Finnøy
Fister
Nilsebu
Boknafjord
Mortavika
Nord-Fogn
Årdal
Rennesøy
Sørbø
Døvik
Nes
Talgje
Kvitsøy
Mosterøy
Hanasand
Alsvik
Ardalsfjord
Tysdalsvatnet
Lyngsvatnet
Ystebøhamn
Askje
Bjørheimsbygd
Tau
Dalen
Randaberg
Strand
Hillefjord
Solbakk
Jørpeland
Lysefjord
Lysebotn
Vistnes
STAVANGER
Songesand
Preikestolen
597 m
Kjerag
1132 m
Børsteinen
Lyseveg
Madla
Botne
Tananger
Riska
Meling
Eiane
Oanes
Øvre Espedal
SOLA
Lauvvik
Høgsfjord
Forsand
Feddalen
Svartevatn
Høle
Reke
Helle
Frafjord
SANDNES
Oltesvik
Sviland
Bråland
Tverra
Tjørhom
Verdalen
Oltedal
Kleppe
Figgjo
Ålgård
Dirdal
Øvstebø
Ausdal
Gilja
Mjåland
Time
Gjesdal
Brekko
Øvre Sirdal
Orre
Bryne
Eigeland
Byrkjedal
Lindeland
Hå
Oppsal
Espeland
Søyland
Undheim
Austrumdal
Vigre
Nærbø
Bue
Øvrebygd
Eik
Bjordal
Tonstad
Grødaland
Myrane
Vassbø
Varhaug
Vikeså
Ørdalsvatn
Bjømestad
Åvedal
Vigrestad
Bjerkreim
Gya
Visland
Netland
Brusand
Ogna
Klungland
Helleland
Rusdal
Haughom
Refsland
Sirevåg
Hegrestad
Hestad
Ualand
Hovsherad
Sirdalsvatn
Kvinlog
Hellvik
Slettebø
Heskestad
Mjåsund
Sandvatn
Moi
EGERSUND
Ystebrød
Eia
Lund
Hunnefossen
Herveland
Ålgård
Sira
Skåland
Gyland
Lundevatn
Nordsee
Lædre
Bakka
Bakke
Rekeland
Solbjør
Eikåsgrend
Hauge
Helleren
Elve
Flikka
Sogndalstrand
Flekkefjord
Kvinesdal
Jøssingfjord
Åna-Sira
Fjellse
Egenes
Rogaland
Vest-Agder
E 39
13
42
44
45
46
47
48
468
466
501
502
503
504
505
506
507
509
511
513
514
515
517
520
541
543
S. 234

Røldals-vatnet
D E134 Botn Urbø Kråmvik S.235 Skimarbu Gaustatoppen
13 Brattland Holma-vatnet Haukeligrend Edland Vå 362 Skimarbu Bossbøen 1883 m
Roalkvam Sesnut Grungedal Rauland Vierli Brattefjell Bondal
1394 m Grungebrull Krossen Øygarden 1540 m Tudd
Røynevarden 9 917 m Kostveit 37 Straume Kvåmbekk 1
Mostølen Bjåen Vinjesvingen Vinje Åmot Øyfjell Åmotsdal Hjartd
Snønuten Hovden Byrte Nesland Stabkirche Høydalsmo Osstøl Flatdal Hjartø
1606 m Seltesdalsheiene Frolandsheiene Mo 38 45 Eidsborg Moen Morgedal Seljo
Vatnedals-vatnet Froland Liosvingen Dalen Triset Brunkeberg E134
Berdalen Urdenosi Skafså Bandak Vråliosen Kviteseid Ulvene
Bykleheiene 1521 Verkselva Åmdals verk 38 Vrådal
Nesland Bykle Bjørnevasshytta 45 Midsund Skredtveit Steane Flåvt 2
Bratteli Trydal Rygnestad Kleivegrend Veum Brosdal 38
Flateland 9 Borgen Hegglandsgrend Findøla Nisser Dale Fjone Kleppe
Rjuven Valle Fyresdal
1434 m Hallands bru Fardal Momrak 355 Fyresvatnet 41 Nissedal
Rosskrepp-fjord Kjerringstøyl Brokke Breidvik Trontvelt Strond Bostr 3
Suleskar Øyuvsbu Rysstad Berge Valebjørg Tveitsund Ga
Hilleknuten Øyvarvatnet Besteland Helle Nesvatn Kilegrend Tjeungen 358 fa
1209 Langeid Austad Vinsnes Sundstøyl Gjevdeli Fyresdva Tjønnefoss
Fidjeland Ose Haugetveit Dale Dunsevalheia Gaukås e
Ånebjør Sandnes Austanå 808 m Gjøvdal Øy Sand 3
Ljosland Bygland Lauvdal Tovdal Gangsei Øygardslia
Solhom Åkernes Byglands-fjord 9 Lungerak Bås Åmli Mjåvatn Vegårshe
Knaben Breiland Årdal Vatne 415 Dølemo Simonstad
5 Risnes Smeland Bø Neset Byglands-fjord 413 41 Mykland Nelaug Ubergsmoen 415
Hotten Åseral Ule-berg Galte-land Vikstøl Svenes Tveite Hol
897 m Rossevatn Ekså Evje Myklebostad A2 Vegusdal Jomås Austre E18
Fjøt-land Vassbotn Kyllland 42 Vatne Engesland Mjåvatn Moland
Hadde-land Eiken Skeie Sveindal Moisund Dovland Herefoss 42 Froland Stokken 4
Vatland Grindheim Hornesund Iveland 405 Fidjetun 406 Blakstad ARENDAL Barb
Heddan 465 Foss Kilefjord Vatnestraum Vetting Rykene Øyestad Hisøy
Sandvatn Bjelland Homme Hægeland 403 Metveit 404 Skifteren Fær
Dal Agedalst Hægebostad 462 Reiersdal Beisland Landvik
43 Finsland 9 Birkeland 233

NORWEGENS FJORDLAND

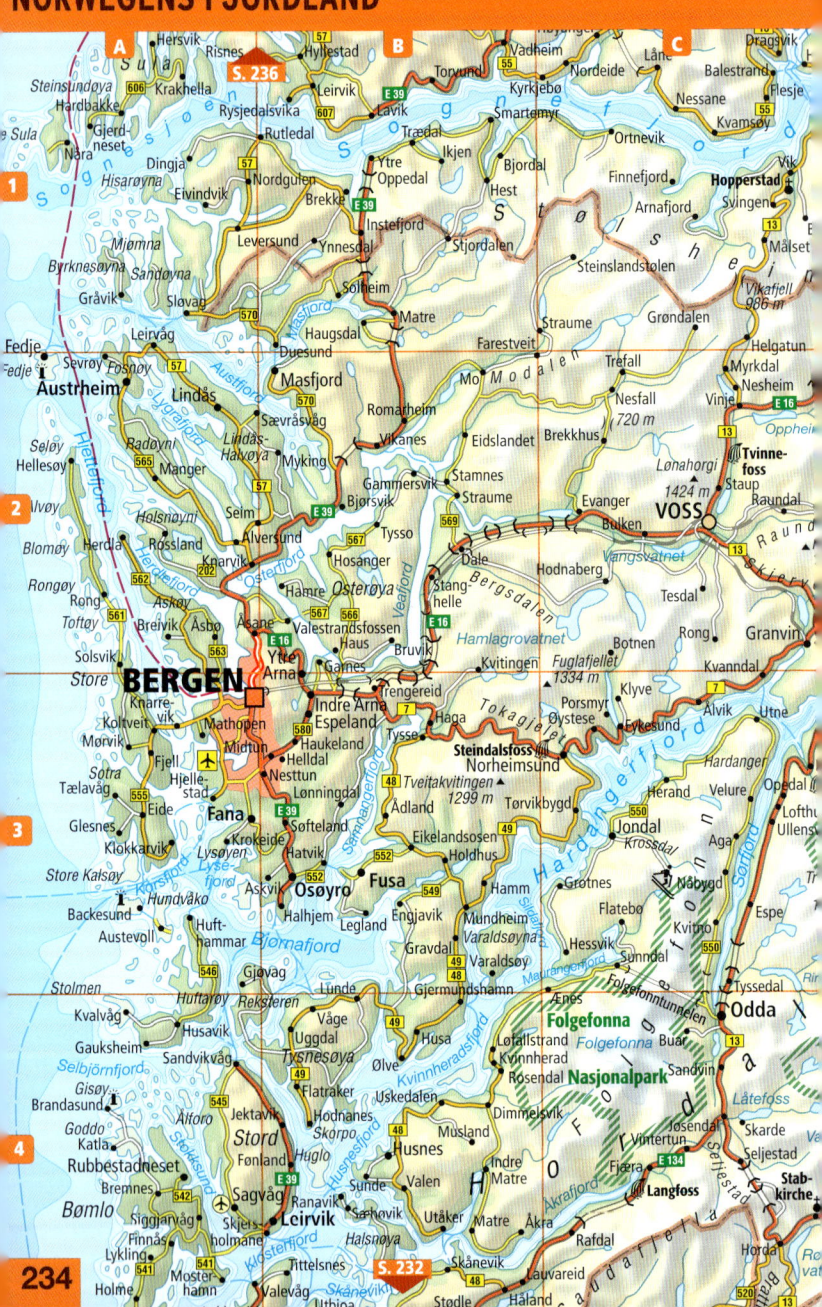

Fjærlandsve...
Sogndal
Seimsdal
Ardalstangen
S. 237
Tyin
hauge...
Bygdin
Olestølen
Steinbus-
sjøen
Uppdal

Leikanger
Hermansverk
Kaupanger
Ofredal
Ardalsfjord
Tvinkrysset
Tyin
E 16
Leine
Hensas

Vangsnes
Norum
Amla
Mannheller
Fodnes
Naddvik
Filefjell
1781 m
Øye
Vangsmjøsa
Grindaheim
Vang

Feios
Revsnes
Bleia
1694 m
Flærdalsøyri
Kvamme
Maristuen
Borlaug
Jukleegga
1920 m
Mørekvam
Smådals...

Fresvik
...esvikbreen
...udevoll
Engi
Kvigno
Erdal
Lønjum
Bjørkum
Stabkirche
Borgund
Sjurhaugfoss
Borlaug
52
Feten
Vabuleino
Grunke
Helin

Bakka
Styvi
Erdalsvogon
Blåskavlen
1800 m
E 16
Lærdalen
1306 m
Okken
1733 m
Bjøberg
Fly V...

Gudvangen
Gudvanga-
tunnelen
601
Aurland
Lærdalstunnen
Raubergskarvet
1819 m
Storeskar
Tuv
Hemseda

Stalheim
50
Flåm
Aurlandsdalen
...asse
bygda
Østvebø
Djup
Gyrinosvatn
Rauberg
Kråkhamar

...s Vatnet
Vatnahalsen
Myrdal
Steinbergdalen
Stolsvatnet
Tvist
52

Mjølfjell Ult
Hallingskeid
1156 m
Blåberga
1802 m
Storestølen
50
Finset
Borgsjø
Leveld
Stab
kirch

...orndalsnuten
461 m
Rallarvegen
Finse
Geiteryggen
Strandavatn
Raggstein-
dalen
Folarskardnuten
1933 m
Suddalen
Hovet
Hol
Ål
Gullhagen
7

Hieltnes
Osa
Onen
1621 m
Hardangerjøkulen
1862 m
Hagafoss
7

Ulvik
Kjeåsen
Haugastøl
Geilo
Rødungen
Myking

Bruravik
Simadalen
Eidfjord
Vøringfoss
Fossli
Krækkjahytta
Ustaoset
Skurdalen
Breivik

Brimnes
13
7
Øvre Eidfjord
Fagerheim
Ustavatnet
Skudalen
1063 m

Ringøy
Dyrafonn
1649 m
Sæbø
Maurset
Dyranut
Turisthytte
Halne
7
Halne-
fjord
Hein
Tuvaseter
Oset
Dagali
Pålsbu-
fjord

...insarvik
Viveli
Tråastølen
Torsetlia
Vasstullan
1100 m
Brøstrud
40
Uvdal
Råg
Sta

...yang
Veivatnet
Hårteigen
1690 m
Trondsbu
Langesjøen
Solheimstølen
Uvdalselva
Vikstul
Imingen
Uvdal

...høgd
681 m
Hardangervidda
Nordmanns-
lågen
Bjørnes-
fjord
Mårvatnet
Sønste
vatn
Lufsj

...gedalsvatnet
Lakadalsberga
1478 m

Hardangervidda
Kongsbergstulen
Skålbø

Solfonn
1674 m
Bjørnevatna
Briks-
vatnet
Gjuvsjå
Stegaros
Sprongen
Kalhovd
Giaveide
Mår
Tessun...

Nasjonalpark
Kvenna
Grasnut
1506 m
Sårønutane
1462 m
Gøysdal
Mårem

Middalsbru
Songa
Kvamsnut
1460 m
Løkenseter
Atrå
Miland

...idals-
vatnet
Store Nupsfonn
1658 m
Hamrefjellet
Langesjå
Vemork
Rjukan
37

Nyastølen
Haukeliseter
Songavatnet
Møsvatnet
Rjukan-
fossen
Flintstjør
1275 m

...øldal
Haukeli...
E 134
Botn
Urbø
S. 233
Kråmviki
Skimarbu
Gaustatoppen
1883 m

...dals-
...net
Haukeliv...
362
Edland
Vå
Bossbøen
235

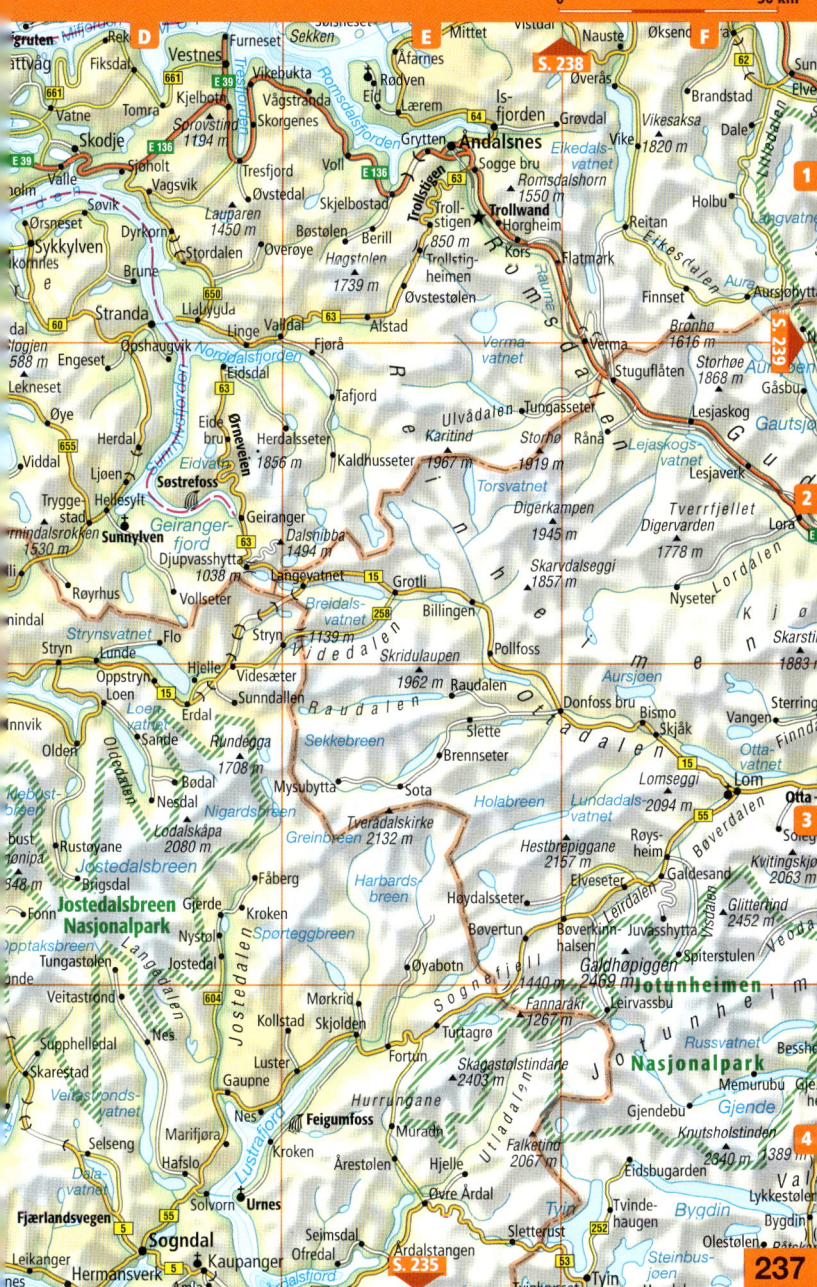

A B C

1

2

3

4

N o r w e g i s c h e   S e e

Griphølen

Dymesvågen Nord Forsnes
Smøla
Gjelberg 669 669
Edøy Grisvågøy
Rosvoll Korsvolt Edøy Svinvik
Vinsternes Ånes
Hurtigruten Aukan Ørbogen Ertvågøy
Tustna 680 Stabben Aresvik
Grip fyr Golma Gullstein Vågland Hendset
Tømmervåg Furunes Engj Betna
KRISTIANSUND Seivika Kvisvik Kanestraum Halsa 65
Bremsnes Rensvik Frøi Kvalvåg Breiteråsen Bøfjord
Hendal Averøya Kvitnes Kvernes 70 Torjul Bæle
Lillesandøy Atlanter- 64 Kværnes Gyl Aksnes Surna
Vevang havsvegen Vebenstad Høgset Torvikbukt Tingvoll Surnal
Farstad 664 Tøvik Eide Kornstad 666 Øre Angvik Tingvoll Stangvik
Hustad Lyngstad Blakstad 665 Heggem 666 Rokkum
Fræna Tverrfjell Svanvika Batnfjordsøra Rødsand Meisingset 670
Bud Elnesvågen Øygard Oppdøl Kleive Fjøseid
Bjørnsund 664 64 Sylte **Nordmøre** 62 Tjelle Edisvåg Eidsøra Ål
Ona Kråksund Tornes Bjølstad Åro Talset Ranvik 62 Gauprøra Åfar
Sandøy Gossen Smøla Holtings- 662 E39 Skaret Lonset Skåla Bogge Øksendalsøra
Gossen holmen Grønnes ▲1128 m 660 Nauste
Orta Aukra **Molde** Bolsøya Vistdal 62
Sundsbø 668 Otterøya Solsneset Mittet Brandstad
Midsund Dryna Mia Rekdal Furneset Sokken Åfarnes Øverås Dale
Hurtigruten Vestnes 661 Vikebukta Rødven Eld **Is-** Grøvdal Vikesaksa
Brattvåg Fiksdal E33 Vågstranda Lærem **fjorden** Vike 1820 m Lixhdalen
659 661 Kjelbotn Skorgenes Grytten **Andalsnes** Eikedals- Holbu
Vatne Tomra Sørovstindn Tresfjord Voll E136 vatnet Reitan
Skodje E136 1194 m Sjøholt Øvstedal 63 Sogge bru Romsdalshorn Finnset Aursj
E39 Valle Søvik Vagsvik Skjelbostad **Troll-** 1550 m Holbu
Ørsneset Dyrkorn Lauparen Berill **stigen** Trollwand Flatmark
Sykkylven 1450 m Brune Høgstolen Trollstig- 850 m Horgheim Lang
Stranda 650 Liabygda 1739 m heimen Verma Brønho
60 Opshaugvik Linge Valldal 63 Alstad Øvstestølen 1616 m Storhøe
Trand Engeset Nordalsfjorden Fjørå Stuguflåten 1868 m
8 m Øye Eidsdal Tafjord Verma- Gau
655 Herdal Eide Herdalseter vatnet Lejaskogs-
Viddal Ljøen bru 1856 m Kaldhusseter Ulvådalen Tungasseter Lesjaskog vatnet
Hellesylt Ørneveien Karitind 1967 m Storhø Rånå Lesjaverk
Trygge- Søstrefoss Eidvatn 1919 m Torsvatnet Tverrfjellet Lor
stad Hornindalsrokken Sunnylven Digerkampen Digervarden
1530 m Røyrhus **Geiranger-** Geiranger Dalsnibba 1945 m 1778 m Nyseter
stadli **fjord** 1494 m Skarvdalseggi K
Djupvasshytta 63 Langevatnet 15 Grotli 1857 m Aursjøen sk
60 Vollseter 1038 m 258 Billingen
Hornindal Strynsvatnet Flo **S. 237** Breidals- Pollfoss
tryn Lunde Stryn vatnet Videdalen Skridulaupen
Oppstryn Hjelle 1139 m Vetlæster Aursjøen

S. 236 S. 237

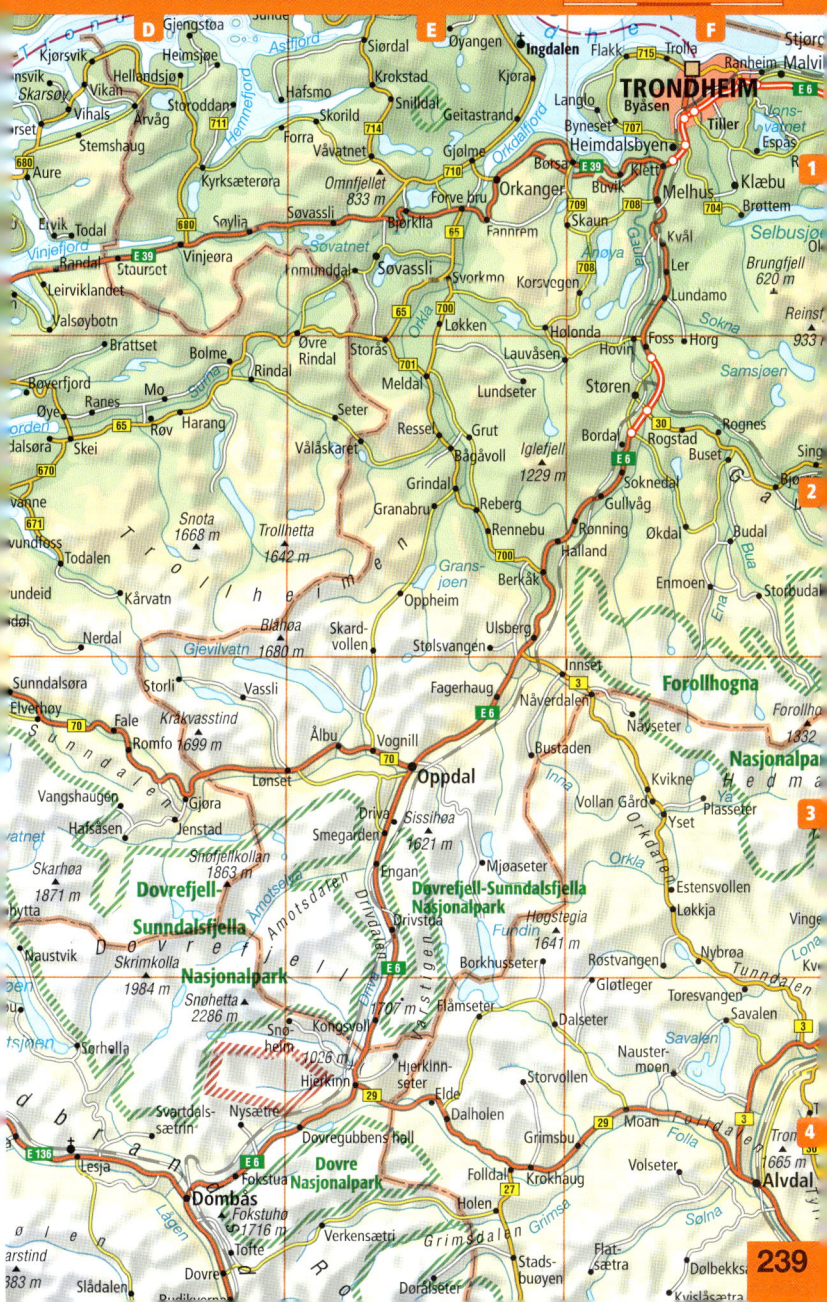

TRONDHEIM

239

Abbildungsnachweis

Claudia Banck, Sukow   Abb. S. 2/3, 10, 22, 28, 32, 39, 64, 75, 113, 114, 123, 149, 153, 167, 168, 184, 191, 198

Thomas Härtrich, Leipzig   Abb. S. 1, 68, 111, 117

Harscher/laif, Köln   Abb. S. 15, 40, 55, 100

Heuer/laif, Köln   Abb. S. 89, 93

Thomas Kliem, Kalkar   Abb. S. 19, 43, 49, 50, 60/61, 97, 107, 126, 145, 158, 165, 172, 181, 207

Wilkin Spitta, Loham   Abb. S. 78, 208

Christoph Strom, Gilching   Titelbild, Umschlagklappe vorn, Abb. S. 138

Andreas Werth, Celle   Abb. S. 21, 30, 35, 52, 84, 129, 131, 134, 170, 175

Abbildungen

Titelbild: Preikestolen am Lysefjord

Umschlagklappe vorn: Wasserfall im südlichen Vestland

S. 2/3: Hütte in Byrkjelo

Zitat

S. 9 aus Olav H. Hauge, Der Traum trägt das blaue Segel, mit freundlicher Genehmigung © Horst Heiderhoff Verlag, Eisingen 1987

Kartografie

DuMont Reisekartografie, Puchheim

© MAIRDUMONT, Ostfildern

3., aktualisierte Auflage 2007
© DuMont Reiseverlag, Ostfildern
Alle Rechte vorbehalten
Grafisches Konzept: Groschwitz, Hamburg
Druck: Rasch, Bramsche
Buchbinderische Verarbeitung: Bramscher Buchbinder Betriebe